JN232192

組織開発の探究

探究 理論に学び、実践に活かす

INQUIRING ORGANIZATION DEVELOPMENT

Jun Nakahara Kazuhiko Nakamura
中原 淳＋中村和彦 著

ダイヤモンド社

組織開発の探究

～理論に学び、実践に活かす～

はじめに

　現在、日本における組織開発は、半世紀ぶりにめぐってきた「最大のチャンス」を経験している。と同時に、「最大の危機」を迎えつつあるのではないか。

　これが筆者らをして、本書をしたためるきっかけになった思いです。

　職場メンバーの雇用形態の多様化。働き方改革のかけ声のもと行われる職場ぐるみの生産性向上の取り組み。マネジャーの低年齢化によるマネジメント力の低下。育児、介護に関わりながら働く人の増加。事業継続が困難に陥るほどの激烈な人材不足――このように数え上げていけば、枚挙に暇がないほど、現在、日本の企業は、さまざまな未曾有の組織的課題、それも、人材マネジメントの課題に直面しています。

　このような中、社会から、組織から希求されているのが「組織開発（organization development：OD）」と呼ばれるアプローチです。組織開発には、さまざまな定義がありますが、ここでは「組織（チーム）を円滑にwork（機能）させるための意図的な働きかけ（介入）」と考えて、話を前に進めましょう。

　人を集めてもバラバラでなかなか組織（チーム）としてまとまりを持つことができず、パワーを発揮することができない。そうした組織（チーム）においては、「組織開発」と呼ばれる手法で、職場、チームをまとめ上げ、円滑にコミュニケーションができるように、再組織化・秩序化していくことが求められます。

　現在、組織開発は、社会からの高いニーズに答える形で、「半世紀」の時を経て、この日本において、再びスポットライトを浴び始めています。1960年代から1970年代、日本で空前のブームを巻き起こしていた組織開発。それが、

長い時間を経て、「人々の熱いまなざし」を獲得し始めているのです。

　しかし、ここまでの文章をお読みになり、「奇妙な思い」に駆られた方もいらっしゃるのではないでしょうか。多くの方々の脳裏に、２つの素朴な問いが生まれうることを、筆者は「邪推」せざるをえないのです。その２つの問いとは、下記のようなものです。

「半世紀前」に生まれたという組織開発は、なぜ、その後、日本において定着せず現在に至ったのか？

　組織開発が注目を浴びていたという「半世紀前」には、何があったのか？

　これら２つの問いは、いわば「謎に満ちた良質なミステリー小説」のようなものです。私たちは、このミステリーを眼前に捉え、煩悶せざるをえません。

　組織開発とは何か？
　そもそも組織開発は、何をきっかけに生まれたのか？
　組織開発は、その過去に、何があったのか？
　組織開発は、どのような挫折を経験したのか？

　謎と問いは深まるばかりです。
　そして、私たち人間が「過去に学ぶことのできる動物」であるのだとすれば、この瞬間、私たちの「挑戦」が浮かび上がってきます。半世紀ぶりに注目された組織開発を、再び、健全に発展させ、継承していくために、私たちが今、なしうることは、「組織開発の過去や歴史から多くを学び取ること」だということです。ミステリーの背後に潜む組織開発にまつわる闇を、もう一度そのまま繰り返してはいけません。
　多くの実務家の手に組織開発を取り戻し、現在、さまざまな課題を抱える組

織を活性化させ、この営為を次世代の人々に継承していくために、私たちは、組織開発の過去から何を学べるのでしょうか。本書は、このことを考えるきっかけを提供します。本書は「組織開発の過去の歴史」に踏み込み、それらを見つめ直すことで、読者の皆様に、組織開発を深く、多面的に理解するための素材を提供したいと切に願うのです。

冒頭で述べたように、組織開発は2018年現在、「最大のチャンス」でもあり「最大の危機」を迎えていると筆者らは認識しています。「最大の危機」とは、言うまでもなく「過去の過ちの繰り返し」です。かつて半世紀前、組織開発が発展する中で直面した「さまざまな艱難」を、もう一度繰り返す危機を内包しているというのが、筆者たちの仮説的認識です。

実際に、今も、組織開発は「膨張」を繰り返しています。組織開発の理論的系譜に直接の関係を持たない実践、組織開発の理論的発見の系譜には存在しない傍流の理論が、十把一絡げに「組織開発」というラベルのもとで語られ、消費されています。

組織開発の専門知識の流通が極端に遅れ、また、専門性を有する人材の少ないこの国では、組織開発は、適切に解釈され、評価されません。「人事業界におけるブームとしての組織開発」が、ただ消費され、目の前を通り過ぎていきかねないのです。

こうした現状を背景に、組織開発のいわば「正史」を編み上げること。組織開発を健全に発展させ、我が国にもう一度、それを文化として根づかせることを支援すること。組織開発の関係者に多くの対話を促す素材を提供すること。

それが、40万字・400ページを超える長大な執筆の旅に、筆者らを向かわせた理由です。

ここで筆者らの紹介をさせていただきたいと思います。

まず著者の1人である、中原（「はじめに」の筆者）は、実は「組織開発」ではなく「人材開発」の研究者です（この分け方自体は、理論的にも、実務的にも、あまり意味がないことは、本書をお読みになっておわかりいただけると思います。近年の人材開発研究は、個人の能力向上を取り扱うだけではなく、チームの生産性向上や競争力を強化することを射程に入れ始めています[1]）。

　2000年代後半から、多くの企業、共同研究者、研究室の指導する大学院生らとともに、人材開発に関わる実証的研究を積み重ね、過去には『職場学習論』『経営学習論』『人材開発研究大全』（いずれも東京大学出版会）などの研究書、専門書をしたため、編み上げてきました。

　中原は、今から5年ほど前、新たな書籍の企画を練っていました。それは、人材開発にとって中心的な概念となる「経験からの学習理論」の理論的系譜を歴史的に位置づけ直す、という企画です。日常の雑事の中で秘かに温めてきた個人研究として、その書籍を執筆しようと決めた中原は、手始めに「経験学習の理論的系譜と研究動向」[2]という論文をしたためました。さらに、それらを深掘りして、いつか専門書の形にまとめたいという願いを持っていました。

　しかし、この論文の執筆をきっかけに、中原は、あることに気づき始めます。

　それは端的に申し上げるのであれば、「人材開発、リーダーシップ開発……そして組織開発は、理論的には同じルーツを持っている」ということです。人材開発、リーダーシップ開発、組織開発は、時代の雰囲気、社会の流れに翻弄され、それぞれ独自の発展を遂げていました。それでも別の物事として考えられていた各理論の歴史的展開が、実は「一本の糸」でつながっていることを中原は発見しました。論文を書くことでぼんやりと浮かび上がってきた、この「歴

1　Bell, B. S., Tannenbaum, S. I., Ford, J. K., Noe, R. A., & Kraiger, K. (2017). 100 Years of training and development research: what we know and where we should go. *Journal of Applied Psychology*. Advance online publication.
　Noe, R. A., Clarke, A. D. M., & Klein, H. J. (2014). Learning in the twenty-first-century workplace. *Annual Review of Organizational Psychology and Organizational Behavior*. Vol.1 pp.245–275.
2　中原淳（2013）．経験学習の理論的系譜と研究動向　日本労働研究雑誌, 55(10), 4-14.

史絵図」を、しっかりと世の中に提示し、それらを志す人々に広く普及させることを、中原は意図していました。

それまでの中原は、人材開発、リーダーシップ開発については、多くの企業と、さまざまな調査研究、研修開発研究を進めていました。しかし、組織開発だけは、このときまでに一度も実践を積み重ねたことがなく、途方に暮れていました。2010年代初頭、折しも、冒頭に述べたような、職場メンバーの雇用形態の多様化等の、さまざまな組織的課題が日本企業において浮かび上がってきた時代でした。人材開発に関するプロジェクトを企業と一緒に行う場合でも、組織開発的な働きかけが必要な場面が増えているような印象を、ひしひしと感じていました。

途方に暮れた中原が私淑したのが、本書の著者のもう1人である南山大学の中村和彦でした。中村のもとで年に一度ないしは複数回開催される、さまざまな研究会に「学習者の1人」として参加し、そこで出会った仲間とともに、組織開発の知識を得ていきました。2014年あたりからは、いくつかの企業で組織開発を行うプロジェクトに従事するようになりました。

2018年からは、中原は14年勤めた東京大学を辞し、立教大学経営学部に移籍し、同校のビジネスリーダーシッププログラム（大学1年生・2年生向けのリーダーシップ開発プロジェクト）の統括責任者（主査）を務めることになりました。立教大学への移籍は、人材開発・リーダーシップ開発、そして組織開発を、経営学という枠組みの中にしっかりと位置づけ、さらには、次の時代に躍進する若いリーダー育成を、自分のセカンドキャリアにしたいという思いからでした。中原は、東京大学中原研究室に在籍していた8人の大学院生、研究スタッフ、アドミニストレーションスタッフとともに、総勢9人で立教大学に移籍し、教育・研究に当たることになりました。

後述するように、立教大学は、組織開発の源流であるTグループが、海外から入ってきた研究機関の1つです。そして、共著者の中村が勤める南山大学は、立教大学に導入されたTグループを、初めて教育課程の中に導入した大学の1つです。また、立教大学は、焼け野原になった戦中・戦後の日本において日本

のリーダー育成に賭けたポール・ラッシュ教授などのリーダーがいた大学です。

　2018年、立教大学に移籍するに当たり、中原は、共著者である中村、そして人材開発、リーダー育成、組織開発の出会いに、「奇妙な縁」を感じていました。もしかすると自分は「呼び寄せられた」のではないか……そんなことを考えながら、共著者の中村と本書をしたためることのできる幸せを感じています。

　一方、もう１人の著者の中村は、名古屋大学で社会心理学を修め、南山短期大学（2000年から南山大学）に着任後は、組織開発の源流の１つであるTグループを用いた人間関係トレーニングの実践を積み重ねてきました。

　中村は、サバティカル（研究休暇）の機会を利用して、アメリカのNTL Institute（NTLはNational Training Laboratoryの略）の組織開発サーティフィケート・プログラムを、日本人として初めて修了しました。その後は、組織開発コンサルティングや実践者養成のトレーニングを通して、さまざまな現場の支援に携わるとともに、実践と研究のリンクを目指したアクションリサーチに取り組んできました。

　現在の組織開発ブームが巻き起こるきっかけの１つになったのは、中村が2015年に著した『入門 組織開発──活き活きと働ける職場をつくる』（光文社新書）であることを疑う人はいません。神戸大学の金井壽宏教授、学習院大学の守島基博教授らが、「組織開発の必要性」を数多くの論考で説き、中村の実践・研究・探究を高く評価していました。

　中村はいくつかの組織で組織開発を行う一方、その実践者を増やすべく、南山大学人間関係研究センターの公開講座、組織開発の実践者コミュニティであるODNJ（OD Network Japan）、他の実践者養成講座などで、組織開発実践者のトレーニングを行っていました。2010年代初頭、その中に受講生として紛れ込んできたのが、共著者である中原でした。中村は、中原が人材開発の研究を進めていることを、すでに知っていました。当初は、「人材開発の研究者がなぜ組織開発を学ぶのか」、その理由についてわからないところもありましたが、

それ以来、交流が続きます。双方の講義に、お互いがゲスト登壇するなどの機会が増えていきました。

　本書の執筆のきっかけになったのは、そのような著者らの交流にこそ存在します。そうこうしているうち、2016年10月頃に、中村のほうから中原に、「組織開発を中原の言葉で語ってほしい」という講演の依頼が寄せられました。中原は当初、これは自分には荷が重い。「私淑する中村の前で自分が組織開発を語ること」には抵抗感を感じていました。

　しかし、中原は思い直します。かつて自分が個人的研究で秘かに温めていた「経験からの学習理論」の理論的系譜を歴史的に位置づけ直す作業に、これで終止符を打てるかもしれない、と。また、中村からは、中原の言葉や視点で組織開発を語ればいい、と励ましを受けていました。結局、中原は中村のオファーを引き受けることにしました。

　南山大学で2017年1月7日に開催されたイベントは、ODNJ中部分科会が主催となり、200名以上の人々の参加を得ることができました。イベントで開陳された講演の内容は、ソーシャルメディアに拡散され、より多くの人々の関心を得ることができました。

　しかし、これだけで話は終わりませんでした。

　ソーシャルメディアの発達する現在、名古屋での講演の再来を望む声が、その日のうちに高まったのです。結局、ODNJの他、中原の経営する経営学習研究所、そして組織開発に長く取り組んできたヤフー株式会社、中村らとともに組織開発ツールの開発を行ってきた株式会社ダイヤモンド社の協力のもと、同年4月29日、東京で400人を集めた講演が行われました。

　講演には、中原がリーダー開発や組織開発で一緒に取り組んできたヤフー株式会社、ベーリンガーインゲルハイム株式会社のご担当者様からも実践事例が語られました。

　このイベントの実施に当たっては、ODNJの内田桃人さん、大島岳さん、ダ

イヤモンド社の永田正樹さん、間杉俊彦さん、経営学習研究所のみなさん（板谷和代さん、稲熊圭太さん、岡部大介さん、島田徳子さん、田中潤さん、田中聡さん、牧村真帆さん、三原裕美子さん、長岡健さん、松浦李恵さん）、ヤフー株式会社の本間浩輔さん、池田潤さん、小向洋誌さん、ベーリンガーインゲルハイム株式会社の泰道明夫さん、相原修さんに大変お世話になりました。この場を借りて心より感謝申し上げます。また、ここ数年、南山大学の組織開発ラボラトリーでともに学んだ多くの「学友」の皆様に、この場を借りて御礼を申し上げます。ありがとうございました。本書の第4部では、企業での実践事例が紹介されていますが、そこに、この講演の一部を収録したものも含まれています。

　本書は、この東京講演の模様を編集者である間杉俊彦さん、ライティングを担当する井上佐保子さんが書き起こし、それに講演では語られなかった内容を、さらに中原・中村が大幅に加筆・修正しました。主に第1章、第2章、第3章、第4章、第9章、第10章は中原が、第5章、第6章、第7章、第8章、第11章は中村が執筆しています。しかし、双方ともに、相互の原稿に加筆・修正を施しているので、その役割分担は明瞭ではありません。

　本書の目的は下記の3点です。

1. 組織開発の初学者が、組織開発の概略について理解を深め、自分の言葉で語ることができるようになること。

2. 組織開発の領域で深い経験を持つ実践者が、組織開発の誕生の歴史、思想を理解し、それらを自分の言葉で語れるようになること。

3. 組織開発に関心のあるすべての人々が、組織開発の実践について理解し、それらを参考に、自社においてアクションを取るヒントを得ること。

　この目的のもと、本書は5部構成で組織開発を多角的、かつ体系的に理解す

ることを目指します。

　まず第1部は「初級編」です。こちらは、組織開発の初学者の方が、組織開発のイメージを持っていただくために書かれています。あえて、組織開発の専門用語を用いることなく、組織開発について語ることを目指しているので、組織開発のプロフェッショナルの方には「不要な章」かもしれません。しかし、初学者の方々には、ここである程度の組織開発のイメージを持っておくことが、今後、第2部以降の専門的な論考を読む上で参考になるでしょう。

　続く第2部と第3部は、プロフェッショナル編として「組織開発の思想、歴史」をひもとき、専門的に論じていくことを行います。人材開発、組織開発の専門家、あるいは、その専門性を磨いていきたいという方向けの文章になります。

　これまで組織開発の書籍の多くは、さかのぼったとしても1940年代あたりから、組織開発の歴史を論じることが多かったように思います。しかし、筆者らは、ここに「不足」があると考えています。

　本書では、今から120年以上前——1890年代の後半から、組織開発につながるであろう思想や哲学の誕生から、組織開発を語っています。人材開発や組織開発をプロフェッショナルとして適切に実施するためには、「人間観」や「世界観」といった視座を持つ必要があります。そして、そのためには組織開発が暗黙の前提としている思想や哲学に関する理解が欠かせません。

　この歴史的探究（思想的基盤の探究）は、世界的に見ても、類書がないものと思われます。プロフェッショナルの方には、自らの理解を再認識する上で、よい素材になるかと思います。本書の巻末には、組織開発の発展の歴史を記した年表を付しています。第2部、第3部をお読みになるときには、この年表を広げながら読んでいただけると、よりよい理解につながるものと思います。

　第4部実践編は、組織開発ケーススタディです。キヤノン、オージス総研、

豊田通商、ベーリンガーインゲルハイム、ヤフーにおける組織開発の実践を扱います。

キヤノンの事例は、技術系組織から始まった風土革新の取り組み「CKI活動」です。1999年から20年の実績を持つこの活動は、社内コンサルタントがさまざまな組織に関わり、チームの活性化や業務改善を支援するのが特徴です。

大阪ガスのグループ会社であるオージス総研は、「アジャイル改善塾」という学びの場を持っています。塾生たちが「塾」で学んだことを、それぞれの現場で実践し、各現場での実践状況を塾生や講師が「巡回」して確認するという形で「塾⇔現場」の反復プロセスを短いサイクルで繰り返すことで、改善活動を推進しています。

豊田通商の「いきワク活動」は、2017年より全社的な展開がスタートした取り組みです。働き方改革にも対応して、各職場がいきいきワクワクと働き、生産性の高い組織にシフトすることを目指しています。グループによって時々の目標設定は異なりますが、全体として目指すのは、対話を通して「多様性を追求し、多様性を包含・一体化させる」というダイバーシティ＆インクルージョンの文化を醸成することです。

外資系製薬メーカーのベーリンガーインゲルハイムは、各部門に配された人事ビジネスパートナー（HRBP）が現場の課題解決をサポートする、システムコーチングという組織開発手法を取り入れています。HRBPは「OD実践塾」などによってスキルアップしながら、現場の課題について真因を見出して対処する、すなわち組織開発力を高める努力を続けています。

1 on 1 に代表されるコミュニケーション手法で知られるヤフーは、組織開発でもまた、先進的な取り組みを続けています。2012年からスタートした「全社経営改革期」をフェイズ1とすると、現在は「部門・管理職へのODナレッジ展開期」という新たなフェイズに入りました。環境変化と競争の激しいITの世界で成長を続けるためには、組織開発も常に進化しなければならないという好例ではないでしょうか。

第5部は、組織開発の未来を著者である中原と中村が語ります。組織開発の未来はいかにあるのか。そして、中原が専門としてきた人材開発と、中村が専門としてきた組織開発は、お互いに、お互いをどのように補完し合うことができるのか。来し方を振り返り、行き方を望む。未来についての対話をお送りしたいと思います。

　本書を編み上げた今、その過程を振り返ってみると、私たちの眼前には「組織開発と人材開発の統合」という新たなモティーフが浮かび上がってきました。

　よき組織開発は人材開発を伴う。
　よき人材開発は組織開発とともにある。

　中原個人の研究的関心を言えば、これから向こう10年の探究テーマは「組織開発と人材開発の統合」に賭けてみたいと思っています。

　今、我が国は、「大きな岐路」に立っています。

　先進国でも類を見ない、歴史上最大規模の「人口減少」に相対し、未曾有の「人材不足現象」が、各地の労働現場を襲っています。

　事業を拡大したくても、人材が得られず難しい。
　勝負に打って出たくても、人手が不足してできない。

　朝、新聞を開けば、そのような趣旨の記事が、ほぼ毎日掲載されていることがわかります。人口が減少していく中で、人材の質をこれまで以上に高めていくことは、人材開発にとって「最大の挑戦」といえそうです。
　しかし、これらの記事は「一過性」の出来事では終わりません。人口減少は、

「中長期のスパン」で、これから数十年にわたって、この国が直面する「国難」だからです。

　そのような中、私たちがなしうるもう1つの対策は「多様な働き方」を許容し、「潜在的な労働力として働いてくれる可能性のある人々の労働参加」を進めていくことです。

　　育児をしながら働く人々
　　介護をしながら働く人々
　　病とともにありながらも、一生懸命働きたいと願う人々
　　定年を終えても再雇用で働く人々
　　外国から日本に働きにきた人々

　これまでなら「マイノリティ」とラベリングされてきた、これらの人々が「職場のマイノリティ」ではなくなっていくのが、今後の日本の働く現場です。つまり、「現在のマイノリティ」は、これから「マジョリティ」になっていきます。
　かくして、日本の働く現場に未曾有の勢いで、今後、これまでなら労働参加に二の足を踏んでいた「多様な人々」が流入していきます。よって職場の中の多様性は急激な勢いで高まっていきます。同じ組織で働いていながら、働き方や、働くことへの価値前提が異なる人々が数多く存在しているのが、未来の私たちの職場です。

　しかし、一方で「多様性」とはいわば「遠心力」でもあります。
　多様なものを許容しつつ、さまざまな労働力を職場に取り込み、事業を継続・拡大していくことは日本企業にとって必要なことですが、それらが行きすぎてしまうと、メンバーがバラバラになり、組織やチームは空中分解します。「遠心力」が働きすぎて、メンバーの力が集まらず、激しいロスを引き起こしてしまうことは、容易に想像できるでしょう。
　「遠心力」が働く組織やチームにおいては、反対に、それに抗う力である「求

心力」を構築することが必要になります。その１つの手段が「組織開発」に他なりません。組織開発とは、別の言葉で言えば、「遠心力によって分散していく組織メンバーの諸力を集め、workさせていくための求心力」なのです。

　人口減少の中で、人材の質を高めていくこと。多様な働き手の労働参加を許容しつつも、組織への求心力を維持していくこと。人材開発と組織開発が統合する未来は、ここに浮かび上がります。

　本書は、このような社会状況の中、書かれました。

　編著者としては、この国の多くの職場が、迫り来る「遠心力」に対して「求心力」を構築することを成し遂げ、「多様な人々が参加しつつも高い生産性を誇る職場」に生まれ変わることを願っています。

　かつて、組織開発は「落日の日々」を経験しました。

　今から40年前に失われた陽光が、今、窓辺に差し込もうとしています。

　組織開発の２度目の「夜明け」です。

　　　　　　著者を代表して
　　　　　　2018年８月、立教大学……蔦の絡まる美しいキャンパスにて
　　　　　　中原　淳

初級編
組織開発を感じる

第1部の概要

第1部は「初級編」と銘打った内容です。初級編の目的は、組織開発の「初学者」の方に、組織開発のイメージを漠然と持っていただくことにあります。組織開発の詳細な概念、専門的な内容に関しては、ここでは「あえて」わからなくていい。ただでさえ難解な「組織開発」を前にして「組織開発嫌い」をこれ以上生み出さないために、著者は、ある矜恃と覚悟を持った上で、「割り切って」この文章をしたためます。「割り切っている」からといって、間違ったことは述べるつもりはありません。組織開発のルーツ、発展の歴史を概括した上で、「これだけは本質的である」という部分を抜き出し、それらを組織開発の専門用語を「用いず」に表現するという知的挑戦に取り組みます。

専門用語を用いずに組織開発について語ることを目指すので、初級編は組織開発のプロフェッショナルの方には「不要な章」かもしれません。また、初学者の方が熟達した暁には、本章の内容は「学習棄却（unlearn：アンラーン）」していただいてもかまいません。

本章は、組織開発という「未知の大海」に船を漕ぎ出そうとする「これからの旅人」のために書かれました。

旅の準備はすべて整いました。マストを高く上げ、風のおもむく方向へ舵を取りましょう。

第1章
組織開発とは何か

❖キーワード
組織開発は「風呂敷」であり、「アンブレラ・ワード」である

1│組織開発の定義

そもそも「組織開発」とは何でしょうか?

この本を手に取った方の中には、「組織開発という言葉を聞いたことはあるけど、よくわからない」という方もいらっしゃるかもしれません。「何となく組織開発という言葉は使っているけど、実はよくわからない」という方もいらっしゃるかもしれません。中には「組織開発について一度は学びたいと思ったけれど、理論が難解なのと、独特の専門用語が嫌になって途中でやめた」という方もいらっしゃるのではないかと思います。第1部では、この本のテーマとしている組織開発の全体像を、その思想的な背景や数々の実践の歴史から明らかにしていく作業に入る「前」に、まずは、組織開発にあまり馴染みのない方々にも、何となくイメージしていただけるよう、「組織開発とは何か」という質問の答えを探っていくところから始めたいと思います。

「組織開発とは何か」とは、要するに「定義」を探ることです。まず、組織開発についての学問的な定義をご紹介します。これは、ベックハードによってなされた最も有名な組織開発の定義の1つです。

「（組織開発とは）計画的で、組織全体を対象にした、トップによって管理された、組織の効果性と健全さの向上のための努力であり、行動科学の知識を用いて組織プロセスに計画的に介入することで実現される」（Beckhard, 1969[3]）

　さて、いかがでしょうか？

　この定義を前に、読者の皆さんは、どのような思いをお持ちになったでしょうか。

　もちろん、この定義に述べられている言葉の1つ1つは、理解できることと思います。しかし、多くの初学者の方は、この定義によって、組織開発が、何を目指した実践で、具体的に何をしていくのかについては、つかみかねるのではないかと推察します。

　人文社会科学における概念の定義というのは、いつの時代も「抽象的」なものですが、それにしても、この定義では組織開発の何たるかについて、具体的なイメージを持ちにくいものがあります。

　それでは、もう1つ、組織開発の「別の定義」をご紹介します。

「（組織開発とは）組織の問題解決過程や、再生過程を改善するための継続的な努力である。その特徴は、とりわけ行動科学のセオリーやテクノロジーの助けを借りて、組織文化を効果的かつ協働的なものにしていくことを通して、目的を達成することである」（French & Bell, 1973[4]）

　こちらはいかがでしょうか？　よく読み込んでいけば、何となく意味はわかってきますが、それでも、具体的にどのような営為を表現しているのかは、ど

3　Beckhard, R. (1969). Organization development: Strategies and models. Reading, MA: Addison-Wesley Publishing.
4　French, W. L., & Bell, C. H. (1973). *Organization development: Behavioral science interventions for organization improvement*. Englewood Cliffs, NJ:, Prentice-Hall.

うもピンとこない……。多くの読者の方々は、そのような思いをお持ちになられたのではないかと推察します。

　実は、組織開発の定義は、1つに決まったものがあるのではありません。あまりにも多様な定義があるので、ある学者が数えたところ、「27通りの組織開発の定義の中に、60個も変数が存在している状況」（Egan 2002）[5]だったそうです。つまり、組織開発について27種類の異なる定義がある。そして、それぞれの定義の中に、「行動科学」や「継続的」といった、先ほど、私たちが目にしたような概念が、60個含まれていたということです。
　あまりに多種多様な定義があるので、Worley & Feyerherm（2003）は、数多くの、組織開発の定義の「共通項」みたいなものを4点ほど抽出しました[6]。それがこちらです。

1．計画的な変革であるということ。
2．行動科学の知識を用いること。
3．組織の中で起こるプロセスを対象にすること。
4．組織が適応し、革新する力を高めること。

　定義の中に含まれているべき共通の要素が「箇条書き」になり、少しはわかりやすくなってきました。要するに、「計画的な変革で、行動科学の知識を適用し、組織を革新する力を高めるもの」を「組織開発」と呼ぶのでしょうが、おわかりいただけますでしょうか？
　まだ、「具体的にどんなこと」をするのか、一般の方にはイメージすることができません。

5　Egan, T. M. (2002). Organization development: An examination of definitions and dependent variables. *Organization Development Journal*, 20(2), 50-71.
6　Worly, C. G., & Feyerherm, A. E. (2003). Reflections on the future of organization development. *The Journal of Applied Behavioral Science*, 39(1), 97-115

一般に、組織開発を紹介する際、たいていの組織開発の教科書や専門書が「定義」から入っていきます。しかしながら、多くの場合、組織開発の初学者は、ここまで論じてきたような、この定義の部分の理解から「つまずく」パターンが多いものです。

組織開発を研究する専門の研究者が定義を行っても、これだけ定義が分かれ、かつ、あまたある定義の中には60もの変数が含まれているのです。それぞれの定義を、それぞれに覚えた実践者は、「微妙に異なる組織開発のイメージ」を持っていることが多いものです。たとえ、組織開発の熟達者であっても、話がかみ合わないことも少なくありません。

このように、組織開発は、学び始めた最初から「イメージがしにくいもの」になってしまいがちです。また、人によって依拠する定義が異なるため、組織開発に関する「共通のイメージや言語」を持ちにくい傾向があります。かくして、相互の意思疎通がうまくいかず、「あれも組織開発、これも組織開発」といった状況や、「みんな違って、みんないい」といったような「相対主義」に陥る傾向があるのです。

その上、私たちには、「さらなる困難」も待ち受けています。それは組織開発が「現場を持つ実務」であり「現場の人を支える実践」である宿命から生まれます。端的に申しますと、「組織開発の実務・現場の世界」は、いつも「定義」を超えてしまうのです。

たとえば組織開発の定義で「組織開発は計画的な変革である」といわれていても、「切ったはったの実務の現場」では「計画的な変革にしたくても、突発的な対応を取らざるをえないこと」もあります。また、「組織開発では行動科学の知見を適用する」といわれても、現場の状況によっては、そうした科学的手法を適用できない事例も生まれそうです。会社・組織によっては、リソースの関係で、「1回きりの研修を組織開発」と呼んでしまうことも少なくありません。

要するに、組織開発の範囲を狭く取りがちな学問的定義は、実践者にとっては、「窮屈なもの」になりがちです[7]。なぜなら、上記で見ましたように組織開

発の実務は、「定義」を超えてしまう可能性を、いつも有しているからです。

　たいていの場合、この段階で、多くの実践者は、まず組織開発に「つまずき」を感じます。途方に暮れる実践者には、「組織開発を定義することをあきらめ」て、「組織開発の具体的な手法＝やり方」に着目して、「手続きとして組織開発」を理解することを試みる傾向があります。

　そうすると、今度はどうでしょうか?
「定義」を「頭」で理解することをあきらめ、「手法の手続き」を「手と足」で覚えようとするのです。そして、その際、今度は多くの「カタカナ用語（外来用語）」が、組織開発の初学者を襲うことになるのです。

　　サーベイ・フィードバック
　　チーム・ビルディング
　　Tグループ
　　ホールシステム・アプローチ
　　アプリシエイティブ・インクアイアリー
　　フューチャーサーチ
　　センシティビティ・トレーニング
　　　　　　　　⋮

　カタカナ語が乱立する理由は、組織開発が生まれた場所に由来します。組織

7　学問や科学にとって、観察・操作対象となる対象物、概念定義をしっかりと厳密に定めておくことは基本中の基本です。多くの研究者や科学者が、知見を積み重ね、発展させていくためには、対象物や概念が「同じ」であることが必須なのです。しかし、組織開発は現場を持ち、実務に根差した実践であるがゆえに、対象物や概念定義に「ゆるさ」が生まれます。実践に深く関連している（レリヴァント：relevant）けれど、厳密（リガー：rigor）ではないというこの特性のために、組織開発が学問分野として確立した地位を確保できないといったことが起こります。学問分野として確立できないということは、教育機会が高等教育機関に生まれ出ないこと。そして、組織開発の専門人材が生まれにくいことを意味します。後述しますが、組織開発にとって、組織開発を志す専門家をいかに育成しうるかは、喫緊の課題です。

開発の手法は、「人を集めても、なかなかworkしない＝組織として機能しない社会＝多様性の高い社会」——主に「アメリカ」——において発達しました。アメリカで発達した手法ですので、当然、その手法は英語で記述されます。よって、組織開発の中心的な手法や概念には、どうしても「カタカナ」が多くなる傾向にあります。

　これらのカタカナ用語は、「めくらまし」のようなところがあります。カタカナを覚えていると、一見、組織開発について「わかった気」になれます。また、これらの用語を饒舌に使いこなすだけで、周囲からは「組織開発の専門家」であると一目置かれたりもします。かくして、組織開発の世界には、いわゆる「カタカナおじさん」が跳梁跋扈する結果となります。しかし、これらの手法や概念は、「組織開発が本質的にはどのような営為であるか」を、いまだに説明しようとはしません。

　もう一度私たちは、冷静な頭で、自らに問いかけます。

そもそも組織開発とは何でしょうか?

　賢明な私たちは、「難解な定義」や「カタカナ用語」に「翻弄」されることなく、地に足をつけながら、この問いに向き合って、「自分なりの理解」をつくりあげなくてはなりません。本書は、第1部から第5部まで400ページにわたる文章をもって、自分なりの組織開発のイメージをもっていただくべく書かれました。

　しかし、冒頭申し上げたように、第1部では、組織開発の初学者の皆様のため、あえて組織開発の専門用語を「拒否」することで、組織開発のイメージを漠然と共有することに挑戦したいと思います。第1部の理解だけで「実践」が行えるわけでもありませんし、この「簡便なイメージ」だけで組織開発を捉えてしまうことには、問題もあります。しかし、組織開発という概念に最初から、つまずかないためには、少々「手荒な方法」も必要かもしれません。筆者らは、

このことに腹をくくり、以下をしたためます。

2｜組織開発は風呂敷である!?

いったい組織開発とは何なのか?

本章における、この問いに関する答えは、「組織開発とは"風呂敷"のようなものである」というものです。専門家の方は、怒らずに、もう少しだけ聞いてください。

まず、「風呂敷」というのは、花瓶でも、本でも、着物でも、どんなものでも、その布の範囲の許す限り包むことができます。組織開発という言葉も、まさに同じです。組織開発とは、その内部に「類似性の高い物事」を、自由自在に包み込んでしまう「風呂敷」のような言葉なのです。風呂敷は、多くのものをくるむことができますが、「輪郭」や「境界」は曖昧です。中にくるみ込む内容によって、概念の輪郭は、ある程度、自在に形を変えます。組織開発という言葉も、そういう「風呂敷」のようなものだとお考えください。風呂敷の布が破れない範囲において、自由に形を変えつつ、多くのものを包摂する。組織開発という言葉は、比較的に自由に、その内部に存在する多様な概念を包摂してしまうのです[8]。

別の言葉では、「組織開発とは、アンブレラ・ワード(umbrella word)である」と表現することもできます。アンブレラとは言うまでもなく、傘のことをいいます。傘は、その下に存在しているものを大きく包み込みます。アンブレラ・

8　言語哲学に「家族的類似」という考え方があります。家族的類似とは、家族のように顔つき、性格、振る舞いが、それぞれ「似てはいるけれど」、しかし、同時に、全く同じではない概念間の関係性のことをいいます。私たちは、全く同じではない家族の構成員メンバーを、類似性によって判断し、家族であると判断します。しかし、何がその家族の共通点なのかを、私たちは一言で表することはできません。
　組織開発という語の使用も、それに似ています。その内部には、家族的類似性の高い実践が内包されています。しかし、その何がいったい組織開発たるかを、私たちは言表することができません。組織開発が何かは、明確には語りえぬものです。

風呂敷で包む　　　　　アンブレラ・ワード

いずれも、多様なものを包摂する

ワードとは、類似するさまざまな物事を大きく包み込む「傘のような概念」のことを指しています。

　さて、「風呂敷」に、私たちは、明瞭な境界やくっきりとした輪郭を求めることはできません。半面、本書を手に取った皆様は、「組織開発とは何か」をすっきりと一意に理解したいと思っていらっしゃるかと思います。しかし、まことに申し訳ないのですが、それは「幻影」を追い求めるようなものだと、お考えください。というのも、先ほどのような学問的定義や手法から組織開発を説明しようとすると、どうしても、はみ出してしまうものが多々あるからです。組織開発という言葉には、厳密に定義をしようとすると、どうしても風呂敷からはみ出してしまう「決まり悪さ」が出てきてしまうのです。組織開発を知りたい初学者のあなたは、現段階では、その「決まりの悪さ」を抱きしめて進む

勇気を持ってください。

　どうして、組織開発という概念が「風呂敷」になってしまったのかは、第2部と第3部において、組織開発の歴史を紐といていく中でご説明していきます。組織開発という言葉は、それが生まれた起源から、びしっと決まらない「決まりの悪さ」を、最初から持ち合わせているのです。

　後述しますが、組織開発は「実務のニーズ」に応えることを選び取り、ときに「アカデミックな整理」を犠牲にしてきました。このことは、組織開発に「高いニーズ」を提供しましたが、同時に、組織開発が抱えてしまった「脆弱性」でもあります[9]。

　ともかく現段階では、初学者のみなさんは、組織開発に対して一意に決まり切った定義がない中、本書を、脳に霧のかかった状態で、読み進めることになります。本書を読み終える頃には、そうした霧が晴れていることを願っています。しかし、それが「組織開発」なのです。

　さて、そこまで腹をくくっていただければ、一歩先に進むことができます。初学者の皆様が、組織開発を「感じること」ができ、かつ、それに関する漠然としたイメージが持てるように、筆者らなりの「代案」を提案してみましょう。

9　組織開発が、実務のニーズに応えることをもって発展してきたことは言うまでもない事実です。経営学の世界では「relevantか、rigorか（実務に関連性があるか、それとも実務に関連性はなくても厳密性を目指すのか）」という、有名なダイコトミー（二分法）があります。組織開発は言うまでもなく、前者を選び取り、ここまで発展してきました。

第2章
組織開発を“感じる”ための
3つの手がかり

❖キーワード
組織をworkさせる／職場の多様化／個業化／見える化／ガチ対話／未来づくり

1 ｜ 1つ目の手がかり : 「組織開発とは組織をworkさせる意図的な働きかけ」である

　前章において、私たちは「組織開発とは風呂敷のようなものである」という命題を、いったんは受け入れました。私たちは、厳密に定義をしようとするとどうしても定義からはみ出し、「決まり悪さ」が出てしまう組織開発を、どのようなものとして認識すればいいのでしょうか。厳密な定義が必要な研究者はともかく、実践者である多くの読者の方々にとっては、「何となくこんなものなんだな」という程度の認識を持つところからスタートするのがよいと思います。一言で言うと、この段階では「考えるな、感じろ」。まずは、「組織開発を感じていただきたい」ということです。

　とはいえ、何の手がかりもない状態で「組織開発を感じる」といっても、その存在すら、私たちは認知することはできません。本書では、これからご説明する3つの手がかりから、組織開発を「感じて」いただけたらと思います。

　組織開発を感じる1つ目の手がかりは、「**組織開発とは、組織をworkさせるための意図的な働きかけ**」であるという簡便的理解を、いったん受け入れていただくということです。

組織がworkしている状態

「組織をworkさせる」というのは「バラバラのメンバーが組織やチームとして体を成し、うまく動く」ということです。「うまく動く」というのは、この段階では「メンバー同士に相互作用があること」、それも、「共通の目標に向かってメンバー同士」が動いていることをイメージしてみてください[10]。

組織開発とは、人を集めただけでは「うまく動かない」組織を「うまく動くようにする」ための「意図的な働きかけ」、というわけです。

ここに、より言葉を補完してみます。

具体的には、組織開発とは、

10　組織、チームメンバーが「共通の目標の達成に向けて個々人がグループに影響を与えるプロセス」（Northouse, 2016）のことを、別の言葉では、リーダーシップといいます。近年、隆盛を誇っているシェアード・リーダーシップ論などでは、リーダーシップとは「リーダーの行動」ではなく、「リーダーやフォロワーを含めたメンバーの間に生まれる社会現象」であるとされています。伝統的リーダー論において、リーダーシップを生み出すのは、「リーダーの資質」「リーダーの行動」であると考えられてきました。しかし、「組織の関係性」を見直すことで、リーダーシップを生み出すこともできます。このように考えると、組織開発とは、組織のメンバーの関係性を見直すことを通して、組織の中にリーダーシップを生み出すことである、とも考えることもできます。組織開発とリーダーシップ研究の関連性については、後述します。

Northouse, P. G. (2016). *Leadership: Theory and practice*. 7th eded. Thousand Oaks, CA: Sage.

①人を集めてもてんでバラバラで、チームの成果が出せない場合に

②あの手この手をつかって、

③組織を「work（成果を出せるように）させる」意図的働きかけであり

④そのことでメンバーにやりとりが生じ

⑤チームの共通の目標に動き始める手助けをすること

　を意味します。

　人は、何かの目標を達成するために、人を集めて組織をつくります。ですが、人が集まっただけでは、チームとしてまとまらず、いい結果を出すことはできません。そんなときに、「あの手この手を使って組織としてworkさせる」意図的な働きかけのことを組織開発と呼んでいる、というわけです。ここでは、この理解でいったん合意し、さらに前に進みたいと思います。

2 | 2つ目の手がかり：「組織開発に注目が集まる背景」を理解する

　組織開発を感じるための２つ目の手がかりは「**組織開発に注目が集まる背景（社会的背景）」を理解すること**です。

　私たちが組織開発を必要する理由——すなわち、私たちの組織が「組織をworkさせるための意図的な働きかけ」を今の時代に、とりわけ必要としている「背景」には、何があるのでしょうか。

　最も大きな要因として挙げられるのは「職場の多様化（職場のダイバーシティの高まり）」です。ここで「職場の多様化」と申し上げるのは「職場のメンバーの働き方、雇用形態、考え方が一様ではなく、多様になってきていること」です。

　昨今の職場は、いわゆる伝統的な高度経済成長期の日本の職場とは、様相がかなり異なってきています。現代の職場には、かつての職場のように、いわゆる「日本人・男性・正社員」という限られた人だけがいるのではありません。

男性に加えて女性の社会参加もより一般的になり、30年前と比べて日本の職場は多様化しました。雇用形態や雇用条件もさまざまで、育児・介護をしながら短時間で働く人、派遣労働に代表される働き方を選ぶ人、場合によっては外国人なども、昨今の職場には見受けられるようになってきました。

　均質性の高い集団であれば、マネジメントの手法は「一様」で事足ります。また、ことさらに均質性が高く職場がいわば「村社会」のようなものであれば、極端な話、マネジメントすらも、さほど必要がないかもしれません。もし、仮に、あなたの職場が「日本人・男性・正社員」という限られた人しかおらず、終身雇用や年功序列の人事制度が駆動しており、また、みんなが職場で長時間労働をしていれば、みんな思い切り働いた後は、「飲み」に行って交流を深めるということもできるでしょう。こうしたコミュニケーション・スタイルを、世間では「ノミュニケーション」と呼びます。ノミュニケーションとは、「日本社会が均質であり、働き方も画一的であった時代に奏功したコミュニケーション・スタイル」です。それは「古き良き時代の組織開発」だったのです。

　しかし、職場の多様性が増している今の時代、かつてのような「ノミュニケーション」は奏功しません。

　現在の職場は、さまざまな雇用形態、さまざまな雇用条件で働く多様な人々によって占められており、みんなで同じように働き、みんなで終業後に飲みに行くといったことはできません。育児や介護をしている人、派遣や非正規労働をしている人、社会には、非常に多くの多様な働き手がいます。こうした多様性あふれる職場では「ノミュニケーション」という言葉も、すっかり死語になった感があります。

　現在の職場は、さまざまな雇用形態、さまざまな雇用条件で働く多様な人々によって占められており、かつ、そうした人々に対する管理職のマネジメントが必要になりました。職場のメンバーの働き方、雇用形態、考え方が一様ではなく、多様になってきているということは、それを「まとめる」ための働きかけがどうしても必要になります。その1つとして注目されているのが「組織開発」に他なりません。

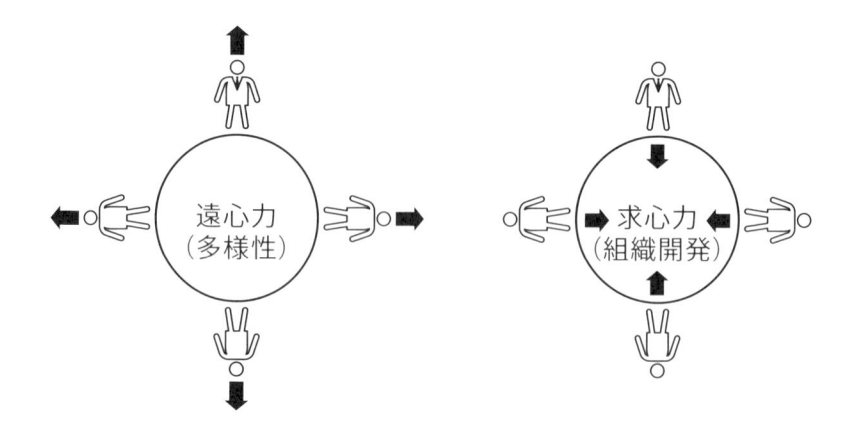

　多様性とは、いわば「遠心力」のようなものだとも考えられます。

　単純に、多様な人を集めただけでは、なかなかチームとしてまとまりません。それどころか、考え方や進む方向性が異なり、「遠心力」のようなものが働きます。つまり、多様な組織とは、先ほどの言葉を用いるのであれば「てんでバラバラ」になってしまいがちです。

　もうお気づきのように「遠心力」の働く組織では、それに対して抗う力、すなわち「求心力」が必要になります（図表3参照）。ここで「求心力」に例えられるものの1つが「組織開発」です。組織開発は、組織に「求心力」をもたらし、結果として組織を「work」させることをねらいます。

　一昔前の日本企業は、新卒で一斉入社した日本人の男性正社員が大多数を占める、非常に同質性の高い組織となっていました。しかし現在では、同じ職場に中途採用者もいれば、契約社員もおり、外国籍の人もいれば、育休から復帰したばかりのママ社員もいるなど、多様性が増しています。そのため、価値観や考え方の違いが顕在化し、うまくまとまらない組織が増えています。このように「働く人の多様化」という背景により、てんでバラバラな人たちを「何と

か１つにまとめたい」と、組織開発のニーズを高めているというわけです。

　また、「待てない職場」も組織開発が求められている背景の１つです。どれほど多様な人が集まったチームであっても、長い時間かけて、同じ職場でじっくり一緒に働き続けていれば、だんだんとチームとしてのまとまりは出てくるものです。２〜３年かけてじっくりチームづくりをした後で成果を出せばいい、ということであれば、組織開発はさほど必要ありません。

　しかし、今の組織には、それを待つ余裕はありません。ビジネスのスピードも高まっている中、チームとしてのパフォーマンスを出すまでに、あまり時間がかけられない状況にあります。集まってすぐに成果を出さなければならない「待てない組織」では、やはり「組織をworkさせるための意図的な働きかけ」をする必要があるわけです。

　加えて「個業化」の問題もあります。

　最近の仕事はより専門化し、細分化し、個業化してきている傾向があります。例えば、今話題の働き方改革により、同じ職場でみんなで１つの仕事をするのではなく、在宅勤務やリモートワークなど、人によって働く場所や時間が異なるケースも増えてきています。同じ場所で働いていたとしても、仕事の専門性が高くなると、担当している人にしかその仕事の内容がわからず、個業化していきます。そうなると、仕事の細分化が進み、結局、人事の個別管理にもつながっていきます。このような、おひとりさまばかりの「ひとりぼっちの組織」になってくると、やはりチームとして何かをまとめる力が必要になります。こうした状況を何とかしたい。かくして「求心力としての組織開発」が求められていると考えられます。

3 | 3つ目の手がかり：「組織開発のステップ」

　さて、私たちは、ここまで組織開発の簡便的な理解を得て、組織開発の「背景」をさらに概観しました。

最後に、あなたの脳裏に思い浮かぶのは「組織開発っていったいどんなこと
をするのだろう?」という疑問ではないかと思います。組織開発をなす人々が、
いったい何を行い、組織やチームにどのような具体的な働きかけをするのかに
ついて興味が増しているに違いありません。

　実際、組織開発には、非常にたくさんの「手法」や「手続き」が存在してい
ます。この本では、第6章以降、あまたある「手法」と「手続き」を把握して
いただくことを行います。しかし、ここで今現在、私たちがなすべきことは、
それぞれ個別の手法の手続きに耽溺することではありません。むしろ、あまた
ある組織開発の手法に「共通性＝本質的なもの」について明晰なイメージを持
つことが重要であると考えます。

　後述しますが、理論的視野から見た場合、**すべての組織開発の手続きには、「共
通点」が見出せる**というのが本書の主張です。これを本書では「**組織開発の3
ステップ**」とまとめることにいたしました（図表4参照）。ここでは、組織開発
を"感じる"3つ目の手がかりとして「組織開発の3ステップ」を紹介します。

　くどいようですが、組織開発にはさまざまな手法がありますが、どんな手法
であっても実はその進め方、ステップには「共通点」があるのです。その共通
点がわかると、組織開発の輪郭がおぼろげに見えてくるかと思います。という
ことで、さっそく「組織開発の3ステップ」を感じていきましょう。

ステップ①：見える化

「見える化」とは、自分のチームや組織の課題を可視化、目に見える形にする
ことです。組織課題を見える化する方法には、質問紙調査やヒアリング、対話
を行うなど、さまざまな方法があります。組織の課題の多くは、日常的に「目
にすること」ができないか、あるいは、多くの人々は「意識」をしていないも
のです。このように隠れているものを「顕在化」するのが「見える化」です。

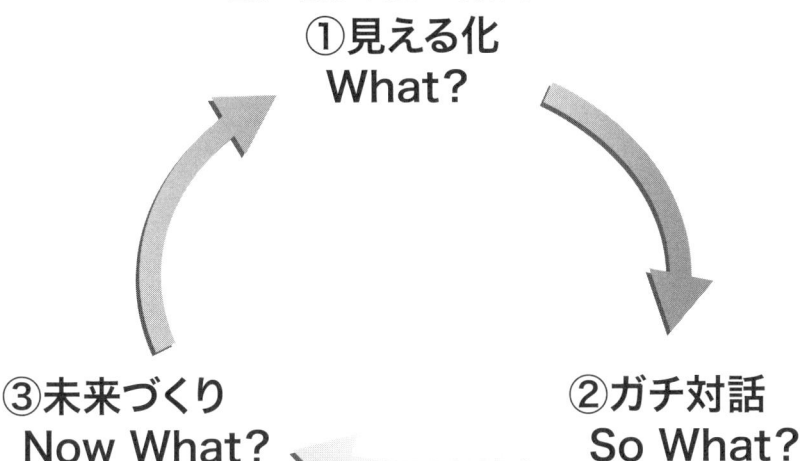

自分の組織の問題を「可視化」する

**①見える化
What?**

**②ガチ対話
So What?**
可視化された問題を
関係者一同で真剣勝負の対話

**③未来づくり
Now What?**
これからどうするかを
関係者一同で決める

ステップ②：ガチ対話

　見える化した組織的課題に、しっかりとみんなで向き合い、その問題の解決や解消を目指して話し合うということが「ガチ対話」です。組織の課題は、一般に「できれば向き合いたくなかったような、抜き差しならない課題」です。そのような課題に、腹をくくって向き合い、みんなで対話することが重要です。ここでの対話とは、「お互いの意識や認識のズレ」を表出させることです。それぞれが自分の意見を、相手の眼前に落とし、お互いの「違い」を把握します。この段階では、無理をして、1つの意見に集約したり、意思決定はしなくても結構です。腹をくくって、違いをあぶり出すことが、真剣勝負のガチ対話になります。

ステップ③：未来づくり

「お互いの意識や認識のズレ」がガチ対話で明らかになったところで、そのままにしていては、組織としてのまとまりはできません。どこかで、組織として、チームとして、1つの合意をつくる必要があります。

　未来づくりとは、これから自分たちの組織、あるいはチームをどうしていくのか、どうしたいのかを当事者たちが「自分事」として決めていくものです。未来をつくるときに行われるのが「議論」です。議論とは「決めるためのコミュニケーション」です。

　組織開発は以上の3ステップから、成立しています。

　私たちは組織開発の世界にあまた存在するカタカナの専門用語に翻弄されるべきではありません。大切なことや本質的なことは、いつだって「シンプル」です。

コラム●対話と議論の違い

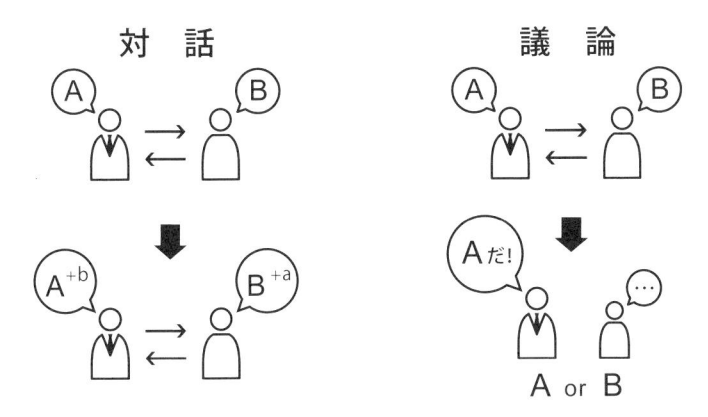

対 話

議 論

A or B

　組織開発の３ステップの中には「ガチ対話」が含まれます。ガチ対話とは、いわば「真剣勝負の対話」を指しますが、そもそも「対話」とはどのようなものなのでしょうか。「対話」は、よく我々が行う「議論」ではありません。下記では「対話」を「議論」と対照づけて論じてみることにいたしましょう。

　今、仮にAさんとBさんという異なる意見を持っている２人がいて話し合いをしているとします。

　対話とは、AさんとBさんの２人が、それぞれの意見である「a」と「b」を交換し合い、それぞれの「意見のズレ」に気づき、「新たな視座」を得ることです。つまり、対話とは「違い」を見える化するコミュニケーションなのです。上図では２人の得た「新たな視座」を「A+b」「B+a」と表現しています。Aさんは、自分の意見Aは変わっていませんが、そこにBさんが有していた新たな物の見方や意見の「b」がつき「A+b」となりました。Bさんも自分の意見Bは変わっていませんが、そこにAさんの物の

見方が加えられ、「B+a」となっています。

　このように対話では、まず、それぞれの固有の意見である「A」と「B」に変化はありません。しかし、「A」と「B」にそれぞれ「+b」と「+a」という他者の新たな視点がつくこと。換言すれば、話し合いをしているメンバー同士、相互の「ズレ」に気づき、相手の意見をいったん受け入れることを「対話」といいます。

　それに対して、「議論」とは「決めるコミュニケーション」です。議論とは、相手の視座やズレを知るということが目的ではありません。議論では、話し合いを通じて、「A」か「B」のどちらかを選び、決めるものです。そして決められたものに関しては、AもBも従うことになります。これが議論です。

　組織開発の３ステップで述べられている第２ステップの「ガチ対話」とは、上記のような「対話」のこと。「対話」では、見える化された組織の現実に対して、お互いが思っていること、意見を表明します。その意見が、ただちに同じになる必要はありません。むしろ、ガチ対話では、それぞれの「違い」をあぶり出していくことが求められます。

　しかし、「対話」を「対話」だけで終わらせてしまうことも、賢明な私たちは避けなくてはなりません。第３ステップの未来づくりでは、「議論すること＝決めること」が必要です。そして議論をして「決めた」からには、みんながそれに従う義務がある、というわけです。

次に、「組織開発の３ステップ」について、より詳細に見ていきましょう。まず、①「見える化」からです。

　見える化で私たちが注視しなければならない対象は、普段はなかなか目にすることのできない「自分のチームや組織の課題」です。このことを考える上で、組織開発の世界では、よく「氷山モデル」（図表５参照）というものが引き合いに出されます。

　海の上に浮かぶ「氷山」を脳裏に思い浮かべてください。一番上の海上に出ている氷山の部分は、ここだけ見ると小さなものです。が、海面より「下」には、海の底まで深く続く大きな氷の塊があります。組織の問題を考えるときも、これと同じような視点で組織を見つめると、今まで見えていなかった諸問題が見えてくる可能性があります。

　たとえば、今、あるチームで「チームがギスギスしていて連係プレーができない」といった問題が起こっているとしましょう。氷山の「上」で目に見えている現象とは「連係プレーができない」です。が、その背後には、非常に大きな問題が隠れていることが多いものです。例えば、「会議のメンバー同士に信頼関係がない」とか「声が大きく権力を持っているメンバー同士が対立している」とか、そういう目に見えない問題が氷山の「下」には隠れています。

大切なものは、目に見えない。

　これはサン=テグジュペリの作品「星の王子さま」の一幕で出てくる名台詞です。ふだん目に見えているものの深層には、大切なものが隠れている。組織開発では、こうしたものを、さまざまな手段を用いて「見える化」することが試みられます。

　今、組織やチームの課題として、すでに氷山の「上」に突き出て顕在化している現象を「問題事象」と呼びましょう。しかし、「問題事象」の背後には、より大きなチームの抱える原因が隠されているものです。くどいようですが、組織開発のステップで、一番大事な「見える化」とは、このように現象として

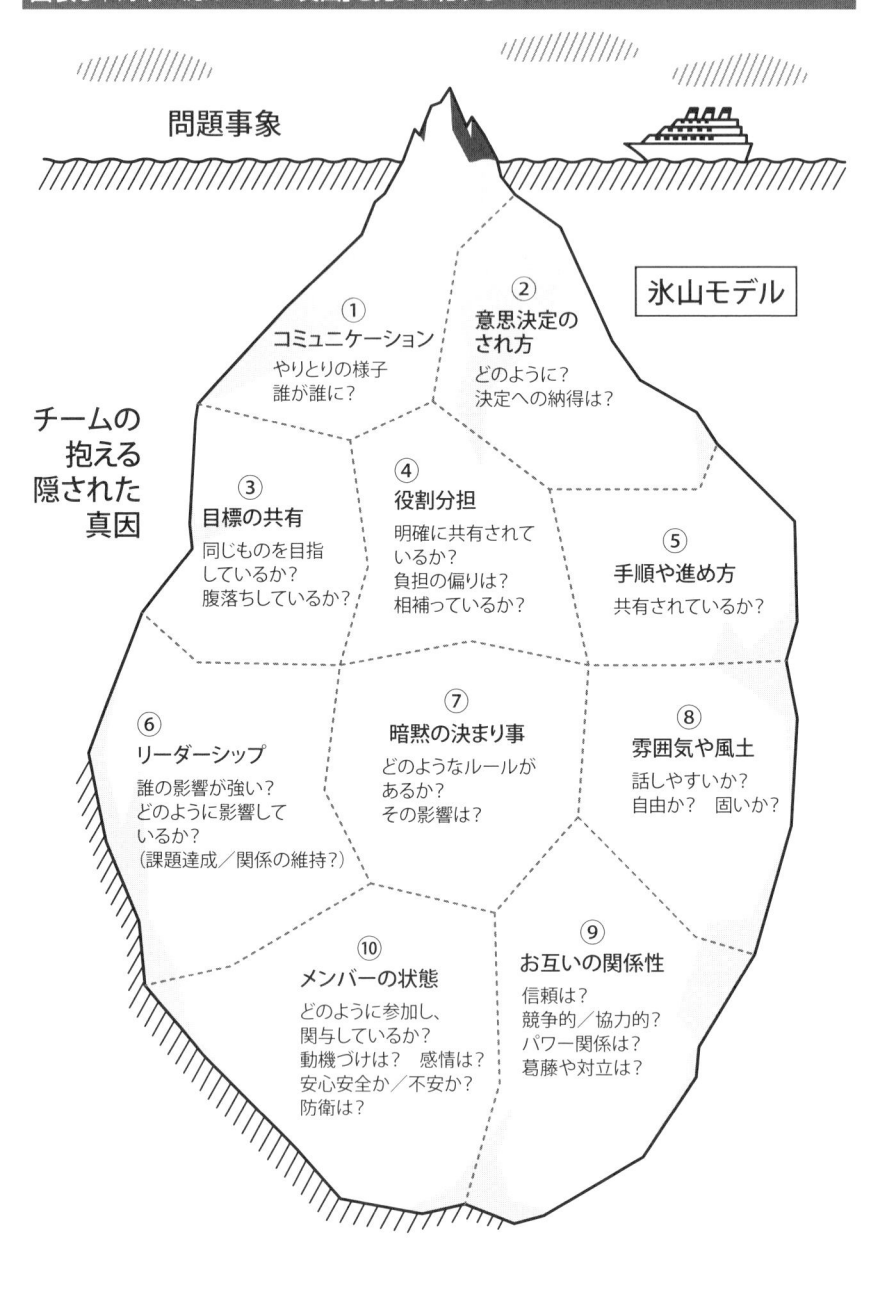

問題事象

氷山モデル

チームの
抱える
隠された
真因

① コミュニケーション
やりとりの様子
誰が誰に?

② 意思決定の
され方
どのように?
決定への納得は?

③ 目標の共有
同じものを目指
しているか?
腹落ちしているか?

④ 役割分担
明確に共有されて
いるか?
負担の偏りは?
相補っているか?

⑤ 手順や進め方
共有されているか?

⑥ リーダーシップ
誰の影響が強い?
どのように影響して
いるか?
(課題達成/関係の維持?)

⑦ 暗黙の決まり事
どのようなルールが
あるか?
その影響は?

⑧ 雰囲気や風土
話しやすいか?
自由か? 固いか?

⑩ メンバーの状態
どのように参加し、
関与しているか?
動機づけは? 感情は?
安心安全か/不安か?
防衛は?

⑨ お互いの関係性
信頼は?
競争的/協力的?
パワー関係は?
葛藤や対立は?

浮かび上がっていることの裏にある「チームの抱える隠された真因」を可視化する、ということです。ですので、組織開発で一番最初にしなければならないのは、この「隠された真因」の見える化です。海の中に沈んでいて、ふだんはなかなか見ようとしないもの、この水面下にあるものを見える化していく、ということです。

　たとえば別な例として、こんなものもあります。

「会議で発言が出ない職場」というのがあるとします。問題事象は、「誰も会議で発言しない」ということです。しかし、それを探っていくと、水面下にはいろんな原因があります。例えば「会議で役割分担がうまくいってない」とか、「リーダーが独裁的で意見しにくい」とか、あるいは「メンバー自身にあまり会議に貢献する意欲がない」とか。「そもそも信頼関係がない」どころか、「お互いの名前すら知らない」ということもあるかもしれません。要するに「会議で発言が出ない」といった「問題事象」の裏にはさまざまな「隠された真因」がある、ということです。

「会議で発言が出ない」という問題を、「誰も発言しないのであれば、順番を決めて、全員必ず発言するようなルールを取り入れよう」などと、会議手法の変更によって解決する方法もあります。これは、非組織開発的、つまり組織開発的でない形で解決する方法です。すなわち、氷山の「下」の問題には手をつけないで、表面的な氷山の「上」のレヴェルに「ある処方箋」を提供することで、この問題を解決しようとします。この場合は、会議で発言が出ない問題の「隠された真因」は隠されたままとなります。

　では、この問題を組織開発的に解決するとすれば、どうなるでしょうか。

　まず、「会議で発言が出ない」事象の「隠された真因」を深掘りしていきます。関係者を集めて対話をしたり、アンケート調査をしたりして、水面下にある真因を目に見える形にしていくわけです。これが組織開発のプロセスの①見える化です。

次の②「ガチ対話」は、実際に可視化された組織の問題、チームの問題について、関係者全員が一堂に会してその現場で真剣に"ガチ"で対話していくプロセスです。ここで「ガチ」とは文字通り「ガチンコ」の真剣勝負の対話であるということを意味します。見える化して目に見えるようになったものは、日頃、直視せずにいたような都合の悪いことや直接伝えることがなかった現実です。それらを俎上に載せて、真剣に対話をしていくわけですから、当然そこはリアルな本音が飛び交う場になります。

　一般に、ガチ対話は、下記の３つの特徴を持ちます。

①One time（１つの時間）
　組織やチームの関係者たちが一堂に時空間を共有する。
②One topic（１つの話題）
「見える化」されたチームの状態—真因を話題として、みんなで注意を傾け話し合う。
③One table（１つのテーブルに集まる）
　一部の人だけではなく、関係者全員が一堂にテーブルについて腹をくくって話し合う。

　こうして、"ガチ"で対話していく中で未来をつくっていく、自分たちのチームの次のあり方をつくっていくというのが、③の「未来づくり」ということになります。

　それでは、最終プロセス③の「未来づくり」とは、より具体的には、どのようなものでしょうか。
　未来づくりとは端的に申し上げるのであれば、議論を尽くして決めること。「メンバー同士がビジョンを決めて共有する」ことです。具体的には、メンバー全員の脳内に「自分たちのチームの未来の映像」がイメージとして浮かんで

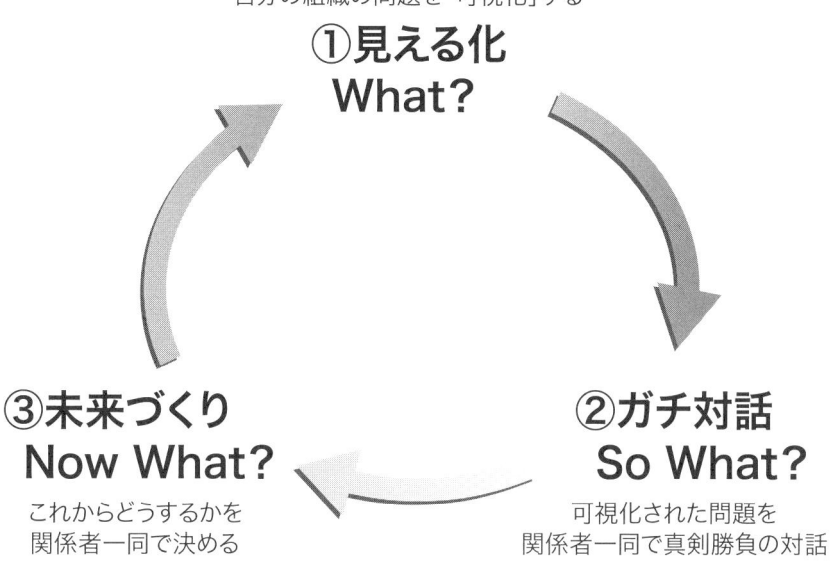

自分の組織の問題を「可視化」する

①見える化
What?

③未来づくり
Now What?

これからどうするかを
関係者一同で決める

②ガチ対話
So What?

可視化された問題を
関係者一同で真剣勝負の対話

いる、という状態を、「ビジョンを共有している」と呼びます。

巷では「ビジョンが大切だ」「ビジョンを描くべきだ」など、ビジョンを持つことの重要性が説かれていますが、そもそも「ビジョン」とは何でしょうか。ビジョンとはもともと「視界」という意味です。何が映っている視界なのかというと、「未来の映像」です。ビジョンの共有とは「メンバー全員が、自分たちの未来に関して、同じような映像」を見ている状態を示します。

さて、以上、組織開発の3ステップを説明してきました。

組織開発はおおむねこのような3ステップで進行します。さまざまな手法がありますが、手法の共通点をまとめると、ほぼ、この3ステップに集約されていきます。

最後に少し物騒なことを申し上げますが、組織開発の3ステップを回してい

く上で、何より大切なことは「腹をくくること」かと思います。

　先ほど申し上げましたように、本気で組織開発をしようとすると、そこは、日頃伝えてこなかったようなリアルな本音が飛び交う場になります。「みんなおててつないで仲良くしましょう」と言うだけでは、組織開発はできません。目を背けていた自分たちのチームの問題を「見える化」するわけですから、当然、そこには大なり小なりコンフリクトが生まれ、痛みが伴うこともあります。

　別の言葉で申し上げるのならば、**組織開発とは「痛みを伴うグループの学習であり変化」**です。組織開発をする際は、全員で現状に向き合う覚悟を持ち、「ガチ」で対話に取り組むことが求められます。

　さて、以上、組織開発を3つの角度から論じてきました。

　第1に、私たちは「組織開発を組織をworkさせるような意図的な働きかけである」と把握しました。また、第2に、組織開発の社会的背景には「多様性が増していて、待てない組織が増えてきていることがある」ということを共有してきました。そして、組織開発のステップは突き詰めると「見える化、ガチの対話、未来づくり」である、ということを駆け足でご説明してきました。いかがでしょうか。組織開発のイメージをじわっと感じていただけたでしょうか。

　では、組織開発について、もう少しだけ深掘りするために、実際の組織開発の実践事例を取り上げながら、組織開発の具体的な実践イメージについて把握していきたいと思います。

4｜組織開発の5段階実践モデル

　ここで、組織開発が実際に現場で実践されるときの具体的な実践イメージについて考えていきたいと思います。企業の中の組織開発の担当者や、外部から組織開発を支援するファシリテーターやコンサルタントが、組織に対してアプローチする際、どのような手順で、誰に対して、何をしていくのでしょうか。

　本書では、図表7に示すような「組織開発の5段階実践モデル」を提唱して

図表7 | 組織開発の5段階実践モデル

①エントリーと心理的契約	組織開発を行いたい組織のキーマン(クライアント)と出会い、問題意識や問題事象(起こっている問題)をヒアリングします。組織開発を行う目的、お互いの役割、スケジュールなどを合意します。クライアントと介入側が「同じ船」に乗ることが重要です。
②プロジェクトデザインと準備	組織開発のプロジェクトをどのように進めていくかのデザインを行い、準備を行います。必要に応じて、必要なデータを収集します(データを収集しない場合もあり)。
③フィードバックによる対話	データをクライアントにフィードバックし、メンバー間に対話を促します(データ収集がない場合は現状について共有)。問題事象がなぜ起こっているのかを対話します。
④アクション計画・実施	問題事象を引き起こす真因を特定し、それらを解決するための方策、アクションプランを考えます。アクションの目的、役割分担、スケジュールを見定め、実行に移します。
⑤評価	アクションがいかなる効果を持ったのかを評価し、必要に応じて、再度「②プロジェクトデザインと準備」から始めます。

います。

①エントリーと心理的契約

　組織開発の冒頭のプロセスにして最も大切な部分です。組織開発を行いたい組織のキーマンに出会い、キーマンの問題意識がどこにあるのか、そして組織にはどのような問題が起こっているかを話し合う必要があります。組織開発とは、「政治的実践」です。まず、組織開発の実践者は、そのことを理解しておく必要があります。

　組織開発は、すべての関係者(ステークホルダー)が同じテーブルにつき、組織の課題について話し合うという「見える化」と「ガチ対話」のプロセスが、どうしても必要になります。そして、対話の成否を決めてしまうのが、そこにキーマンが巻き込まれているか、その意思が反映されているか、ということで

す。組織のメンバーは、組織開発に当たり、組織の長やキーマンが、どの程度「本気」なのか、どの程度の問題意識を有しているか、そして、どの程度、関わろうとしているかを、しっかり「観察」しているものです。組織開発の成否は、組織やチームを構成する多様な「アクター」が、しっかりと巻き込まれているのか――すなわち、「組織開発のアクターネットワーク」が構成されているかどうかによって決まります。くどいようですが、組織開発とは「対話的実践」であるのと同時に、「政治的実践」でもあります。組織の中の政治的実践をやり抜くヒントは、キーマンの意図や思いをしっかり把握することにあります。キーマンと、どのような指標を、どのように変化させればよいのかという、実践のゴールイメージ、KPIをこの段階で握っておくことが重要です。

②プロジェクトデザインと準備

　関係者が同じテーブルにつき、職場や組織の課題について話し合う、「見える化」と「ガチ対話」に向けて、どのように実際のプロジェクトを進めていくかをデザインし、必要となる準備を行うことが重要です。それらの準備やデザインとあいまって、「見える化」のために必要となるデータを集めるのが、この段階です。次の段階である、③「フィードバックによる対話」では、調査などのデータをきっかけとして用いる場合と、用いない場合があります。調査データを用いる場合は、職場や組織の関係者に、質問紙調査やインタビューを行い、結果を整理します。調査データを用いない場合は、関係者が集まって話し合っていく場をどのように設計するかについて、関係者の中心となるメンバーとともに話し合い、準備をします。

③フィードバックによる対話

　ここで、職場や組織の課題「見える化」を行うとともに、見えてきた課題について「隠された真因」を探っていく「ガチ対話」に取り組みます。「見える化」のために調査データを用いる場合は、調査データを整理した結果を関係者が集まった場でフィードバックしていき、それをきっかけとして対話を促していき

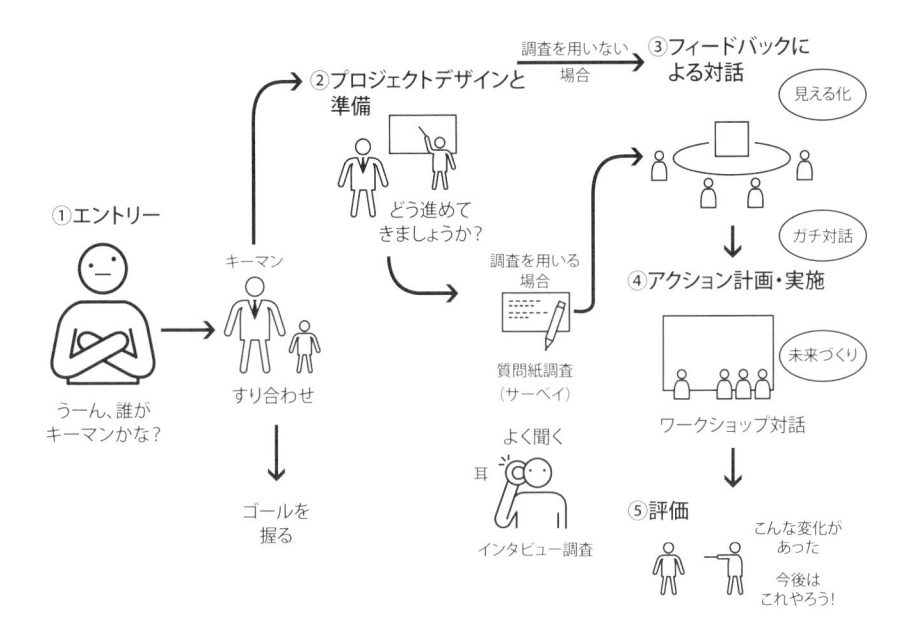

ます。調査データを用いない場合は、関係者が一堂に会して対話を行い、現状や感じ方について伝え合うこと（＝現状に対するフィードバック）を通して、真因の「見える化」を行っていきます。関係者による対話を通してテーブルの上に「見える化」されたデータは、関係者が「ガチ対話」を行うためのリソースになるでしょう。場合によっては、ここで行われる対話は、非常に長い時間がかかる場合もあります。

④アクション計画・実施

　見える化されたデータをもとにしっかりとした対話を行い、現状についての課題認識や優先的に取り組む問題について合意を得ることができたら、その次は、アクション計画の段階が始まります。どのようなスケジュールで、どのような役割分担で、何をなしていくかを決めていきます。

組織の変革とは、それなりに長い時間がかかるものです。またこの段階で、現在の状況をどのように変化させたいのか。何が変化すれば、変化をしたことにするのか、という「評価基準＝評価のための指標」を設定しておくことが重要です。

⑤評価

　アクションが、いかなる効果を持っていたのかを定期的に測定していきます。評価には２種類あります。１つは「形成的評価（formative evaluation）」です。これは「form（形づくる）」という言葉からもわかるように、現在取り組んでいるアクション計画がこのままでよいのか、そこに改善するべきポイントはないのかを見直し、形を整え直すための評価です。ワンワードで申し上げると「改善のための評価」ということになります。

　もう１つの評価は「総括的評価（summative evaluation）」です。こちらは、「sum（要約する）」という言葉からもわかる通り、アクションプランを実行した後のインパクトを「総括」し、まとめるための最終評価になります。

　５つのステップのうち、一番大事なのは、おそらく①〜③の部分かと思います。この部分をいかに詰めて、いかにクオリティを高めておくかで、その後の組織開発のクオリティが決まってしまうのです。これが、組織開発は「企画８割、実行２割」といわれる所以です。まずは関係者、とりわけキーマンとの関係づくりから入り（エントリー）つつ、プロジェクトを綿密にデザインします。組織の中の問題事象にまつわる、さまざまなデータを取得し、それらをもとに対話を促します。この部分の「見える化」と「対話」こそが、組織開発の眼目です。

5｜企業における組織開発の実際

　さて、ここまで、「組織開発５段階実践モデル」についてお伝えしました。

このモデルは、非常に基本的な組織開発の流れを表現しています。しかし、一方で、企業の実務の観点から考えますと、実際は「机上の空論」でもあります。それでは実際の組織開発は、企業において、どのように実行されるのでしょうか。本章を、読者のみなさんと、実際の企業における実践事例を共有することで終えたいと思います。

まず指摘しておきたいことは、実際の組織開発は、先ほど提示した「5段階実践モデル」の通り、スムーズに進むとは限らない、ということです。組織開発のプロセスにおいては、さまざまな試行錯誤や想定外の出来事が起こります。実際の組織開発は、そうしたさまざまな想定外の出来事への「前向きな対処」が求められます。「5段階実践モデル」を頭の片隅に置きつつも、必要に応じて、それを「手放す」勇気を持たなくてはなりません。

さらには、企業の中で組織開発を実践していく場合、大なり小なり、「生々しいリアリティ」が生じてきます。この、企業内での組織開発にありがちな「生々しいリアリティ」について、3つにまとめてみましたのでご紹介します。

① **企業における組織開発のリアリティ：企業内での組織開発は人材開発と"ちゃんぽん"になりがちである。**

あなたが組織開発のコンサルタントで、今、ある企業の社長に呼ばれ、エントリーのフェイズを経験しているのだとします。社長は、自社のさまざまな組織課題を語ってくれます。あなたという専門の組織開発コンサルタントに声をかけてくるぐらいですから、いかにも組織開発らしい課題が語られると思われるかもしれません。しかし、企業内で人にまつわる課題解決を行う際、多くの場合は、それらは峻別されてはいません。

むしろ、組織開発の課題が語られることは、皆無といってもいいかもしれません。生き馬の目を抜くようなビジネスの現場で働いている人々や経営者は、「彼らの経営課題」や「彼らのビジネス課題」を解決したいのであって、「組織開発を行いたい」わけではありません。ときには、「市場の課題」が語られることがありますし、「人材の課題」が語られることもあります。組織開発を志

す人々は、こうした混沌とした事態から、すべてを始めなくてはなりません。

　組織開発を志す人々が、この段階でなすべきことは、彼らの話をじっくり傾聴した上で、課題の本質を見極めることです。場合によっては、「組織開発の仕事にならない」かもしれません。場合によっては、「組織開発の課題設定ができること」もあります。このように適切な「問題設定をすること」から、すべての組織開発は始まります。

　しかし、この「問題を設定する」というのが、さらに「曲者」です。多くの組織的課題は、必ずしも、組織開発という単一の手段だけで解決できるわけではありません。場合によっては、リーダー研修やコーチングなどの、いわゆる人材開発的な手段と、組織開発が合わさって、解決されることがあります。

　このように、企業における組織開発の実務は、多くの場合「ちゃんぽんになること」が多いものです。とりわけ、人材開発と組織開発の境界は、いつも曖昧です。

　実践者は「組織開発にするか、人材開発にするか」などと選ぶことはしません。彼／彼女が最重要視するべきことは「組織の課題や目標を達成すること」であって、「組織開発を選ぶのか、人材開発をするのか」というのは、彼らにとっては、そのための「手段」でしかないのです。

　組織開発を担当する人は、多くの実践現場において、組織開発をしながら人材開発をしていたり、人材開発をしているつもりで組織開発をしていたりすることになるのかと思います。

　よき組織開発は人材開発を伴います。そして、よき人材開発は組織開発とともにあるのです。

　また、213ページ、298ページで述べますが、組織開発では「診断型組織開発」と「対話型組織開発」という性質の異なる組織開発手法があります。アカデミアでは、それらは別々の手法に位置づけられていますが、実務の世界では、これらは「ちゃんぽん」にされます。組織開発の実際は、組織開発に関わる人々が「有用であると認識できたもの」を、あの手この手で組み合わせ、「ちゃん

ぽん」されて実施されることがほとんどです。

② 企業内での組織開発は、ときに「血生臭い」人事プロセスとセットになって実施されることがある。

　後述しますが、組織開発は、もともと、その発展のプロセスにおいて、ジョン・デューイの人間観や、人間性回復運動や人間性心理学の影響を色濃く受けています。すなわち、「人間とは、自ら主体的に意味を構築する主体である」や「人間の内面には自己実現の動機が存在する」といったような人間礼賛の価値観、そうした哲学の上に、組織開発は発展してきました。それゆえに、組織開発の実践は、場合によっては人間に信頼を置く価値観に支えられます。これを筆者（中原）は「青臭いモードの働きかけ」と呼んでいます。

　しかし、企業の中で組織開発を行っていくというときには、この価値観と抵触する場合があります。企業が組織開発を進める場合、もちろん、最初は「従業員とは主体的な存在である」とし、また「従業員とは自己実現の欲求を持っている」ということを前提に組織開発をします。ただし、残念なことに、どんなに回を重ねても、どんなに機会を与えても、変わらない人がいる、という現実を、私たちは一方で受け入れざるをえません。どんなに対話を重ねようとも、どんなに機会があろうとも、「変わらないこと」を積極的に選択する個人は存在します。そうした人は、いわば「主体的」に変わらないこと、対話しないことを選択しているのです。私たちは、こうした人々にも「青臭いモードの働きかけ」が奏功することを夢見つつも、そうした人々の「主体性」を、最終的には引き受ける他はありません。

　そうした場合にはしばしば、異動や降格、退出といった「血生臭い」人事の手法が検討されることもあります。組織やチームにとっての本音が露わになるシリアスな組織開発の実践現場は、残念ながら「血生臭い」人事施策の手法とセットになってしまうことも、ままあるのです。むしろ、企業において組織開発を志す場合には「組織開発をやって、現場を変えましょう、職場を変えましょう。でも、うまくいかなかったときのシナリオも考えておきましょう」とま

で言うこともあります。これに関して、ヤフー株式会社の常務執行役員の本間浩輔氏は「企業は"いい組織開発選手権"をしているのではない」とおっしゃっています。

企業における組織開発部門は「いい組織開発選手権」をしているわけではありません。もしも組織開発を尽くし、何をやってもうまくいかない場合には、降格、異動、退出といった「血生臭いモードの働きかけ」を考えなければならないこともあります。というわけで、組織開発ではときには「血生臭い」人事施策がセットで企画され、それぞれ成功した場合と失敗した場合のシナリオが用意されている、ということが、ままあるものです。

③　企業内での組織開発は、想定外のことが次々起こる「即興的実践」になりがちである。

組織開発が本当に必要になるのは、たいがい、火が吹いているような現場です。組織的な課題がまったくないところで組織開発をする必要はありません。むしろ、何か深刻で根深い問題があるからこそ、組織開発によって、その組織やチームの抱えている課題を思い切って見える化する必要があるわけです。ということは、組織開発を実践していく中で、決して開けてはならない組織の暗部が顔を出すこともありえます。

組織開発は、学術的な定義によれば、「計画的実践」といわれますが、実際には想定外のことが次々と起こり、その起きてきた現象に応じて即興的な対応を行う必要があるということも肝に銘じておかなければなりません。組織開発は十分かつ入念な準備のもとで行われる「計画的実践」でありつつも、「即興的実践」であるという特徴を持っています。組織開発に必要になるのは、「計画された即興性（planned improvisation）」なのです。

また、組織開発を実践する人は、「修羅場」に出会うこともありえます。修羅場と関わる上では、腰をすえて腹をくくり、物事に対応する必要があります。どんな出来事や反応が組織のメンバーから出てきても、恐れることなく、あるがままを受け入れ、対話を促し、何かを変えていく覚悟を持つことが求められ

ます。

　初級編の最後では、読者の方が、組織開発の具体的なイメージを持てるように、３つほど企業での実践事例を見ていきたいと思います。

　よりリアルな実践事例は、第４部でキヤノン、オージス総研、豊田通商、ベーリンガーインゲルハイム、ヤフーの事例を見ていただきます。以下では、あくまで組織開発のイメージをクリアにするための事例です。

事例１　組織診断調査の対策として行われる組織開発

　ある企業で行われた組織開発の事例です（図表９参照）。

　この企業では、期初に組織の課題をモニタリングするため組織診断調査を実施しています。その結果、非常に診断結果の数値が低い部門があり、「助け合いやコミュニケーションに問題がある」「仕事にやりがいを感じられず不満がある」など、いくつかの組織的課題が浮かび上がってきました。そこで、人事はマネジャーと職場のメンバーに対して、この組織診断結果を通知し、部門内でヒアリングを実施しました。

図表9｜組織診断調査の対策として行われる組織開発

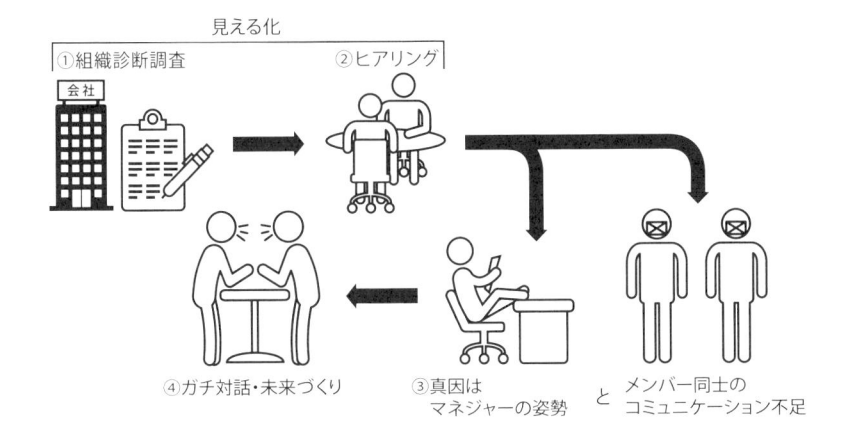

人事が行ったヒアリングでは、マネジャーは当初、原因がわからないと言っていました。しかし、メンバーに対するヒアリングの過程で、組織が機能不全に陥っている原因は、マネジャーの「つめ会議」や、パワハラ系マネジメントにあることと、メンバー同士のコミュニケーション不足にあることが明らかになりました。

　人事はメンバーからのヒアリング結果をマネジャーに通知したところ、マネジャーは組織開発部隊に支援を要請します。組織開発部隊は、マネジャーがオーナーとなって組織診断結果を職場の全員に共有する場をつくるところから始め、本気で議論するような場を定期的に設け、フォローアップしていきました。また、このマネジャーについても、別途コーチをつけ、定期的にフォローを行いました。

事例2　部門内の役割分担を見える化する組織開発

　メーカーの営業部門での事例です（図表10参照）。

　部門長としてAさんが着任してきました。この部門には、Aさんが来る前には、前部門長のCさんにかわいがられていたBさんがいます。Bさんは、これまでCさんの威光を後ろ盾に虎の威を借るキツネのように振る舞っていましたが、彼の内部昇格はAさんによって妨げられました。AさんとBさんは反目をします。新任部門長と前部門長の懐刀の対立です。部門長Aさんは、Bさんの能力が低いとして、仕事や権限を削り取っていきました。

　しかし、この反目は長くは続きませんでした。ただでさえ忙しい部門なのに、Bさんのチームだけ仕事の負荷が軽く、仕事の割り振りを見直す必要が出てきたのです。新部門長であるAさんは、これまではBさんと反目してきましたが、もうそんなことは言っていられなくなりました。部門の仕事の割り振りや負荷に、明らかな不公平が生じている現状を前に、このまま問題を看過することはできなくなったのです。Aさんは、Bさんと、これまでのわだかまりについて話し合い、今後、仕事のあり方を見直していくことで合意しました。

　その後は、部門の問題点を見える化するワークショップを、Aさんがオーナ

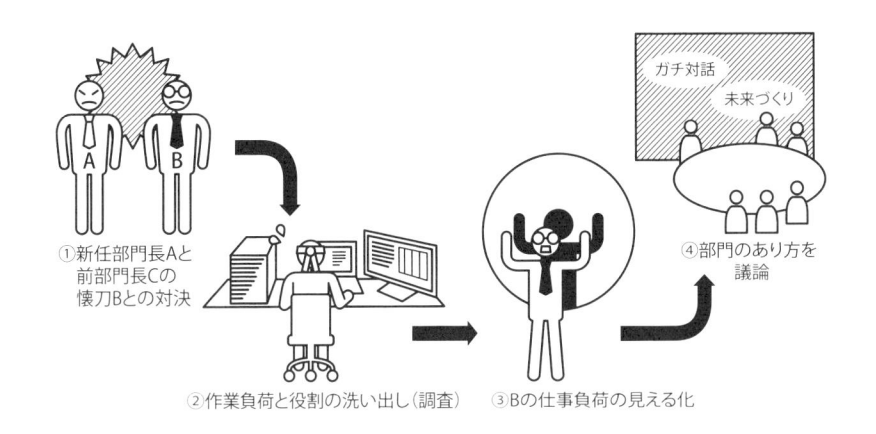

①新任部門長Aと前部門長Cの懐刀Bとの対決

②作業負荷と役割の洗い出し（調査）

③Bの仕事負荷の見える化

④部門のあり方を議論

ガチ対話　未来づくり

ーになって開催することになりました。Aさんから部門の新たなビジョンについて「たたき台」を示した上で、その作業分担や役割分担のまずさについて見直す対話を行いました。対話はメンバー全員で行い、白熱したものになりました。Bさんのグループの仕事負荷については懸案の課題となりましたが、部門全体で、それらをカバーし合うことを決め、来期以降の役割分担については、また機会を改めて決めていくことを約束しました。

　このように、この事例における組織開発には「見える化（部門の問題点の明示化）」「ガチ対話（部門の作業負荷や役割分担を見直す対話）」「未来づくり（来期以降の役割分担決め）」の３要素が含まれています。

事例3　仲が悪すぎる役員会の組織開発

　2代目社長が率いる中堅企業の事例です（図表11参照）。

　この会社では、2代目の社長派と創業時代の古参の役員の対立が続いています。この役員会内の問題を解決するために、2代目社長が社外のコンサルタントに組織開発を依頼しました。まずは、第三者の立場からコメントしてほしいと依頼。役員会に同席してもらい、不毛な対立が生まれそうなときには、「今、

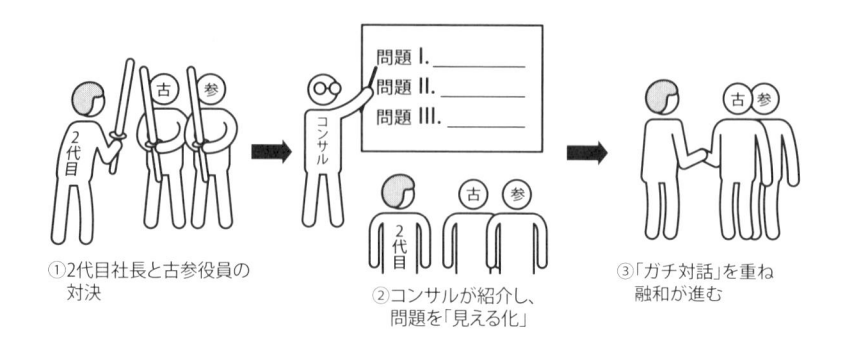

①2代目社長と古参役員の
　対決

②コンサルが紹介し、
　問題を「見える化」

③「ガチ対話」を重ね
　融和が進む

どのようなことが起こっているように見えるのか」「どのような意見が対立しているように見えるのか」を客観的な立場からコメントしてもらうようにしました。後述しますが、これをプロセス・コンサルテーションといいます。このようなコメントに基づいて役員会を進めるうちメンバー同士の会話も次第に盛り上がるようになりました。

　その結果、いろいろと難しいことはあったものの、何とか議論が進むようになり、新社長に共感する人が徐々に出てきたということです。これも、他者の力を借りつつ、見える化を徹底的に行い、ガチ対話、未来づくりをした組織開発の事例と言っていいかと思います。

6 | より開かれた議論へ:組織開発と党派制

　さて、第1部では、ここまで組織開発を極力平易な言葉で描写してきました。読者の中には、組織開発について非常に造詣の深い玄人の方がいらして、「何をいいかげんなことを言っているんだ。我々の流派の組織開発はそんなものではない。一緒くたにしてもらっては困る」と、おっしゃる方もいらっしゃるか

と思います。お気持ちはわかりますが、初学者向けの本章では、どうかお許しください。組織開発を支える哲学、理論、そして、その発展の歴史に関しては、第2部以降でじっくりと専門用語を用いつつ紹介させていただきます。

　現在、組織開発にはいくつもの「流派」があります。人によっては、自分が共感を寄せている流派の考え方からは、本章の説明では納得できないという方もいらっしゃるかもしれません。本書を書いている2018年現在、組織開発の実践コミュニティは、「党派制」の高い、いくつかのグループによって群雄割拠されている観もあります。そうした方々の中には、本章のように「組織開発の共通点」を述べることに違和感を感じておられる方もいらっしゃるのかもしれません。

　しかし、組織開発の党派制をめぐる問題に関しては、筆者らは明確な考え方を持っています。それは、「組織開発を志す人々が党派に分かれ、対話を失わせている実態こそが、組織開発の健全な発展を妨げていくものだ」という考え方です。

　現在、「組織がてんでバラバラで機能しない」という切実な悩みを抱え、「組織開発」に救いを求めている組織が増えています。そのような中、組織開発業界の内部で流派や作法の細かい違いを挙げて内輪もめしている場合ではない、と筆者らは思います。

　ここで、『技芸としてのカウンセリング入門』（杉原保史著）という、カウンセリングについて書かれた本の一節をご紹介したいと思います。この本によりますと、「カウンセリング心理療法」の世界というのは、最近、統合療法といって統合化の方向に向かっているのだそうです。すなわち、心理療法の世界にも駆動する「党派制」を乗り越えようとする努力がなされているということです。それについて著者は、この本の冒頭で、このようなカウンセリング業界の現状について次のように述べています。

　現在のカウンセリング界には、非常に多種多様な立場があり、それぞれが違った主義主張を闘わせているからです。

　(中略)「カウンセリングとはこういうものだという、あらかじめ固定された考えに縛られること自体が、まったくもって非カウンセリング的だ」という考えを抱いているのです。

　(中略)「カウンセリングとは何か」という問いは、ある意味で些末な問いです。

　極論すれば、クライエントがより生き生きと豊かに生きられるよう援助できるのなら、何をしたっていいのです。繰り返し述べます。**何をしたっていいのです。**

　むしろ、「カウンセリングとはこうするものだ」というあらかじめ人から与えられた枠組みで自分を固く縛ることには、あなたの中の援助のリソースを深く休眠させてしまう危険性があります。

　杉原保史 (2012) 技芸としてのカウンセリング入門　pp.17-18[11]

　そして、私たち著者は、上記の文章の「カウンセリング」という言葉を「組織開発」に置き換えざるをえません。

　現在の組織開発には、非常に多種多様な立場があり、それぞれが違った主義主張を闘わせているからです。

　(しかし) 組織開発とはこういうものだという、あらかじめ固定された考えに縛られること自体が、まったくもって非組織開発的です。

　組織開発とは何か、という問いは、ある意味で些末な問いです。極論すれば、

11　杉原保史 (2012). 技芸としてのカウンセリング入門　創元社

クライアントがより生き生きと豊かに生きられるよう援助できるのなら、何をしたっていいのです。

　繰り返し述べます。

　何をしたっていいのです。

　むしろ組織開発とはこうするものだというあらかじめ人から与えられた枠組みで自分を固く縛ることには、あなたの中の援助のリソースを休眠させてしまう危険性があるのです。

　さまざまな立場があるのはわかりますが、「組織開発とはこういうものだ」「組織開発とは……するべきだ」などと決めつけ、思い込む、そのあり方自体が、おそらく今後の組織開発を硬直化させる方向にもっていくことになります。組織開発とは「対話的実践」です。「対話が失われた組織開発」は、もはや組織開発とはいえないのです。

　ですので、さまざまなご意見があると思いますが、本書では、組織開発というものの枠組みを少し広げ、その共通点を探っていきたいと考えています。組織開発を志す多くの方々の間に「対話」が生まれ、継続していくことを夢見て。

　本章では、ここまで、「組織開発とは何か」という疑問に答えるべく、なるべく専門用語を排して述べてまいりました。しかし、本章でご紹介した定義「組織開発は組織（チーム）を円滑にworkさせる意図的な働きかけ」であるとか、「組織開発には、見える化、ガチ対話、未来づくりというステップがある」というのは「単なる思いつき」で言っているわけではありません。というのも、その背景には、さまざまな哲学、心理学の考え方や、人や組織に対するさまざまな実践などがベースにあるからです。

　例えば、「見える化」するという発想の背後には、フッサール、フロイトの哲学があります。また、直視したくないような現実を俎上に載せて、真剣に対話する「ガチ対話」の背景には、心理劇やゲシュタルト療法、クルト・レヴィンが開発したTグループの実践があります。「未来づくり」も同じように心理

療法や、クルト・レヴィンの組織変革論の影響を受けています。

　次章からは、現在の「組織開発」の基盤、思想的背景となっている哲学や心理学、集団精神療法や組織開発実践などについて、詳しく述べていきたいと思います。

　さて、いよいよ本編のドアが開きました。
　組織開発の深淵なる世界にようこそ!

第1部　まとめ

組織開発は風呂敷である！？

・組織開発は多様な定義をしうる概念だが、ここでは「組織をworkさせる意図的な働きかけ」とする。

・組織開発は、その内部に類似性の高い物事を、自由自在に包み込んでしまう、という意味で、「風呂敷」に例えられる。

組織開発を"感じる"3つの手がかり

・今現在、私たちが「組織をworkさせる意図的な働きかけ」を必要とする背景には、「職場の多様化」がある。それは、メンバーの働き方、雇用形態、考え方が一様でなく、多様になってきているということだ。

・組織開発にはさまざまな手法が存在するが、基本的には「見える化」「ガチ対話」「未来づくり」の3つのステップから成立する。

・組織開発の実際の手順として、本書では「5段階実践モデル」を提唱する。5段階とは、「①エントリーと心理的契約」「②プロジェクトデザインと準備」「③フィードバックによる対話」「④アクション計画・実施」「⑤評価」である。

・ただし、組織開発を実際に進めるときには、「人材開発と"ちゃんぽん"になりがち」であり、また「ときに、"後ろ向き"の人事プロセスとセットになりがち」でもある。想定外のことが次々に起こり、「即興的実践」になりがちなことも覚悟する必要がある。

・組織開発の実践コミュニティには作法が異なる、いくつもの流派がある。しかし、「組織開発とはこういうものだ」という決めつけは、組織開発の健全な発展を阻害しかねない。

プロフェッショナル編（1）

組織開発の歴史学

第2部の概要

　第1部では、「組織開発の何たるか」を初学者の方々にイメージしていただくために、あえて、組織開発の専門用語や学術用語を用いずに、それを説明するという「知的冒険（知的暴挙!?）」に挑戦してきました。難解な組織開発の定義やコンセプトを前に、多くの初学者の方々が尻ごみをしてしまうのは、今後の組織開発の発展にとっても、必ずしもよいことではありません。このような状況を打開することを目的とするならば、本書が試みてきた「知的冒険という名の知的暴挙」も、この場限りで正当化されうるのかもしれません。しかし、冒険が「這い回る経験主義」よろしく「冒険」だけで終わってしまっては、知性につながりません。私たちがここでなすべきことは、知的冒険の底流を成す、組織開発の思想、歴史を十全と理解することでしょう。こうした知的作業を通して、私たちは組織開発をより立体的かつ重層的に理解したいと願うのです。

　続く第2部では、組織開発というものがどのようにして生まれ、そこにはどんなルーツがあり、どんな思想があるのかという、組織開発の成り立ちについて、その歴史からひもといていきます。

　この本には巻末に「組織開発の歴史」をまとめた「組織開発年表」が付録でついていますので、そちらをご覧になりながら、この章を見ていただければと思います。

第3章
組織開発を支える哲学的な基盤

❖キーワード
プラグマティズム／経験学習サイクル／現象学／「今−ここ」／集団精神療法

1｜組織開発の3層モデル

　一般に、組織開発についてのセミナーや書籍というものは、どちらかというと、事例や手法などハウツーの話が多いように思います。もちろん、それらも「貴重な実践知」であることに違いはありません。しかし、事例や手法や実践を下支えしているのは、哲学であり、思想であり、それに根ざした概念です。そこを理解せずに、形式的に事例や手法だけをまねようとしても、私たちは「這い回る経験主義」に堕してしまいがちです。

　例えば、昨今、組織開発の現場で非常に多く実践されているAI (appreciative inquiry：アプリシエイティブ・インクアイアリー：以下AI) という手法があります。AIを形式的に手法として模倣することは、そう困難なことではありません。しかし、AIのベースにある哲学や理論、例えば社会構成主義やポジティブ心理学に関する理解などをすっ飛ばして、「あなたにとって最高の瞬間は何ですか？」とメンバー同士でペアインタビュー（一般的なAIでは組織のメンバーに着目して、強みを引き出す質問から組織開発を進めます）をしても、組織を本当の意味で変革しうるような、さらに深い対話を導き出すことは、極めて困難です。

　そこで、私たちは第2部を通して、組織開発の背景にある哲学や価値観といったものの変遷を知り、それがどのような考え方のもとに生まれ、どのような

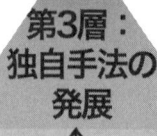

第3層：
独自手法の
発展

↑　（第2層の影響を受けて発展）

第2層：集団精神療法
「組織開発の方法」の基礎

↑　（第1層の影響を受けて発展）

第1層：哲学的基盤
「組織開発の考え方」の基礎

発展の歴史をたどってきたのかを見ていくことにしましょう。

　本章において、筆者らは、1つの「仮説モデル」を導入します。組織開発の思想や歴史をひもといていく上で、本書では、ある仮説モデルに準拠しながら、この体系的理解を進めます。筆者らは組織開発発展の歴史に鑑み、組織開発の理解は「3層」で行うとよいのではないかという仮説モデルを提唱します。これを本書では「**組織開発の3層モデル**」と呼びます（図表12参照）。

　第1層（最下層）に示すのは、組織開発をひそかに下支えしている哲学的・思想的基盤です。ここで紹介する哲学は、もちろん、組織開発のためだけに生まれたものではありません。しかし、後に組織開発という営為が形成されていくためには、これらの哲学的・思想的基盤の形成が、どうしても、「必要」であった、というのが筆者らの仮説です。私たちが、組織開発を立体的かつ重層

的に理解するために、これらの思想や哲学を概観したいと思います。

　第1層の上部、すなわち第2層部分には「集団精神療法」というものが形成されます。組織開発の発展には、心理劇やゲシュタルト療法など、「集団精神療法」が大きな影響を与えました。私たちは、組織開発をより深く理解する上で、「集団精神療法」のことを知る必要があります。

　最後に第3層です。第3層は、第1層の哲学、第2層の集団精神療法の上に開花した「組織開発の独自手法」です。具体的には、Tグループ、感受性訓練、サーベイ・フィードバックなどの手法を指します。これらがのちに、「組織開発」という「風呂敷」のようなワードでひとくくりに包括され、世に広まっていきます。

　このように本書では、組織開発を、その歴史的発展に鑑み、3層で理解したいと思います。では、そろそろ、組織開発の最基層を成す、哲学・思想の旅に出かけることにしましょう。

2│哲学者ジョン・デューイ：経験と学習の理論

　組織開発の歴史の旅は、第1層における哲学的探究から始まります。その源流にいるのは、20世紀を代表する偉大な哲学者です。彼は、1900年代、今から100年以上前に、人文社会科学、哲学、教育学の中に対して多大なる知的貢献を行いました。彼の名をジョン・デューイといいます。

　ジョン・デューイの哲学を論ずる前に、1つだけ確認しておきたいことがあります。これは、第1層のすべての哲学者についていえることですが、ジョン・デューイをはじめとした当時の哲学者は、何も、組織開発を研究していたわけではないということです。また、彼らは組織開発を生み出すために、自身の哲学を深めていたわけではありません。しかし、ジョン・デューイの唱えた視座や視点が、後世、組織開発を発展させていきたい人の目にとまり、さまざまな形で、それを形づくる要素に導入されていきました。

　さて、ジョン・デューイですが、みなさんは、この人物をどの程度ご存じで

ジョン・デューイ

John Dewey 1859～1952年

パースに端を発するプラグマティズムを代表する思想家で、アメリカ合衆国が生んだ20世紀最も著名な哲学者の1人。ミシガン大学、シカゴ大学、コロンビア大学教授などを歴任した。その著作は、哲学のみならず、心理学、教育学、社会学など多くの人文社会科学に影響を与えた。シカゴ大学時代には、学内に「シカゴ大学付属実験学校」を設置し、経験主義に基づく教育を実践。この学校は、のちに「デューイ・スクール」と呼ばれるようになり、アメリカ内外の教育界に大きな影響をもたらした。

主な著作：*The school and society*（1899）．宮原誠一（訳）（1957）．学校と社会 岩波文庫

Experience and education（1938）．市村尚久（訳）（2004）．経験と教育 講談社学術文庫

（Photo/Corbis/Getty Images）

しょうか。ジョン・デューイについては、おそらく大学の教養の授業などで、「プラグマティズム」という思想とともに学ぶのではないでしょうか。ここでは、大賀祐樹氏によるプラグマティズム解釈にのっとり、これを引用・加筆することでこの思想を端的に述べてみましょう[12]。

　一般にプラグマティズムは、「実用主義」「道具主義」と訳されることがあります。プラグマティズムの本質を理解するためには、ベンジャミン・パースの言葉が頼りになるかもしれません。パースは、論文「私たちの概念を明晰にする方法」において、下記のような言葉を残しました。

「ある対象の概念を明晰に捉えようとするならば、その対象が、どんな効果を、しかも行動に関係があるかもしれないと考えるような効果を及ぼすと考えられるか、ということをよく考察してみよ」

　この短文においてパースが示唆しているのは、「効果、行動に関係するものこそ、真実である＝明晰さを持つということ」です。そして、プラグマティズムとは、端的に申し上げるのであれば「効果を出しているもの＝問題解決ができるものが、正しさを持っている＝真実であると見なす」という思想です。「効果を出しているもの＝問題解決ができるもの」を「正しい」と見なしますので、この思想においては、「対象が効果を出しているかどうか＝問題解決ができているかどうか」を把握し、観察し、モニタリングしていくことが重要なファクターになります。つまり、対象の「観察」や「見える化」がとりわけ重視されるのです。そして、対象の観察や見える化のために、プラグマティズムにおいて重要視されているのが「科学的手続き」です。

　ここまでを敷衍して考えますと、プラグマティズムの底流には科学的手続きに基づいた観察（見える化）を通して、効果や問題解決ができたものを、真と

12　大賀祐樹（2015）．希望の思想　プラグマティズム入門　ちくま選書

見なす考えが浸透しています。この考え方が後世の多くの研究者に影響を与えてきました。

　プラグマティズムを育んだのは、言うまでもなく自由の国アメリカです。

　プラグマティズムの思想は、多くの民族、多くの人種がいわば「サラダボウル」のように混じり合う移民の国、アメリカの基調を成す思想として、非常に重要な意味を持っていたのです。「唯一絶対の正しさや善」を求める、というヨーロッパ哲学の伝統は、多くの民族・人種が混じり合うアメリカでは、なかなか受け入れられません。社会的な背景は多様であっても、「効果が出ているもの＝問題解決ができているもの」を併存させて、よきものと見なしていこう。こうした「ゆるさ」や「社会的包摂（インクルージョン）」のマインドがアメリカという国には必要でした[13]。そして、その理論的根幹となったのがプラグマティズムです。

　もしかすると、一見、プラグマティズムは、「唯一絶対の正しさや善」を放棄する、やや「捨て鉢な思想」にも見えるかもしれません。しかし、それは多文化共生——さまざまな人々が組織やチームを構成する場所には、非常に重要な思想であったのです[14]。

　デューイが自らの独自の思想を打ち立てたのは、このようなプラグマティズムの考え方に共感を覚えたからでした。それでは、デューイの思想は、いったいどのようなものだったのでしょうか？

　人間と社会のありようについてさまざまな知的思索を行ったデューイの功績を箇条書きでまとめることには、いささかの抵抗を感じますが、こと組織開発に関わるジョン・デューイの考え方を、端的に要約すると、次のようになります。それは、デューイの示した「人間観（人間をどのような存在として描き出すのか）」に関係するものです。デューイは、関連するいくつかの著書において、

---

[13] 2018年現在のアメリカをめぐる政治状況は、ここで論じられているものと、かなり様相を異にしています。アメリカが、今後、近い将来、どのような選択をとっていくかは、筆者にはわかりません。しかし、プラグマティズムを理念として、ダイバーシティを包摂してきたことは、「アメリカがアメリカたるルーツ」であったはずです。筆者の目には、現在のアメリカがルーツを手放し「アメリカたること」を自ら放棄しているように見えます。

人間を下記のように描き出しました[15]。

①人間とは「知識を貯め込む容器」のような存在ではなく、「能動的に環
　境に働きかける存在」である。
②人間は能動的に環境に働きかけて「経験」を積むことができる。
③「経験」に対するリフレクション（反省的思考）を通して、人間は知を形
　成することができる。

　まず、①において、デューイは、人間とは「知識を貯め込むような容器」に
例えられるような受動的存在ではなく、「能動的に環境に働きかける存在であ
る」としました。ここで「環境」とは、道具や他人を含む、世の中のすべての
ものです。ここだけを聞いてしまうと、何を当たり前のことを述べているのか
といぶかしがる方もいらっしゃるかもしれませんが、当時はそうした「能動的
な人間観」を持つ人は、そう多くはありませんでした。
「能動的な人間観」と対照を成すような「伝統的な人間観」とは「人間を知識
を貯め込む容器」のようにみなす見方です。わかりやすくいえば、いわゆる「詰
め込み教育」みたいなものを想像するとよいかと思います。「伝統的な人間観」
からすると、人間とは「知識やスキルをどんどん貯め込んでいける容器」のよ
うな存在でした。当時はそうした「受動的な人間」に、一方向的に知識やスキ
ルを伝達し、蓄積していくことが「教育」である、と考える傾向がありました[16]。

14　プラグマティズムの要諦は「効果を出しているものであれば、多少、相容れないものがあったと
　　しても、それなりに正しいと見なし、相互に排斥し合わず、さまざま物事を用いていこう」とす
　　る考え方にあります。実用主義とは「原理主義」に鋭く対立します。原理主義は、多様性を認め
　　ません。対して、実用主義は、「多様性を包摂する思想（ダイバーシティ＆インクルージョン）」
　　として機能するのです。
　　組織開発は、もともと、建国以来、多様性を包摂してきた国、アメリカで生まれました。筆者は、
　　アメリカにおいて「組織開発」という考え方が生まれたことにも、プラグマティズムの影響を感
　　じています。プラグマティズムは「多様性を包摂」します。そして組織開発という概念にも、「多
　　様性を包摂する」ところがあります。結果的に効果を出していて、現場に役立っているものであ
　　れば、それなりに認めていこう、という思想の影響下に、組織開発があるように思います。
15　デューイ, J. 宮原誠一（訳）(1957)．学校と社会　岩波文庫

次に②においてデューイは、人が能動的に環境、他者に対して働きかけていくときに、経験が生まれると言いました。デューイにとって、経験とは、環境とそこに働きかける人間との接点に生まれるインターフェースのようなものです。しかし、ただ経験しただけでは、学びになりません。そこで③が出てきます。いったい実際に人間が学ぶとき、能力が向上するとき、知を形成するとき、というのは、どんなときなのか。デューイは、「知が生まれるのは、経験を振り返るとき、リフレクションするときだ」と言いました。

We don't learn from experience. We learn from reflecting on our experience. (John Dewey)

　これはデューイの言葉です。

　いわく、私たちは経験から（直接）学ぶのではない。経験（experience）を内省（reflection）するときに学ぶのだ、ということになります。

　ここでリフレクションとは、「経験を意味づけ、学びにつなげていく認知的作用のこと」をいいます。デューイは、経験に直面し、反省的思考を行使する人間を、理想の人間像に置きました。

　かくしてデューイの思想は、後世の教育の世界に大きな影響を与えることになります。日本にも、1920年代に子どもの意欲、関心、経験を重視して、問題解決力や主体的に学ぶ力を獲得させようとする「子ども中心主義」という教育観を持った新教育として取り入れられ、「大正自由教育運動」を生み出しました。それは、戦後民主主義教育に取り入れられ、1990年代には「総合的な学習の時間」として、受け継がれます。また、昨今では学習者の能動性や、経験からの学びを重視する「アクティブ・ラーニング」や「主体的・対話的で深い学び」といった教育形態として注目されています。

16　デューイ, J. 市村尚久（訳）(2004). 経験と教育　講談社学術文庫

昨今の教育業界や人材業界では、アクティブ・ラーニングや主体的・対話的で深い学びがもてはやされ、グループワークや問題解決を志向した学習が、大学、高校など、さまざまな教育機関で実施されるようになってきました。他者を含む環境とさまざまに相互作用を行い、経験を積み、そうした経験を振り返ることで実施されるアクティブ・ラーニングは、2000年代に入ってからこれらの業界で注目されるようになった考え方ですが、その萌芽は、実は1900年代のデューイの思想にさかのぼることができます。アクティブ・ラーニングの本質は、すでに100年前にデューイによって提案されていたものだったのです。

　それでは、ここで目を企業に転じて、企業の教育や人材開発では、デューイの思想は、いかに継承され、いかに息づいているかを見ていきましょう。

　学校教育の世界が1920年代から常にデューイの影響を受けていたのとは対照的に、デューイの思想が企業教育へ本格導入されたのは、1970年代に入ってからのことでした。それを後押ししたのは、ディヴィッド・コルブ[17]やドナルド・ショーンによるところが大きいものです。

　まず1970〜80年代、組織行動学者のディヴィッド・コルブは、デューイの「経験から学ぶ」という思想を、ビジネスパーソンにわかりやすいように2次元化し、下記に示すような「経験学習サイクル」として表現しました。

　図表13に見るように「経験学習サイクル」とは、デューイの考えた経験学習を「循環論」として表現したものです。まず、能力を向上させる時の第1のプロセスとして、人が職場で能力を高めるためには、まず「経験」が必要であるということを述べます（①具体的体験）。しかし、経験だけで物事を落ち着かせていてはだめで、その経験を振り返り（②内省的観察）、ノウハウを導き出し

17　David A. Kolb（ディヴィッド・コルブ）1939年〜 組織行動学者。ケース・ウェスタン・リザーブ大学教授。デューイの切り拓いた「経験と学習」に関する理論を2次元化して、経験学習サイクル論をまとめた。主に、成人学習の言説空間、人的資源開発の言説空間への普及に努めた。Kolb, D. (1983). *Experiential learning: Experience as the source of learning and development.* Upper Saddle River, NJ:, FT Press.

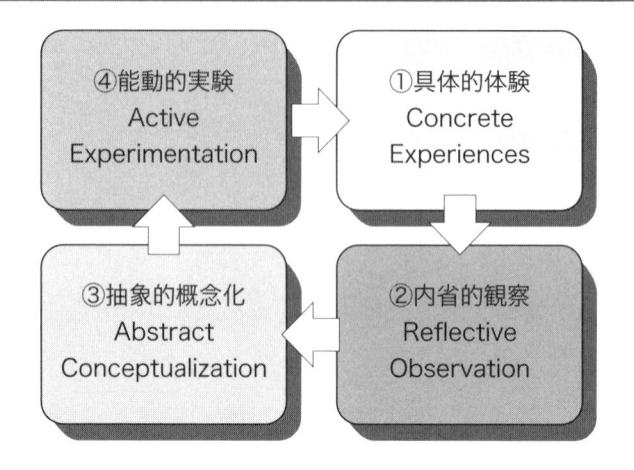

（③抽象的概念化）、次の実践に使ってみる（④能動的実験）ことを唱えています。そしてまた経験したことを振り返る……ということを繰り返すべし、というものですが、これは本を正せば、デューイの思想です。コルブは、かくしてデューイの思想の簡略化と普及を果たしました。

　ディヴィッド・コルブが、経験学習サイクル論を普及させていた頃、これに一見、共振しそうな思想が、社会科学の中で生まれてきます。1980年代に入ると、マサチューセッツ工科大学（MIT）教授のドナルド・ショーン[18]が「省察的実践（reflective practice）」ということを主張します。

　ドナルド・ショーンが当時、考えを深めていたのは、「高度に専門化していく現代社会において、実践者が行う問題解決や、その人材育成とはいかにあるべきか」という課題です。ショーンは、所属するMITの建築学科の教育プログラムを考える上で、この問いと格闘していました。

18　Donald Alan Schön（ドナルド・ショーン）1930〜1997年　マサチューセッツ工科大学教授。デューイ研究から発展し、専門家研究を打ち立てる。「省察的実践（reflective practitioner）」の概念を提唱し、クリス・アージリスとともに組織学習理論の構築に貢献した。
ショーン, D. A. 柳沢昌一・三輪建二（訳）(2007). 省察的実践とは何か──プロフェッショナルの行為と思考──　鳳書房

ショーンは考えました。高度に科学技術が発展し、専門化が進んでいく現代社会では、「不確実性」が増し、解決すべき問題は「所与」のものではなくなります。つまり、何を解くか、何を行うかは、誰かが教えてくれるのではなく、変化の激しい世の中の動きを読み取り、自分で「決めなければならないもの」になってくるということです。

　ショーンによれば、そのような時代にあって「正しい課題解決」を行うためには、「正しく問題を発見し、設定すること」のほうが「正しく問題を解くこと」よりも重要になる。そして、「そもそも問題とは何なのか」ということを考えるためには、自分のやっていることを省察的に捉えること。すなわち、振り返ることやリフレクティブな認知能力を高めておくことが不可欠である、と考えました。

　ショーンは、高度な情報社会を生き抜く現代の実践者たる所以を、この「振り返り」や「リフレクション」に求めます。ショーンによれば、内省的な実践者は、単に原理原則を現場に適用する存在ではなく、状況に応じてリフレクションしながらアクションし、アクションしながらリフレクションする存在であると主張しました。こうした考え方は、1980年代後半になって、さまざまな仕事の領域、専門職教育の領域の研究者に注目されます。かくして、リフレクションという考え方が広まるようになったのですが、ルーツはやはりデューイにあります。ちなみに、ショーンの博士論文は、ジョン・デューイの「省察」概念についてです。

　一方、時を同じくして、リーダーシップ論にも、あるコペルニクス的展開が起こりました。それまでのリーダーシップ研究は、「リーダーシップとはいかにあるのか？」ということが研究の主眼となっていましたが、このころから、「リーダーシップを発揮できる人材をいかに育てたらよいのか」というところに研究の焦点が当たり、それらに関する研究が積み重なってきたのです。1980年代に生まれたこの動きは「経験のリーダーシップ育成論」とでも形容できるかもしれません。

　アメリカのリーダーシップ研究機関である、Center for Creative Leadershipというところに、モーガン・マッコール[19]らが率いる研究者の一群が生まれてきます。彼らは、ビジネスで成功したリーダーたちが、どのような業務経験を積み重ねてきたのか、ということを調査したのです。すると、トップリーダーたちは「一皮むける経験」をするような経験をたくさん積み重ね、熟達を遂げていたことが明らかになってきました。そこから仮説として提唱され始めてきたのは、「リーダーシップの開発には、タフな経験の付与が大切なのではないか」ということです。

　マッコールらは、そののち、リーダーシップとは企業の戦略に合致した経験の付与と、それを支援する触媒（メンタリング）によってリーダーが育つという考え方を提唱します。これが、1980年代〜2000年代にかけて、リーダーシップ開発のトレンドになってきました。

　ここで注意したいのは、マッコールらのもともとの考え方には、デューイやショーンの影響は直接には見て取れないことです。マッコールの理論は、あくまで経営学（リーダーシップ論）の範疇から誕生したものでした。しかし、マッコールの議論に触発を受けたのちの研究者たちは、マッコールらのリーダーシップ開発論とデューイの影響を受けた経験学習論との接続を図ります。ここに「リーダーはタフな経験のみならず内省で育つ」といった考え方が生まれることになりました。それは、「タフな経験」というマッコールの考え方と、「内省」というデューイの考え方が接続した瞬間でした。そして、今となっては、「リーダーはタフな経験と内省で育つ」という考え方が、リーダーシップ開発の主流になりつつあります[20]。現在のリーダーシップ開発論において、リーダーが経験だけで育つということを素朴に主張するものはそう多くはありません。そ

19　Morgan W. Jr. McCall（モーガン・マッコール）　南カリフォルニア大学名誉教授。彼がCCL（Center for Creative Leadership）に所属していた1980年代に、優れたシニアリーダーの経験を回顧法によって聞き出し、分類した研究から、「経験によるリーダーシップ開発論」を打ち立てた。主な著作：マッコール, M. W. 金井 寿宏（監訳）リクルートワークス研究所（訳）（2002）, ハイ・フライヤー——次世代リーダーの育成法——　プレジデント社

20　館野泰一・髙橋俊之（編）　中原淳（監修）（2018）, リーダーシップのフロンティア　北大路書房

こには、経験と振り返りというデューイの思想が脈々と反映されています。

　さて、ここまでデューイの思想のうち、主に、教育・人材開発につながるものを概観してきましたが、果たして、ジョン・デューイの思想は「組織開発」とどんな関係があるのでしょうか。

　それを端的に述べるのであれば、**1）学習や変化の源泉を「経験」においている点、そして、2）変化につながるきっかけとして「振り返り」を位置づけている点**です。この考え方は、組織開発と非常に深い関わりがあります。

　なぜなら、組織開発では、組織が変化する源泉として、組織での経験が置かれます。加えて、組織が経験した出来事などをあえて対象にして、振り返りが試みられるからです。経験を対象として、それらを見える化（対象化）し、より俯瞰的な立場からガチ対話を行い、組織のあり方に対して変化を起こすことが組織開発です。

　これを敷衍して考えますと、組織（チーム）が、組織（チーム）のあり方を対象にして、振り返りを行うと「組織開発」になります。つまり、現在注目されている「経験学習を理論的基盤に持つ人材開発」と「組織開発」は、デューイの思想を同じルーツに持っています。組織開発とは、「組織が、組織メンバーの関係性やありようを対象として、組織で行う経験学習」の一種と捉えてもいいのではないかと筆者らは考えています。

　世の中には、組織開発と人材開発は、全く別物であるという認識が今もなお、強く存在しています。また、人材ビジネスの売り手はときに極端な二分法で物事を矮小化します。例えば「人材開発はもうダメで、これからは組織開発の時代である」というふうに。しかし、理論的に考えても、実務的に考えても、そうしたわかりやすい二分法にとらわれてしまい思考停止してしまうことが、あまりよい影響をもたらさないことは明白です。

　二分法は、いつの時代も、わかりやすくて、魅力的です。二分法によって、私たちは知的資源を節約することができますし、思考停止をすることができる

からです。だからこそ、わかりやすい二分法を目にしたら、常に、本当か？その本質とは何か？ そして、両者を2つとも実現する方法はないのか？ と問う習慣を持ちたいものです。

　組織開発と人材開発のルールは同じです。どちらも「人は、いかに学ぶか」という哲学を共通の基盤に持っているのです。そのことを、私たちはジョン・デューイの思想から明晰に学びとることができます。

3 ｜ フッサールの現象学:「今－ここ」の理論

　ジョン・デューイと同時代を生きたもう1人の偉大で、かつ組織開発に大きな影響を与えた哲学者にエドムント・フッサールという人がいます。

　フッサールは「現象学」と呼ばれる、彼独特の哲学理論を創始した哲学者であり、解釈学派など、のちの人文社会科学の発展の礎を築いた大研究者です[21]。組織開発を理解する上でも、フッサールの残した思想について、断片的にでも知っていることは非常に有益です。組織開発を学べば必ず頻発する、ある価値観は、フッサールの影響を受けて創始されたものだからです。その価値観を示すワードとは「今－ここ（いま－ここ：here and now）」という、組織開発で最も重要視される価値観に他なりません。組織開発で頻出することになる「今－ここ」という価値観のルーツにあるのが、フッサールの残した哲学の影響です。

　ここでいう「今－ここ」とは、「現在、起こっている出来事に意識を当て、考えていくこと」を重視するという価値観です。これとは対照的な価値観が「あ

21　フッサールの築いた現象学（超越論的現象学）は、のちに1）文化人類学におけるエスノグラフィー研究の発展、2）アメリカ哲学におけるシンボリック相互作用論・ドラマトゥルギー論・エスノメソドロジー論の発展、3）ヨーロッパ社会学におけるガダマーやハーバーマスの解釈学、そしてアルフレッド・シュッツ、ピーター・バーガー、トマス・ルックマンらによる社会的構築主義の発展に深い影響を与えます。
　これらの研究群は、のちに質的研究（qualitative research）と呼ばれる研究パラダイムをつくっていきます。組織開発研究の多くが、質的な研究手法によって研究される傾向が強いのは、このためです。組織開発と質的研究の研究上のルーツは同じところにあります。
　プラサド, P. 箕浦康子（監訳）(2018)．質的研究のための理論入門　ナカニシヤ出版

エドムント・フッサール

Edmund G. A. Husserl　1859～1938年

オーストリアの哲学者・数学者。オーストリアのモラヴィア（現チェコスロバキア）のユダヤ系家庭に生まれる。自然科学の勃興に対抗し、人間の知覚を基盤とする哲学（記述学）―現象学を打ち立てる。その哲学は、のちの人文社会科学に大きな影響を与えた。

　フッサールが主張したことを端的に述べれば、それは「私たちが経験し、意識を当てたこと」をよりどころにして、人間科学を打ち立てる必要性である。それは研究対象とは距離をとり、なるべく客観的に思惟をなそうとする近代科学の精神と鋭く対立する。

主な著作：*Die Idee der Phänomenologie*（1950）．長谷川宏（訳）（1997）．現象学の理念　作品社

　（Photo/Gamma-keystone/Getty Images）

のとき、あそこで（there and then）」です。

　前章で述べたように、組織開発では組織の状態やメンバーの状態を「見える化」していきます。その時に重視される価値観が、「今－ここ」に他なりません。組織開発では、「今－ここ」の瞬間に、組織の状態やメンバーの関係について現状を見える化し、「今－ここ」の瞬間で自分が思っていることを相互に話し合ってみる、「ガチ対話」していくことが求められます。組織開発では、「〈今－ここ〉の経験や出来事」に焦点を当てて対話し、グループや個人に変化をもたらすような場をつくり出すことが求められるのです。ちなみに、「今－ここ（here and now）」を重視する場のことを「現象学的な場」と言ったりします。のちに繰り返し出てくることになりますが、組織開発の礎になる集団精神療法や組織開発では、治療者やカウンセラー、またはファシリテーターの手によって「今－ここ」の価値観を集団に浸透させることや、「今－ここ」に意識を当てる「現象学的な場」をつくり出すことが重視されます。

　では、後代の組織開発に多大な影響を与えるフッサールとは、いったいどのような思想家だったのでしょうか。膨大な彼の思想の一部をたどってみることにいたしましょう。

　先に述べましたように、フッサールが残した哲学とは「現象学」と呼ばれています。一般に現象学とは、聞き慣れない用語です。まったく現象学について耳にしたことがない方が、そのワードを耳にすると、それは「哲学」と併置するような別の「学問体系」が存在するように感じるものです。しかし、そうではありません。フッサールの残した「哲学」を、あえて、「現象学」と呼んでいるだけで、哲学とは別に現象学が存在するわけではありません。

　端的にいえば、現象学とは、「私たちが世界に関わる中で生まれる現象や経験に焦点を当て、それらを記述し、私たちと私たちの世界の両方を理解していこう」とする「経験の記述学」のことをいいます。「〈今－ここ〉の私たちの経験に耳を傾け、それを書き記すことで、人間理解、世界の理解を試みよう」と

するフッサールの提唱した知的な営みのことを、現象学と呼んでいるのです。

それでは、フッサールは、なぜ、現象学を創始したのでしょうか。その謎を解き明かすには、フッサールの生きた時代に思いを馳せなければなりません。

フッサールが生きた時代は、数学や物理学などの、いわゆる「自然科学」が目覚ましく発展した時代でした。自然科学とは、人間の主観や経験といったものとは一線を画し、客観的に物を見つめてみて、そこに働く原理原則を求める知的な営為のことをいいます。一見、自然科学は素晴らしいもののように感じますが、このことにフッサールは深い懸念を持ちました。フッサールは、「自然科学から生まれた真理とか理論とか、それが大事なのはわかるけど、そもそも人の関心、主観から離れていては意味がないのでは？」と考えたのです。彼の疑念や懸念を端的に表現する言葉があります。下記の言葉においてフッサールは、「近代人の世界観として広まりつつある、科学なるもの」に疑念を持ち、それに「事実学（科学）」というラベルを打ち、激しい言葉で批判します。フッサールによると、事実学（科学）は「真の人間性にとって決定的な意味を持つ問題から無関心に目をそらせる」ものだというのです。

19世紀の後半には、近代人の世界観全体が、もっぱら実証科学によって徹底的に規定され、また実証科学に負う「繁栄」によって徹底的に眩惑されていたが、その徹底性たるや、真の人間性にとって決定的な意味をもつ問題から無関心に眼をそらさせるほどのものであった。単なる事実学は、単なる事実人をしかつくらない。（フッサール 細谷・木田訳 1995, p.20[22]）（傍点筆者）

フッサールにとっては、事実学は、人間にとって最も重要な問いに対して、「何も語ってくれない学」であるといいます。それでは、フッサールは、どのような問題こそを、学問が答えるべきものであるとしていたのでしょうか。

下記の文章に見るように、フッサールが考えるべき問題だと考えていたのは、

---

22 フッサール、E. G. A. 細谷恒夫・木田元（訳）（1995）．ヨーロッパ諸学の危機と超越論的現象学　中央公論新社

「人間生存全体にとって意味があるのか、ないのか」という問いであり、別の言葉でいうならば、その人の「主観性」を重視しながら学を立ち上げることでした。「人間にとって意味があるのか、ないのか」「主観的であるかどうか」──一般には、「主観的」といいますと、「客観性」よりも程度が低いものと見なされがちですが、フッサールがここで重視したのは、「主観性」に他なりません。

　この事実学は、われわれの生存の危機にさいして、われわれになにも語ってくれないということを、われわれはよく耳にする。この学問は、この不幸な時代にあって、運命的な転回にゆだねられている人間にとっての焦眉の問題を原理的に排除してしまうのだ。その問題というのは、この人間の生存全体に意味があるのか、それともないのかという問いである。この問いこそ、それがすべての人間に対してもつ普遍性と必然性とからみて、一般的に省察さるべきものであり、理性的な洞察からの答えを要求するものなのではあるまいか。（フッサール　細谷・木田訳 1995, p.20）（傍点筆者）

　フッサールの激しい批判は、こののちの思惟を通してさらに高められます。「人間にとって意味があるのか、ないのか」「主観的であるか、どうか」を判断する基準として、フッサールが重視したのは「今－ここ」という瞬間です。フッサールは、自然科学に対照づけた主観性の根源を「今－ここ」という瞬間に求めました。

　われわれはデカルトの言い方に従えば、「我－意識作用－意識対象」という3つの項をもっている（フッサール　細谷・木田訳、1995, p.313[23]）（傍点筆者）

　ここでフッサールが述べている「我」とは言うまでもなく、自己のこと。フッサールが言うには、すべての認識の根源は、「我」が作用させる「意識」です。「我」は、「自己の意識」を作用させることを通して、「今－ここ」の瞬間に意

識の上に立ち上がってくる「対象物」を知覚します。ちなみに、私たちが、さまざまな意識を張り巡らし知覚しようとしている日常生活のことを、彼は「生活世界」と呼びました。

こうした知的態度は、対象とはなるべく距離をとり、客観的たろうとする自然科学とはまったく異なる立ち位置です。フッサールは、こうした自然科学とは異なる立場で科学を復興していくことこそが、自然科学に毒されようとしていた当時のアカデミズム諸学の危機を救うのだと考えていました。

ちなみに、このようなフッサールの態度は、一見、「我思う、ゆえに我あり」のテーゼを残したデカルトに近似しているとも考えられがちです。しかし、数学者でもあったデカルトが、のちに自然科学に傾倒していくのとは対照的に、フッサールは「我の意識」にこだわる「現象の記述学」を志向していくことになります。

このように、フッサールの哲学の最も基層にあるのは、自然科学に対するアンチテーゼです。フッサールは自然科学に対して、私たちの意識を基層とした学問をつくるべきである、知的な営みを取り戻すべきであるということを主張しました。このようなフッサールの知的態度は「反自然（自然とは、ここでは科学のこと）」といいます。

「反自然」の立場に立ち、「今－ここ」の主観にこだわり、知的な営為を営むことを彼は主張しました。科学のように「客観的に自分を現象から遠ざけるのではなく、自分の意識に上っていくことから理論をつくっていかなくてはならない」と考えたのです。そして自らの意識や主観を用いた記述学——フッサールは、それを「現象学」と呼びました。

ゆえに、現象学とは「反客観の科学」の色彩を帯びることになります。それは、「自明なものとして世界をあらかじめ与えられたもの」として考えるのではなく、「それぞれの経験者にとって、世界や意味が構築される」という立場

---

23 フッサール, E. G. A. 細谷恒夫・木田元（訳）(1995). ヨーロッパ諸学の危機と超越論的現象学 中央公論新社

を取ります。下記の文章からは、フッサールのこの立場をうかがい知ることができます。

　客観主義の特徴は次の点にある。すなわち客観主義は、経験によって自明なものとしてあらかじめ与えられている世界を基盤として、その「客観的真理」を問い、世界にとって、つまりすべての理性的存在者にとって無条件に妥当するもの、つまり、世界がそれ自体において、なんであるかを問う。(中略) これに対して、超越論主義は、次のように言う。あらかじめ与えられている生活世界の存在意味は、主観的形成体なのであり、学問に先立って経験しつつある生活世界の所産なのである。その生活のうちで、世界の、しかも、それぞれの経験者にとって、現実に妥当している、そのつどの世界の、意味とその存在妥当とが構築されるのだ。(フッサール 細谷・木田訳 1995, p.125[24]) (傍点筆者)

　ここでフッサールが言う「超越論主義」とは、人々が自らの生活のうちで、そのつど、そのつど、世界をどのように主観的に意味づけていくか、ということです。フッサールは客観主義を排して、主観を活かした現象学を活かした知的営みの復権を訴えました。

　しかし、「今－ここ」を大切にするとか、「主観を大切にする」とかいっても、ピンとこない方もいらっしゃるのではないかと思います。「〈今－ここ〉で起こっていることを大事にすることで、真理に近づける」と言われても、具体的なイメージを想起することは容易なことではありません。
　ここで、フッサールがよく用いている例を用いて、このことを説明してみましょう。フッサールは、「マッハの自画像」という図を用いて、私たちが、いかに「今－ここ」に立ち現れるものを意識化していないか、物を見ているようで見ていないのかを論じます。ワンセンテンスで申し上げますと、「私たちは、

24　フッサール, E. G. A. 細谷恒夫・木田元 (訳) (1995). ヨーロッパ諸学の危機と超越論的現象学　中央公論新社

見たいものを意識しているのであって、見ているものを意識していない」ということになります。

「マッハの自画像」は、19世紀にヨーロッパで活躍した物理学者であり哲学者でもあったエルンスト・マッハが、友人たちと哲学談義をしていたときに描いたといわれている「自画像」です。マッハの名前は「音速」を表現する単位として、現代でも語られていますが、彼は、同時に科学哲学者でもありました。マッハは、自然科学の最先端の研究を志向していつつも、近代科学の有する支配的パラダイム──とりわけ、主体と客体を完全に分けたものとして考える考え方に異をとなえた人物でもあります。

　マッハの自画像とはこんな図です（図表14）。ここでは、オリジナルのマッハの自画像を、イラストにしてあります。まず図表14、マッハの自画像Aを見てください。

　この絵は、ある人が1日の仕事を終え、おいしくお酒を飲んで帰宅して、ソファにファーっと座ってくつろいでいる時に、自分の足を眺めた絵のように見えます。何の変哲もない絵です。しかし、ここには大きく欠落しているものがあります。もし、あなたが自分の意識にのぼっているものを、まったく過不足なくこの絵に表現していると言うなら、それは「間違い」であることを、この自画像Aは教えてくれます。

　それでは、この自画像Aに欠落しているものは何でしょうか。そこで図表15の自画像Bを見てみましょう。

　図表14のAの絵にはなくて、図表15のBの絵に、あったものは何でしょうか。そうですね、もうおわかりですね。それは「自分の鼻の形」なのです。

　確かに、私たちは、自分の視界の中に、「自分の鼻」がいつも入っています。しかし、それは指摘されなければ、意識することはありません。あなたが見て

いるものを、そのままに描き出してください、と言われても、Aの絵を描き出す人がほとんどで、Bの絵を描く人はいないのだと思います。「見ているようで見ていない」「見たいものを意識している」というのは、こういうことです。

フッサールの唱えた現象学とは、先ほど述べたように、「〈今－ここ〉に徹底的にこだわり、そこで意識されているもの」を最重要視する考え方です。現象学では、知覚しているまま、意識しているままの現象を取り上げますので、先ほどのようなモティーフで絵を描くのであれば、当然、「自分の鼻の形」を描写することになります。すなわち自画像Aではなく、自画像Bを躊躇なく明晰に描くことが現象学のマインドに他なりません。

対して一般に、自然科学では「知覚する」とは、図表16のように考えます。つまり、光が見ている物体に当たり、そこで反射された光が目に入り出すことが「知覚」であるというわけです。しかし、私の「〈今－ここ〉の経験」にこだわって考える「知覚」とは、科学のそれとは異なります。

要するに、フッサールは、誰もが当たり前に過ごしている日常世界——自明な世界にメスを入れ、そこで知覚されたものから哲学することを考えました。フッサールはこんな言葉も残しました。

自明であるような一切のことが、もっとも深い謎にまとわりつかれていることが、反省のなかで明らかになる。哲学というのは『自明なものの学』であるということは真である。（傍点筆者）

要するに、私たちにとって自明な経験、私たちがふだん、素通りしているような経験というのを、あえて意識に入れよう、メスを入れよう、向き合おうということなのだと思います。これをやや拡大解釈して考えるのであれば、何気なく日常的に行われていて素通りしてしまうような経験こそ、「見える化」してテーブルの上に置かないと、私たちは課題を解決できないのだ、ということを言っているのではないでしょうか。

「現象学」は、「意識にのぼってくるものを記述」しようとします。そして「今

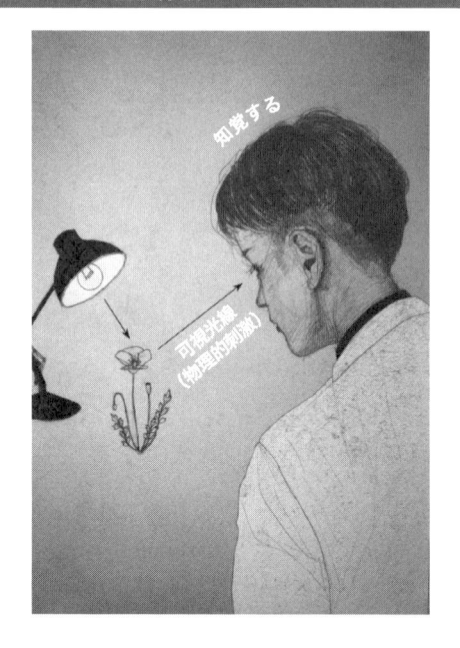

　「今－ここ」で意識に立ち上がってくるものを対象にして思索を深めます。そして、この考え方は、組織開発、あるいは、その底流を成している集団精神療法に色濃く反映されており、「今－ここ」という用語は、実践家の中では専門用語として流通しています。なぜなら、組織開発においても、集団精神療法においても、「今－ここ」にこだわり、前者であれば組織やチームの課題を見つめ、向き合うことに取り組み、後者においては、個人の抱えている問題に向き合うからです。

　ここで、フッサールの考え方とデューイの考え方を重ね合わせながら、少し組織開発風に解釈していくと図表17のようになります。私たちは、私たちが生きる世界において、さまざまな出来事を経験します。デューイは、「人が学び、変化するときには、経験とリフレクションが重要である」と説きました。

　個人の経験ならば、個人で経験とリフレクションを行えばよいのですが、単

デューイ：経験学習＝人が学び、変化するときには、経験とリフレクションが重要である。

$+$

フッサール：経験しているものをじっくり意識化する必要がある。

位がチームや組織ということになると、組織やチームでの経験を対象にして、それをチームや組織で振り返るということが検討されることになる、ということになります。

　さらに、フッサールは、こう続けました。「私たちは、経験しているものをそのまま知覚できているわけではない。自明なもの、隠されているものを子細に見つめ直すことに、まずは意識を傾けなくてはならない。とりわけ〈今ーここ〉で意識にのぼってくるものへの注目が必要であろう」

　ここも、もし話が個人のことであれば、自分の意識を、今起こっているものごとに傾けることが必要になります。しかし、グループが単位ということであれば、グループは、「今ーここ」の瞬間にグループが経験していることにスポットライトを当て、それらを見える化していくということになるのだと思います。組織開発のファーストステップに、「〈今ーここ〉のグループの状態」にスポットライトを当てる作業──「見える化」が入るのは、そういう理由です。

4 | フロイトの精神分析学：無意識の中の抑圧を顕在化させる

　組織開発、ないしは、組織開発の基底を成す集団精神療法に決定的な影響を与えている思想家として3人目に取り上げたいのは、精神科医であり、精神分析の始祖であるジクムント・フロイトです。

　フロイトの膨大な思想と業績をここですべて取り上げることは困難を極めますが、その思想の中で、最も組織開発に関連してくるのは「無意識」「抑圧」「病理」という3つの概念の関係です。

　第1に、フロイトは「無意識」という概念を提唱しました[25]。人間の気持ちや思考には、本人が意識できる領域と、どんなに頑張っても本人には意識できず、無意識的に行われている領域が存在する。フロイトは、どんなに頑張っても本人には意識できない領域を「無意識」と名付け、ここに私たちの心理的な葛藤≒抑圧が生まれることを指摘しました。

　フロイトによれば、精神病というものは、私たちの「無意識」にある「抑圧」から生まれます。そして、その治療のためには、無意識にある「抑圧」を「顕在化」させなければなりません[26]。

　フロイトの考え方に従えば、精神病の治療のためには、患者と医療者が相互作用を通して、患者の意識の下にある抑圧や課題を表面化していき、それらを顕在化しなくてはならないのだといいます。

　フロイトがこの顕在化のために取った手法は「対話」です。医療者は、患者さんの話を聞いて、患者さんの過去に向き合いながら、患者さんの奥底にある「抑圧」を言葉にして、意識の上に上げていくことで、精神病は治療されると

25　フロイト, S. 高橋義孝・下坂幸三（訳）(1977). 精神分析入門（上下巻）　新潮文庫
26　フロイトが病理の原因と考えたのは「過去の抑圧」です。一方、フッサールが、その思考の対象としたのは「今－ここ（現在）」です。のちの集団精神療法や組織開発は、その両者の影響を受けていますが、ときに時制は混在される傾向があります。例えば、「過去に抑圧」を感じている人が、「今－ここ」の瞬間でそれを見える化し、それと向き合うことを支援する、という具合に、時制をまたいで治療がなされます。

ジクムント・フロイト

Sigmund Freud 1856～1939年

オーストリアの精神分析学者、精神科医。オーストリアのモラヴィア（現チェコスロバキア）辺境伯領のユダヤ人の家庭に生まれ、ウィーン大学医学部で学ぶ。精神分析学の創始者。無意識の概念を打ち立て、クライアントと治療者が対話を繰り返し、無意識にあるものを顕在化させることで、精神病理が治癒するという診療論を唱えた。

　フロイト以降の心理療法は、その多くがフロイトの理論の影響を多分に受けるか、ないしは、その理論のアンチテーゼとして展開する。フロイト理論が、その分析対象を「個人」としていたのとは対照的に、組織開発の基盤となっている集団精神療法においては、その対象を「集団」に置いている。

主な著作：高橋義孝・下坂幸三（訳）（1997）．精神分析入門（上下巻）新潮文庫

　(Photo/ullstein bild/Getty Images)

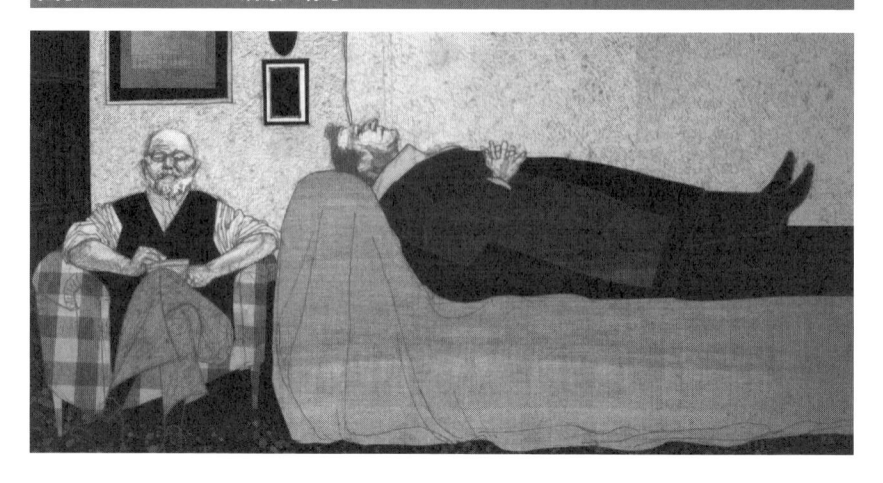

考えたのです[27]。

　繰り返しになりますが、フロイトの治療の根幹には「語ること」が据えられました。フロイトは、ときに患者に、頭に浮かんでくることを自由に連想させ、それを言葉にして語ることを求めたそうです。図表18はフロイトの治療の様子をイラストにしたものです。患者はリラックスした形でそれに臨むため、カウチ（寝椅子）に腰掛けました。フロイトは、患者の傍らに座り、しかし、彼／彼女の視界に自分が入らないようにしながら、患者の言葉に耳を傾けたのだといいます。フロイトの唱えたこの思想は、のちに「精神分析学」という体系に編纂され、継承されていくことになります。

　通常、この考え方の適用範囲は、一般に個人を対象とした、「個人の病理」に対して向けられています。しかし、組織開発ないしは、その基底を成す集団精神療法では、これを「集団（グループ）」に適用しました。集団（グループ）の病理とは「見えない抑圧」を顕在化（見える化）させ、場合によっては、それを構成するメンバーに突きつけ、「対決」させることで解決されるものと考えられたのです。

　フロイトは後世、こんな名言を残したとされています。

The mind is like an iceberg, it floats with one-seventh of its bulk above water.

「心とは氷山のようなものだ。氷山は、その大きさの7分の1を海面の上に出して漂う」

27　精神分析の眼目は、分析者と被分析者の対話的関係にあります。精神分析では、分析者と被分析者の対話や分析者からの問いかけによって、被分析者が密かに保持している抑圧を顕在化させていきます。精神分析家であり哲学者のジャック・ラカンによれば、この際、最も重要になるのは「分析者の応答」であるといいます。分析者という「聞き手」がいる限りにおいて、かつ、その聞き手が「応答」してくれる限りにおいて、被分析者は、過去を語ることができます。

「精神分析はただひとつの媒介しか有していない。それは被分析者の語る言葉である。事実が、はっきりとそのことを証したてている。さて、語る言葉は、必ず応答を求めるものである。私たちが、これから示そうと思うのは、応答のない語りかけというものは存在しない、ということである。たとえ、その語りかけに沈黙で応じたとしても、聞き手がいる限り、このやりとりのうちに、精神分析の核心は存在している」
(ラカン「精神分析における語りと言語の機能と領野」)

ラカンによれば、過去とは、「実際にあったこと」が、そのまま剥き出しのまま、何の脚色もなく語られるわけではありません。ラカンは、これを「単純過去」と呼んで、その存在を否定しました。被分析者の語る過去とは、聞き手に対してなされる、いわば「宣言」のようなものです。聞き手が応答してくれる限りにおいて、その過去は装飾されます。それは「過去がこうであったけれど、未来に向けて、今、こうなりつつあること」を宣言する言葉です。

「私が言葉を語りつつ求めているのは、他者からの応答である。私を主体として構成するのは、私の問いかけである。私を他者に認知してもらうためには、わたしは「かつてあったこと」を「これから生起すること」をめざして語るほかないのである。／私の語る歴史＝物語のなかでかたちをとっているのは、実際にあったことを語る「単純過去」ではない。そんなものはありはしない。いま、現在のわたしのうちで起きたことを語る「複合過去」でさえない。歴史＝物語のうちで実現されるのは、わたしがそれになりつつあるものを、未来のある時点において、すでに為されたこととして語る「前未来」なのである」
(ラカン「精神分析における語りと言語の機能と領野」)

精神分析とは「過去がこうであったけれど、未来に向けて、今、こうなりつつあること」を聞き手に対して宣言することで、自己を語り直す療法であるともいえます。

ジャック・ラカン（著）、新宮一成（訳）(2015) 精神分析における語りと言語の機能と領野. 弘文堂

　その言葉を図示したのが図表19です。

　しかし、みなさんは図表19を、どこかで見たことはありませんか。そうですね、組織開発の説明の際に46ページで、すでに私たちは同じような図（図表5）を見てきました。

　フロイトがいうように、心の中のさまざまな問題の事象というのは「氷山の上」に現れます。しかし、もっともっと大きい問題は「氷山の下」に隠れていて、この下に隠れているもの、下に隠れていて見えないものを表に出していき、抑圧の構造を見える化していかなくてはならない、というわけです。

　フロイトが行った個人に対する治療であれば、どんなに頑張っても本人には意識できない、無意識の領域に抑圧されているものを意識化することに取り組みます。そして、医療者と患者が対話を通じて、見えないものを明らかにしていく作業が試みられていきます。この対象が組織やグループである場合──す

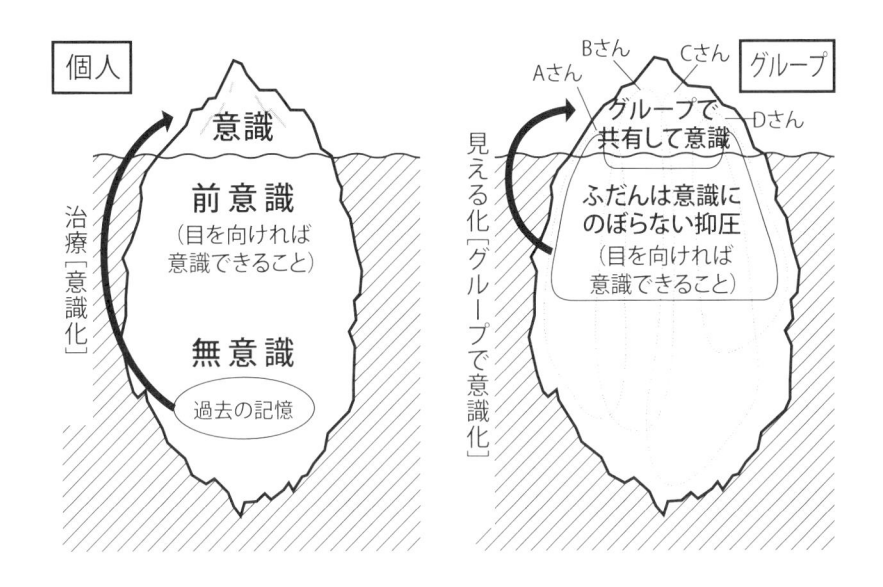

なわち組織開発の場合はどうでしょうか。水面下に隠れていて見えないものを、対話を通じて見える化していくことに取り組みます。

　ただし、対象が組織やグループである場合には、フロイトが個人に行った治療と以下の点で異なっていることに注意が必要です。

　図表20に見るように、組織やグループの場合では、どんなに頑張っても本人には意識できないような無意識のレヴェルだけではなく、フロイトが呼んだ「前意識」のレヴェル、つまり、意識を向ければ意識化できる領域を扱います。また、組織やグループで「1つの意識」や「1つの無意識」を共有しているわけではありません。ある人にとっては意識されておらず、他の人にとっては意識されていることがあります。

　例えば、Aさんの物の言い方にBさんはいつも傷ついているという状況の場合、Aさんにとっては無意識または前意識（水面下）、Bさんにとっては意識（水面

の上）ということになります。この状態は、グループ全体のレヴェルでは意識化されていない（水面の上のものとして見える化されていない）ことになります。この例のようなコミュニケーションのパターンによって水面下で葛藤が起こり、しかもその葛藤は表面化されないまま、グループのレヴェルで抑圧されたとすると、ある人が傷つくというコミュニケーションのパターンは続きます。これは健全な状態とはいえません。組織やグループの場合でも、ふだん、組織やグループがどのような問題を抱えているかを、何らかの手段で「見える化」して顕在化（意識化）していかなければならないということになります。

　フロイト流に述べるのであれば、組織開発とは「グループやチーム、そして組織の、ふだんは全員の意識にのぼらない抑圧を、みんなで顕在化させ、意識化し合う行為」ということになるのだと思います。

5｜組織開発を支える哲学的基盤のまとめ

　ここまで、組織開発モデルの第1層——すなわち、組織開発の哲学的・思想的基盤について見てきました。のちの組織開発に大きな影響を与えることになるジョン・デューイ、エドムント・フッサール、ジクムント・フロイトの考え方についてご説明してきましたが、少し議論が複雑になってきましたので、今一度、おさらいをしてみます。

　まず、デューイの主張は「**経験こそ学習の源泉になる**」ということにあります。そして、経験を対象化するためには、一段上、メタに上がり、リフレクションしなくてはならない、と言っています。

　フッサールの主張の中で、組織開発に関係してくるものは、「**人々の〈今－ここ〉の経験を意識化することから思考は始まる**」ということです。しかし、フッサールが言うように「人は必ずしも、〈今－ここ〉の瞬間を意識しているようでしていない」。身の回りに、自明だと思われるものは、あまた存在しているが、それらを意識にのぼらせ記述していくことが、その後の思考を支える、ということになります。

●デューイ ：①「経験」こそが「学習の源泉」である。
②「経験」を対象化する「リフレクション」から学び、変化することができる。

●フッサール：①人々の〈今－ここ〉の経験」を意識化し、記述することが思考にとっては重要である。
②人は必ずしも「見えている」わけではない。自明だと思われるものを意識に上げることが重要。

●フロイト ：①人間にはどんなに意識しようともなかなか意識できない領域「無意識」が存在する。
②無意識化にある抑圧を顕在化していくことが、病理の治療（改善）につながる。

　フロイトは「私たちには、ふだん見えない世界（無意識）があり、その中に“抑圧されたネガティブなもの”が病理を生み出す」としました。そして、その治療（改善）のためには、「抑圧されたネガティブなものを顕在化させ、向き合うことが重要である」としました。

　ここまで概観してきたことを図表21にまとめました。
　これらの主張が、のちの組織開発や、その礎になる集団精神療法といかにつながっていくのかと申しますと、このように解釈できると思います。
　まず、デューイと組織開発の関連です。
　組織開発の考え方の基層には、**グループを変化させる、グループ内の個人を変化させるには、グループの相互作用、グループの経験こそを対象にして、これらを学習の源泉にしなければならない**ということが述べられます。これは、「経験」こそを学習や変化の源泉と捉えたデューイの思想に影響を受けているともいえます。また、組織開発とは、グループの経験を対象にした、グループ単位で行う対話と振り返りであるとも考えられます。ここには、経験をそのままにしておいては、決して学ぶことはできない、それを対象化して反省的思考

を駆使しなければならない、というデューイの思想が見て取れます。組織開発とはグループを単位として行われる、グループの経験を対象とした経験学習なのです。

次に、フッサールと組織開発の関連です。

先に述べましたように、**組織開発で大切にされている価値観に、「今－ここ」があります。組織開発は、組織のメンバーが「今－ここ」で経験していることを源泉にして、変化を導こうとします。**しかし、「今－ここ」を生きている私たちは、必ずしも「今－ここ」を意識化できているわけではありません。私たちはふだん、自分のグループであっても、見たいものが見えているわけではなく、グループの自明なものを問わなければならない、という考え方が見えてきます。

最後にフロイトの考え方と組織開発の関わりは、どうでしょうか。

組織開発では、グループの病理は、グループがふだん、あまり注意を向けない領域下に、(＝逆に言うと、あえて見える化しなければならない)「抑圧」が内包されていると考えます。組織開発とは、グループの意識があまり注意を向けない「抑圧」的なものに対して、グループで向き合い、対話を通して解決していく営為です。この考え方は、フロイトの「抑圧」と「病理」の関係に相似しています。フロイトは、「病理を抱えた個人の治療」の治療手段として「精神分析」を提唱しました。組織開発は、「個人としては病理を抱えていない健常者から成るグループで、しかし、グループとしては病理を抱えている状態」を対象になされる「疑似治療行為」であるとも考えられます。

いかがでしょうか。

経験をまず意識化し振り返ること。

「今－ここ」の自明性を問うこと。

意識の下にあるような、ふだん見えていないものを問うこと。

デューイ、フッサールそしてフロイトの哲学のエッセンスが、組織開発の考え方のベース、哲学的な基盤となっているということがおわかりいただけたのではないかと思います。

　私たちは、これら３大賢人の思想を胸に抱き、さらに組織開発の発展の時計の針を進めることにしましょう。
　時代は1920年代——組織開発の第２層として集団精神療法が生まれます。

第4章
組織開発につながる
2つの集団精神療法

　前章では、組織開発の第1層として、デューイ、フッサール、フロイトといった1900年代の哲学者の話をしてきました。ここまで紹介してきた組織開発の哲学的基盤、思想的基盤は、通常の組織開発の文献において言及されることはありません。通常の組織開発の文献は、これよりもずっと後、50年後の世界から、その歴史を書き起こされるからです。

　しかし、本書の（プロフェッショナル編の）読者のみなさまのように、組織開発をブームとしてではなく理解したいという方には、より深い思想的基盤、歴史的展開についての体系的理解が必要なのではないでしょうか。筆者らは組織開発のルーツには何があるのか、それはどのような知的挑戦のもとに開花した営為であるかを理解することが、組織開発の本質を理解することにつながると信じています。そうでなければ、組織開発の理解は表面的なもの、手法やブームを追うもの、外国で流行っている手法や理論の「直輸入」になってしまう危険性を有しています。

　さて本章では、組織開発の第2層を扱います。
　第2層では、第1層の哲学者のさまざまな考え方がさまざまに後世に継承され、やがて「集団精神療法」として確立され、さらに組織開発に発展していくプロセスを論じていきます。集団精神療法は、1940年代になると、のちにTグループや感受性訓練、サーベイ・フィードバックなどのさまざまな創造物につ

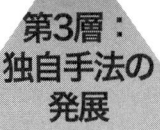

第3層：
独自手法の
発展

↑ （第2層の影響を受けて発展）

第2層：集団精神療法
「組織開発の方法」の基礎

↑ （第1層の影響を受けて発展）

第1層：哲学的基盤
「組織開発の考え方」の基礎

ながり、やがてそれらが組織開発というラベルのもとで、1つの実体を持つものとして語り直されるようになっていきます。

1｜集団精神療法とは何か

「集団精神療法」が生まれたのは第1次世界大戦の頃でした。第1次大戦は、大量のPTSD（post traumatic stress disorder：心的外傷後ストレス障害）患者が生まれた、有史以来初めての戦争であるといわれています[28]。PTSDとは、強烈なショック体験、ショックの知覚によって生じた激烈なストレスが、いわば「ダメージ」となり、ショックな体験や知覚が終わって、時間が経った後でも、その経験を想起し、強い恐怖を感じてしまうという精神障害をいいます。今も昔も、戦争は、物理的破壊のみならず、人の心をも破壊します。当時、第1次

世界大戦を戦った兵士はPTSD患者になり果て、街に、病院に、あふれ返っていました。

　しかし、このとき問題が起こります。兵士たちが、個人で心理カウンセリング（治療）を受けられれば一番いいのですが、その数が膨大すぎて、それは不可能でした。第1次世界大戦終了後は、PTSDを発症する患者数が多かったこともあり、それに対応するため個人療法よりも「集団精神療法」にスポットライトが当てられました[29]。

　ここで集団精神療法とは何かを、概観しておきましょう。

　集団精神療法とは、「集団の心の動き（集団力動）を利用して、集団を構成する個人を治療するもの」です（藤・西村・樋掛, 2017[30]）。それは、1）グループを構成するメンバー個人の変化をねらうものから（後述する心理劇やゲシュタ

28　トラウマ研究の泰斗、ジュディス・ハーマンによれば、第1次世界大戦は「延々と続いた消耗戦が特徴で、4年間で800万人以上が戦死」し、「殺しあいがおわったとき、ヨーロッパでは帝国が4つ亡んだ」といいます。
　　第1次世界大戦における兵士たちは「狭いところに閉じ込められ、孤立無援状態に置かれ、一瞬にして、精鋭が吹き飛ぶ脅えにたえまなくさらされ、戦友たちが手足を飛ばされ生命を失うのをなすところがなく、ただ眺めている」他はありませんでした。イギリスの傷病兵の40%が精神崩壊（mental breakdown）の状態にあったといいます。
　　しかし当時、こうした精神状態はなぜ生まれたのかはわからなかったといいます。ある臨床医は、精神崩壊の理由を「炸裂した砲弾による脳震盪」に求めました。当時、この病は「シェルショック（砲弾ショック）」と名付けられました。精神崩壊の本当の理由は、心理的外傷であったことは言うまでもありません。
　　ハーマン, J. L. 中井久夫（訳）(1999). 心的外傷と回復　みすず書房　p.25.
29　ちなみに、この時代に少し遅れますが（1945〜50年頃）、精神病院の中には、従来の医者と患者の権力関係のもとで行われる精神治療を見直し、病院全体を、いわゆる「治療共同体」と見なし、自分たちの自助的な努力で、相互に治療を行うといった流れが検討され始めていました。
　　大戦終了後、いわゆる「砲弾ショック（シェルショック）」によってあふれる元兵士のPTSD患者に対して、どのような講義やセラピーを提供しても、問題が解決しませんでした。しかし、教室に集まったPTSD患者たちが、お互いに自分たちの悲惨な体験を「話し合った」ときに、事態が改善に向かいました。そのようなことを観察していた医療従事者たちが、1）治療において患者と医療者が対等に関わり、2）自分たちの抱える課題をグループで出し合い、話し合い、解決していく運動を始めたのだといいます。これを「治療共同体」といいます。
　　武井麻子 (1998). レトリートとしての精神病院　ゆみる出版
30　藤信子・西村馨・樋掛忠彦 日本集団精神療法学会編集委員会（監修）(2017). 集団精神療法の実践事例30　創元社

ルト療法など）、２）グループのメンバーの関係性の変化をねらうもの（のちの
Tグループ）、そして、３）グループ内での出来事の共有や相互援助に注目して
いるもの（alcoholics anonymous：AA：アルコホーリクス・アノニマス）や４）
刑務所における矯正や薬物中毒からの回復などを目指すシナノングループまで、
多岐にわたるといわれています（Singer, 1975）[31, 32, 33]。しかし、ここでは、
各療法の相違には触れず、「グループの力」を利用して、グループないしグル
ープのメンバーの改善や治療を行うものを、「集団精神療法」と定義しておく
ことにしましょう[34]。

　ところで、先に見たように、集団精神療法と一言で言ってもさまざまなもの
があります。ここでは、のちの組織開発につながる、集団精神療法の原型とも
いわれる２つの代表的実践に注目したいと思います。

　１つ目はヤコブ・モレノの創始した心理劇、２つ目はフリッツ・パールズが
始めたゲシュタルト療法です。それらが生まれたのは1920年代、第１次世界
大戦の傷跡が、いまだ色濃く残る時代です。

31　Singer, D. L., (1975). Bouundary management in psychological work with groups. *Journal of Applied Behavioral Science*, 11 (2), 137-176.

32　脚注29で述べた治療共同体の運動は、そののち、1）アルコール症候群（薬物中毒）の相互扶助
　　グループや、2）刑務所の更生プログラムに発展していきます。すなわち、社会において、何ら
　　かの課題を抱えている人々、過去の出来事により生きにくさを感じている人々が集まり、お互い
　　の話を聞き合い、相互に扶助・サポート・フィードバックを提供していくコミュニティとして発
　　展していくということです。
　　1）ではアルコホーリクス・アノニマスの運動が最も有名です。アルコホーリクス・アノニマス
　　は1935年、アメリカでビル・ウィルソンとボブ・スミスらが創始した運動として始まりました。
　　アルコホーリクス・アノニマスは、司会者（ファシリテーター）と複数人のアルコール中毒患者
　　から成るオープンダイアログ空間です。今日１日、自分がアルコールを口にしなかった幸せと、
　　自分の過去の症状、そして、そこからどのように快復してきたのかを話し合います。
　　野口裕二（1996）．アルコホリズムの社会学──アディクションと近代──　日本評論社
　　2）の刑務所更生プログラムとしては、「アミティ」の運動が有名です。アミティは、ナヤ・ア
　　ービータらの元薬物患者3人が1991年に始めた非営利活動法人を舞台に、刑務所の中で更生プロ
　　グラムを展開しています。更生プログラムは、モレノの心理劇（サイコドラマ）も用いられるこ
　　とがあります。ライファーズ（終身刑を得た受刑者）が「デモンストレーター」となり、自分の
　　経験を語り、刑務所受刑者の経験を引き出します。
　　坂上香（2012）．ライファーズ　みすず書房
　　坂上香・アミティを学ぶ会（2002）．アミティ「脱暴力」への挑戦　日本評論社

2 | モレノの心理劇

　モレノが行った心理劇とは、フロイトが言うところの「抑圧（抑圧経験）」を、グループの中で演じることで治療につなげるというものです。フロイトは、個

33　メンバー間が「攻撃的・挑戦的な相互作用」の中で、リーダーなしのエンカウンターグループを行うことがあります。これがシナノングループと呼ばれたり、アタックアプローチと呼ばれます。7人から8人の参加者が、1回1時間半、週3回程度の集会を持ちます。多くは麻薬常用者、薬物常用者、刑務所の囚人などをメンバーとして行われるといいます。メンバーは相互にセラピストになり、乱暴な言葉を相互に投げ付けることで治療を行います（キャスリール, 1976）。
　　ウォルダー（1976）は学習論の観点から「処罰的な介入」について考察しています。彼によれば、学習論の観点からは「処罰は効果がないものとされ、新たにメンバー間に、敵意、恐怖、フラストレーションを生み出すもの」とされています。それなのに、シナノンが効果がある理由はなぜでしょうか。それは、「他のメンバーは、彼の決して賞賛されない行動に（対して、声を荒らげ攻撃的に探究を行うほど彼に）関心をもっているということ」があるのだといいます。シナノン効果は「罰の否定的効果」に負うのではなく、「経験される肯定的報酬」によるのだとされています。
　　キャスリール, D.（1976）. シナノンの力動性（IV）シロカ, R. W.・シロカ, E. K.・シュロッス, G. A. 伊東博・中野良顕（訳）（1976）. グループエンカウンター入門　誠信書房　pp.126-143
　　ウォルダー, E.（1976）. シナノンの学習の過程――アタックセラピィの批判――シロカ, R. W.・シロカ, E. K.・シュロッス, G. A.（著）伊東博・中野良顕（訳）（1976）. グループエンカウンター入門　誠信書房　pp.144-149.
34　グループがなぜ「治療」や「状況の改善」に資するかに関しては、さまざまな議論があります。最も支持されている結論は「グループの凝集性」、すなわち「グループならではの信頼感・所属感・一体感」です。
　　Tschuschke, V., & Dies, R. R.（1994）. Intensive analysis of therapeutic factors and outcome in long term inpatient group. *Interrnational Journal of Group Psychotherapy*, 44, 185-208.
　　Burlingame, G. M., Fuhrinman, A., & Johnson, J E.（2002）. Cohesion in group psychotherapy, In J. C. Norcross（Ed）. *Psychotherapy relationships that work*. New York: Oxford University, pp.71-88.
　　こうしたグループの凝集性が高まると、メンバー感の自己開示力が高まったり、なされた自己開示に対して、他のメンバーから率直なフィードバックが得られるようになります。
　　Fuehrer, A., & Keys, C.（1988）. Group development in self-help group for college students. *Small Group Research.*, 19, 325-341.
　　Braaten, L. J.（1990）. The different patterns of group climate critical incidents in high and low cohesion sessions of group psychotherapy. *International Journal of Group Psychotherapy*, 40, 477-493.

人の意識の下にある「抑圧されたもの」「ネガティブなもの」を、患者と医療従事者の間で「語る」ことを通して「見える化」し、精神病、神経症を治すということを試みました。

　一方のモレノは、「個人」ではなく「グループ」を単位とします。グループの中で個人が抑圧された経験を「演じること」を通して、抑圧を見える化し、治療につなげようとしたのです。もちろん、演じただけで治療が完結するわけではありません。演じた後には、振り返りがなされます。モレノの「心理劇（psychodrama）」は、演じることによって抑圧された経験を見える化し、グループで振り返ることで治療につなげる、集団精神療法です。

モレノの心理劇

①心理劇は「抑圧」を語るのではなく、グループの前で「演じること」が求められる。

③心理劇で「抑圧経験」を演じるが、演じた後にはグループで「振り返り」を行う。

③心理劇は「監督＝セラピスト」がおり、彼のコントロールと演技と振り返りが進行する。

実際の心理劇はこのような形で進行します。

　例えば、今、仮に、学校でささいなことから、短い期間、仲間はずれにされていたAさんが、心理劇で、そのつらい過去を演じるのだとします。心理劇の登場人物には、仲間はずれにされていたAさん、仲間はずれにしていたクラスメートが数名、そして、そのような環境下においてAさんの味方になってくれていたBさんが、いるのだとします。

　心理劇では、Aさんが、クラスメートに仲間はずれにされているシーンから演技が始まります。Aさんは舞台の真ん中で、行き交うクラスメートに誰からも話しかけられることはなく、ただ、下を向いてぼんやりとたたずんでいます。

ヤコブ・モレノ

Jacob L. Moreno　1889〜1974年

オーストリア出身の精神分析家。ウィーン大学で医学、数学を学ぶ。心理劇（サイコドラマ）による集団精神療法（グループセラピー）の創始者。ソシオメトリーの提唱者としても知られる。アメリカで集団精神療法の実践を行った。彼の広めた集団精神療法は、のちのTグループ、感受性訓練の発展に技術的基盤を提供した。

関連書：マリノー, R. F. 増野肇・増野信子（訳）（1995）．神を演じつづけた男——心理劇の父モレノの生涯とその時代——白揚社

そのような中、Aさんの傍らには、Aさんの味方になってくれていたBさんが座り、Aさんの代わりにクラスメートに向かって叫び声をあげます。「なんで、無視をするんだよ」「みんな、僕に話しかけてくれよ」。演技はこれでおしまいです（これはダブルという演出手法です）。

　劇が終わった後、各人が、この演技をしてみて、どのようなことを感じたのかを振り返ります。特に重要なのは、Aさんの振り返りです。今回の手法では、BさんにAさんの声を「代弁」してもらいました。Aさんには、Bさんの声を傍らで聞き、どのような思いを持ったのか、を語ってもらいます。Aさんの心の中にある闇が、Bさんの代理的演技を通して表出したことで、Aさん自身がどのような気づきを持つかがポイントです。

(Photo/Paris Match Archive/Getty Images)

　この他、心理劇の代表的な演出手法には「役割交換」というものもあります。

　この場合は、仲間はずれにされているAさんと、仲間はずれをつくっている

クラスメートが、役割を逆転させ、同じシーンを演じます。この場合でも、重

要なのは振り返りです。演技の場面では、日常が倒錯された状況が生まれたわ

けですが、そのようなものを演じてみて、どのようにそれぞれが思ったのかを

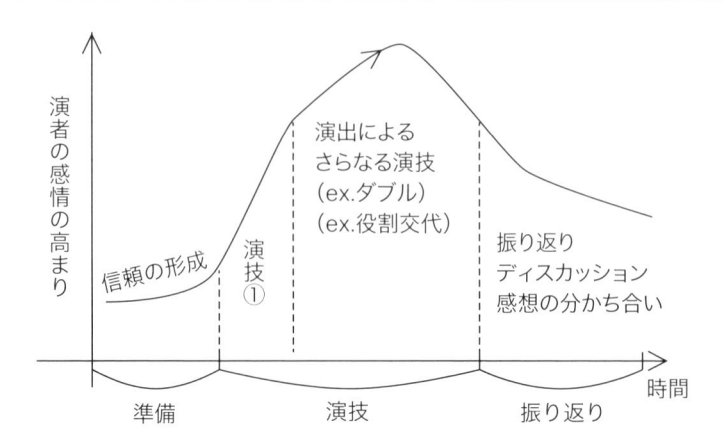

話し合います。

　それでは次に、心理劇によって治療された人は、どのような心理回復プロセスをたどるのでしょうか？　図表23は心理劇の進行のプロセスを描いたものです。

　まず最初に、問題を抱えている個人が、自分の中で心残りになっている出来事や抑圧されたものを演じ、見える化します。その後は、役割を変えてみて再度演じたり、感じたこと気づいたことをシェアしてみたり、ディスカッションしたりして深めていきながら、クロージングに向かっていきます。心理劇を仕切る監督は、演技や演出の指示を行いつつ、抑圧されたものへの対峙を迫り、振り返りを促します。かくして、グループの中で演技を演じることを通して、自分の意識の下にあるものをどんどん顕在化し、ネガティブなものと対面させ、その上で振り返りを通して気づかせるというのが心理劇の眼目です。

　既述しましたように、組織開発は、モレノの心理劇などの集団精神療法の、さらにさらにその先に、開花した実践です。モレノの心理劇がのちに、Tグループや感受性訓練といった組織開発の基礎技法に発展し、さらに、その先に組

織開発が生まれました。下記は、感受性訓練の研究者として著名なブラットフォードの残した言葉です。

　トレーニング・ラボラトリの創設者たちは、彼らの教育的方法論をいったいどこに見いだそうとしたのだろうか？（中略）哲学の発展からも資料が得られた。（中略）その関心は、ジョン・デューイの思想や、他のアメリカの実験主義者たちの思想を資料として用いようという方向になった。（彼らは、再教育の手段として）スラブソンやモレノやその他の人々に発展させられた集団心理療法に注目した。

（ブラッドフォード他　三隅二不二訳 1971, p.17[35]）

　この文章の中にあるトレーニング・ラボラトリとは、のちに述べる組織開発の基礎技法「Tグループ」や「感受性訓練」を指します。ちなみに、スラブソンは、モレノとともに心理劇の創始者として著名な人物です[36]。上記の文章からは、心理劇が、デューイやその時代の哲学の影響を受けつつ、さらに組織開発へ発展していく道筋を感じることができます。

3 | パールズのゲシュタルト療法

　モレノの心理劇のほかに、もう1つ、組織開発にのちに大きな影響を与えることになった心理療法があります。それが、フレデリック・パールズという精神科医が創始したゲシュタルト療法です。

35　ブラッドフォード, L. P.・ギッブ, J. R.・ベネ, K. D. 三隅二不二（訳）(1971). 教育における2つの技術革新 ブラッドフォード, L. P.・ギッブ, J. R.・ベネ, K. D.（編）三隅二不二（監訳）感受性訓練―Tグループの理論と方法― 日本生産性本部　pp.1-19.

36　スラブソンは集団精神療法の父と呼ばれる人物です。スラブソンは、1930年代、ニューヨークで、学校に不適応を起こした青年たちのために、グループワークを組織し、その素行を改善し始めました。これらの活動が原型になり、集団精神療法は発展していきます。スラブソンはのちにモレノとともに、1942年、アメリカ集団精神療法学会をつくります。初代会長にスラブソンが就任したといいます。

ゲシュタルトとは、日本語では非常に訳出が難しい言葉です[37]。ゲシュタルトはもともと「形」「全体性」「完結性」「統合性」といったことを意味するといわれていますが、この療法は、下記に示すような3つの特徴を持っています[38]。

　第1に、ゲシュタルト療法というのは、「〈今－ここ〉＝現象学的な場」を用いた集団精神治療といわれています。すなわち、カウンセリングの最中にクライアントが示した「〈今－ここ〉での反応」の瞬間を捉えて、そこで顕在化したクライアントの「抑圧した感情」とクライアントを向き合わせることを支援する技術です。

　フロイトの創始した精神分析が「過去の抑圧した感情」に注目したことはすでに述べました。ゲシュタルト療法も同じように、病理の原因を「過去の抑圧した感情」に求めますが、ゲシュタルト療法では、「過去の感情を過去のまま」に扱いません。

　むしろ、ゲシュタルト療法では、過去の出来事を、今現在は「どのように知覚し、どのように受け取っているか」ということを問題にします。別の言葉でいえば、これは、「過去の抑圧」を「今－ここ」の意識で捉え、その意識も思考の対象とします。このように「過去の抑圧」を「〈今－ここ〉＝今、どのように捉えているのか」に固執する態度こそが、ゲシュタルト療法が、フロイトの理論とフッサールの現象学の療法の影響を色濃く受けているといわれる所以です[39]。

　第2に、ゲシュタルト療法は、ゲシュタルト心理学の影響を多分に受けている療法です。ゲシュタルト心理学とは、従来の心理学が要素還元主義に陥っていたことを反省し、人間の精神・知覚・認知が「部分部分、要素要素」に分け

37　心理療法の専門家の目から見ても、ゲシュタルト療法は、「明瞭な境界をもたない心理療法」であるとされているようです（國分, 1980）。パールズ自体が「実践」を好み、理論を志向することにあまり取り組まなかったため、その両方に対する体系的理解が難しいということです。
　　國分康孝（1980）．カウンセリングの理論　誠信書房　p.244.
38　倉戸ヨシヤ（2005）．ゲシュタルト療法　乾吉佑也（編）心理療法ハンドブック　創元社　pp.158-164.
　　倉戸ヨシヤ（編）（1998）．ゲシュタルト療法　現代のエスプリ　至文堂
39　國分康孝（1980）．カウンセリングの理論　誠信書房　p.244.

フレデリック・パールズ

Frederick S. Perls　1893〜1970年

ドイツ出身のユダヤ人の精神科医、精神分析医。ゲシュタルト療法の創始者。第2次世界大戦前にベルリンからオランダ、南アフリカへ渡り、精神分析研究所を設立。その後、精神分析と決別する。1946年に渡米、1954年にはクリーブランド・ゲシュタルト療法研究所を開設し、ゲシュタルト療法の実践を行う。

主著：原田成志（訳）（2009）．記憶のゴミ箱——パールズによるパールズのゲシュタルトセラピー——　新曜社

られるのではなく、それらが相互に結びつき「1つの意味のある全体像(meaningful organization elements)」を見出すように作用することを主張する心理学の学派の1つです。

　これだけでは意味するところが理解できないと思いますので、ここで1つ、具体的な事例を取り上げながら、話を進めましょう。國分（1980）によるゲシュタルト療法の解説に沿いながら、筆者なりに加筆・修正を加えて記載します[40]。

　ゲシュタルト心理学のことを説明する際に、よく知られている例に「ルビンの壺」があります。

　図表24をご覧ください。

　みなさんは、この絵が何に見えましたでしょうか？　人によっては「壺」、人によっては「顔」という声が聞こえてきそうです。その次に、目の焦点を少

40　國分康孝（1980）．カウンセリングの理論　誠信書房

　しぼかしたりすると、先ほどとは、別の図柄（壺が見えていた人は顔、顔が見え
ていた人は壺）が浮かんでこないでしょうか。

　言うまでもなく、この絵には、「壺」と「顔」という２つの図柄が描かれてい
るように見えます。「顔」の絵は、２人の顔が向き合っているかのように感
じられます。一方、今度は、視点の焦点をぼかしながら、再度、この絵を眺め
ます。この際に浮かび上がってくるのは、先ほどの「顔」とは異なり、「壺」
のようにも見えます。

　興味深いことは、目の前に提示されている絵自体（つまりは要素）は、先ほ
どと何も変わりません。先ほどと同じように「風変わりな絵」が私たちの目の
前にあり、そこに「白」と「黒」の色が塗られているというだけです。しかし、
私たちは、この「風変わりな絵」の中に書き込まれている要素同士の中に、い
ったん「つながり」を見出した瞬間に、「壺」ないしは「顔」という意味を見

出だすことができます。これが「意味のある要素のまとまり＝すなわちゲシュタルト（まとまり）」です。

　興味深いのは、いったん要素同士が「つながり」、「風変わりな白黒のパターン」が「顔」に見え始めた、その瞬間です。私たちは、片方が「顔」に見えれば、もう片方の「壺」が意識にのぼらなくなるという経験をするのではないでしょうか。今、「壺」というゲシュタルトを見ていて、しかし、次に「顔」が見える。そのときには、以前のゲシュタルトである「壺」は消え失せます。また逆も真です。もし、今、仮に「壺」というものを見ていたのだとしたら、「顔」の像が意識に浮かび上がった瞬間に、今度は「壺」が見えなくなっているのでないかと思います[41]。

　ちなみに、このように私たちの意識の中に、しっかりと知覚されているゲシュタルトのことを「図（figure）」といいます。一方、図に焦点が当たると、消え失せてしまうゲシュタルトのことを、「地（ground）」といいます。

　ゲシュタルト心理学では、このように、人間は、さまざまな世界の要素を知覚して、それらをまとめ上げながら──すなわち「ゲシュタルト」を構成しながら、生きていると考えています。人は、ゲシュタルトを形成するからこそ動

41　社会学者の真木悠介（見田宗介）は、紀行文「気流になる音」の中で、文化人類学者のカルロス・カスタネダと呪術師ドン・ファンの邂逅のプロセスを紹介しています。その中に、〈みること〉や〈ゲシュタルト〉に関する記述があります。人は「図」と「地」のどちらとも見ることは極めて困難です。

　「われわれがふだんおこなっている〈焦点をあわせる見方〉は、全体から引出され、抽象された個物に関心を集中する。ルビンやゲシュタルト心理学の用語でいえば、〈図〉と〈地〉の明確な分化をその前提とする。〈焦点をあわせない見方〉とは、逆に、個物にのめりこまないように全体のバランスをみる見方であり、〈図〉と〈地〉の分化以前を保つということである。
　（中略）
　〈焦点をあわせない見方〉においては、「あらかじめ手持ちの枠組みにあるもの」だけが見える。〈焦点をあわせない見方〉とは、「予期せぬものへの自由な構え」だ。
　ひとは、特定の物事に、焦点をあわせれば、その背後に広がるものを見失う。「あらかじめ手持ちの枠組みにないもの」を見るためには、あえて「焦点をあわせない見方」を会得しなければならない」

　真木悠介（2012）. 定本真木悠介著作集1　気流のなる音　岩波書店 p.91.

くことができ、ゲシュタルトによって、次の行動を変えていると考えます。健康的で、問題を特に抱えていない人というのは、このように自由自在にゲシュタルトを構成し、自由自在に「図」と「地」を反転できる人のことをいいます。ときには図に着目し、ときには地に着目することのできる人間です。

しかし、人々の中には、このゲシュタルトの構成に「問題」を抱えている人がいます。

すなわち、人の中には精神などを病み、ゲシュタルトを構成したり、一度構成したゲシュタルトに固執し続ける人が出てくるのです。本来人間が成長し、いきいきと生きていくためには、日々変わる環境変化の中で、ゲシュタルトをつくっては壊し、壊してはつくることが大切なのですが、課題を抱えた人は、それができません。

先ほどのルビンの壺の事例でいえば、人々の中には「顔」というゲシュタルトに固執してしまい、「壺」を見ることができない人がいます。あるいは「壺」を意識に浮かべるあまり、その背後に「顔」を見出すことができない人というのが出てくるのです。このように自由自在にゲシュタルトをつくることのできない人や、いったんつくってしまったゲシュタルトに固執してしまう人を救うのが、ゲシュタルト療法です。

言葉を換えれば、ゲシュタルト療法は、ゲシュタルトのつくれない人や、ワンパターンなゲシュタルトしかつくれない人に、ゲシュタルトを新しくつくり直したりする創造のための「刺激」を与える療法ともいえるのです。

ゲシュタルト療法では、課題を抱えた人は「ゲシュタルトがつくれない」と考えます。そして、そうした人は「図と地が定まらない」とも考えます。「いつまでも壊せないゲシュタルト」に固執していると考えるのです。いつまでも壊せないゲシュタルトのことを「未完の行為」と呼ぶことがあります。

ゲシュタルト療法では、こうした人々に、セラピストが積極的に関わり合うことを通して「未完の行為」を完遂させ＝ゲシュタルトを壊すことを支援し、さらに新しいゲシュタルトをつくり出すことを支援します。

その際、ゲシュタルト療法の創始者であるパールズが、特に注目したのは「身

体」とか「感覚」といった、「認知」や「言語」とは対極にあるものでした。これがゲシュタルト療法の第3の特徴です。

パールズは、ふだん人間は日常生活において「認知」や「言語」といったものを自由自在に扱っているので、それらはウソをつきやすいと考えました。ふだん「図」にしている「認知」や「言語」をあえて「地」に置き、ふだん用いていない「身体」とか「感覚」を「図」にすれば、そこにはふだん自分が固執しているゲシュタルトに亀裂が入ります。パールズは、理性や言語よりも、感覚や体感を重視し、それらを図に置くことで、ふだんは気づかない自分に気づけると考えました。パールズにとって、病理現象とは、身体表現と言語表現にギャップがあることから生まれることでした。よって、心理療法によって、大きな感情の起伏をつくり出し、ふだんは意識しない身体、感覚、表現といったものを「図」にすることで病理現象が克服できると考えたのです。

ゲシュタルト療法の具体的手続きは、以下のようになります[42]。

①クライアントを「全人格的」に捉え、とりわけ身体感覚、表現を重視する。
②クライアントが「意識下にある心残り」を「身体・表現」させて顕在化させる（見える化）。
　セラピストは患者の「意識下にある心残り」と患者自身を「対決＝コンフロンテーション[43]」させる。
③人格の「統合」を果たす。

42　倉戸ヨシヤ編（1998）．ゲシュタルト療法　現代のエスプリ　至文堂
　　倉戸ヨシヤ（2005）．ゲシュタルト療法　乾吉佑也（編）心理療法ハンドブック　心理療法ハンドブック　創元社　pp.158-164.
43　コンフロンテーションとは、集団精神療法において頻出する言葉です。「対決」と訳されることもありますが、「吊るし上げ」「突き上げ」「直面化」と呼ばれることもあります。

　ゲシュタルト療法の実際は、図表25のイラストのように進みます。

　これは、ゲシュタルト療法の中でよく使われるエンプティチェア（ホットシート）という手法です。以下では、数あるゲシュタルト療法の手法の中から、代表的なものを紹介します[44]。

　たとえば、患者は、過去に父親と進路・進学をめぐって激しい争いになり、それ以来、親子の関係を断絶してしまった人だとしましょう。

　左側の絵では、枕の置かれた空席の椅子（エンプティチェア）に対して、患者が、何かを語りかけています。右側の絵では、患者は、枕を抱きしめています。

　エンプティチェアの手法では、クライアントは、イラストのように、誰もい

44　ゲシュタルト療法の手法の中には、さまざまなものがあります。
　1．ホットシート：衆人環視の中に1人座り、強制的にゲシュタルトを崩壊させる手法。
　2．役割交換：クライアントが対人関係などでもめている場合に、たとえば母が娘を、娘が母の役割を演じることで、仮想会話をさせたりすること
　3．句の繰り返し：クライアントの発言の中で、感情表現的な語句を何回も繰り返し、感情表現をつくり出すこと。
　國分康孝（1980）．カウンセリングの理論　誠信書房　p.249.

ない椅子に向かって、かつてわだかまりを残した父親に対して語りかけます。自分の過去の抑圧を、身体を用いて(患者を全人格的に捉える)、表現するのです。「なぜ、お父さんは、あのとき、僕の進みたい進路を認めてくれなかったの？」などと、エンプティチェアに父親が座っているように考え、仮想的対話をするのです。かくして、彼／彼女の心残りは見える化されました。場合にもよりますが、セラピストは、こうした顕在化した彼／彼女の心残りと、彼／彼女自身との「対決」を迫ります。ここでは、右側のイラストのように、枕を父親だと思って、抱きしめることを求めました。そして、父親に声をかけさせます。「お父さん、もう一度、やり直したいんだ。私を認めてほしいんです」

　このように心残りの経験と自己を直面化させ、心残りを完結させることで、わだかまりを解消させるというのが、ゲシュタルト療法の考え方です。

　この療法のポイントは、患者の抱えている問題を、この空っぽのイスに向けて話しかけることで見える化していく、というところなのです。

　このように、ゲシュタルト療法は、ハードな心理療法です。

　例えば、母親に虐待を受けて育ったために、母親に対する憎悪と恐怖心を抱えている人が、この療法に取り組むとすれば、当然のことながら、感情が激しく揺さぶられ、大声で泣き叫んだり、怒りを露わにする人も出てくるかもしれません。その際、医療従事者の方が適切な対処を行わなければ、逆効果となり、大きな心理損傷を与えてしまう可能性もあります（心理療法を通じて患者に生じてしまうダメージのことを「心理損傷」といいます）。

　このようにゲシュタルト療法ではセラピストの質、倫理、行動基準というのが極めて重要です。これはモレノの心理劇においても同様です。特に、集団精神療法は、「グループ・ダイナミックス」「グループの凝集性」を利用しながら、個人の課題解決に当たります[45]。グループのパワーが暴走した場合、個人が暴走するときよりも怖いのは、私たちがよく知っていることです。グループ・ダイナミックスはポジティブに働けばよいのですが、ネガティブに働くと非常に

危険なのです[46]。

　グループが抱えるネガティブなものをあえて見える化し、その問題に真っ向から向き合うというのは、組織開発も同じ構造を持っていますし、そのルーツには「集団精神療法」が埋め込まれています。個人でもチームでも、見たくないもの、ネガティブなものに向き合うときは、感情が激しく揺さぶられますし、当然ながら心理的に傷つく人が出てくる可能性もあります。

　前章で扱いましたように、組織開発では、グループの中でふだん見えていない氷山の下にあるネガティブなものを見える化することを目指します。ファシリテーターの質が低く、例えば、嫌がっている人がいるのに無理やり問題を顕在化させたり、対決させようとしたりしたら、どのような陰惨な「学びや気づきの場」ができてしまうか、想像に難くありません。また、このような学びの場ではファシリテーターが、きちんとメンバー間でガチで対話させ、最後はポジティブな方向にグループの話し合いの方向性を持っていかなければならないのですが、力量不足でそれができなかったとしたら、どうなるでしょうか。かえって関係が悪くなったり、むしろより深刻な状況となってしまう可能性もあります。

45　心的外傷研究を進めたジュディス・ハーマンは示唆的な言葉を残しています。「グループの連帯性は恐怖と絶望とに対する最大最強の守りであり、外傷体験の最強力な解毒素である。外傷は孤立化させる。グループは所属感を再創造する」「社会のきずなの取り戻しは私は独りではないという発見を以って始まる」
　　ハーマン, J. L. 中井久夫（訳）（1999）．心的外傷と回復　みすず書房　pp.340-341.
46　「グループの連帯性」とは、同時に諸刃の剣です。それはパワフルなだけに、使い方を間違えば、重大な心理損傷が、学習者に残ることに残ることになるのです。
　　実際、グループ・ダイナミックスの暴走を研究した知見によると、下記のことがいわれています。
　　①メンバーの間の「言語的虐待」は、個人療法のときより、グループにおいて起こりやすい。
　　②グループリーダーがグループ内外でメンバー間に起こる出来事に影響を与えようと統制する力は、どんなに頑張っても限定的である。
　　③メンバー選定とスクリーニングプロセスが不十分だった場合、集団精神療法において生産的に作業する能力が高くないクライアントをグループに導入してしまう。
　　Kottler, J. A.（1994）．Working with difficult group members. *Journal for Specialists in Group Work,* 19, 3-10.
　　ハーマン, J. L. 中井久夫（訳）（1999）．心的外傷と回復　みすず書房　p.340.

ここまで、私たちは第3章と第4章で、組織開発の哲学的基盤と、その上層を占める集団精神療法について述べました。最下層にあるデューイ、フッサール、フロイトといった1900年代の哲学者による考え方が基盤となり、1920年代頃から、それに影響を受けたと考えられる2層部分、モレノの心理療法、パールズのゲシュタルト療法といった「集団精神療法」が発達しました。

　後述しますが、その上に花開いたのが、のちに「組織開発」と呼ばれるようになるTグループや感受性訓練などの「独自ワークショップ手法」です。

　ではここからは、3層部分の独自手法を見る前に、少し回り道をしていきましょう。回り道をしておくべき内容とは、経営学における理論的展開です。第5章では、組織開発を支える経営学的な基盤について理解を深めておこうと思います。

第5章
組織開発を支える
経営学的基盤

❖キーワード
テイラー・システム／人間関係論／行動科学

1｜テイラーの科学的管理法

　この章では、Tグループが誕生し、組織開発が生まれる過程に、経営学の理論的系譜がどのように影響したかを考えていきます。まずは、組織開発が誕生するよりも半世紀以上前の1900年代のアメリカで、フレデリック・テイラーが主張し、コンサルタントとして実践した科学的管理法について概観していくことにしましょう。

　テイラーが主張した科学的管理法は、アメリカの経営学の源流ともいわれています。19世紀の終盤に、生産が機械化され、それとともに人間の作業も組織化されました。しかし、人間は機械のようには動かず、欠勤やさぼりなどの問題が起こります。どのように生産現場を管理して、生産の効率を高めるかという関心から、アメリカでの経営学が誕生しました。

　テイラーは、工場での現場監督者として、作業量と手順について、作業時間を計測するなどの根拠に基づいて設定することで、生産性を高める実験をしました。そして、1日の作業量（ノルマ）を設定する、ノルマを達成した従業員には賃金を割り増しして支払う、手順を標準化する、などの科学的な根拠に基づいて管理をする、「科学的管理法」を提唱しました。このような、科学的で

フレデリック・テイラー

Frederick W. Taylor　1856〜1915年

アメリカの技術者、経営学者で、生産現場
における作業を標準化し管理することによ
って、生産性を高める「科学的管理法」の
発案者。科学的管理法は、テイラー・シス
テムとも呼ばれ、生産現場の近代化に寄与
した。

機械的な管理は「テイラー・システム」と呼ばれています。また、テイラーは
経営学では「古典派」に位置づけられています。

　このテイラーの科学的管理法が大規模に導入されたのは、1903年に設立さ
れたフォード自動車会社（フォード社）です。設立者であり、社長であったヘ
ンリー・フォードは、テイラーの考え方を応用し、自動車の大量生産のために
フォード・システムを考案しました。

　フォード・システムの特徴は、標準化と移動式組立法でした[47]。標準化とは、
単一車種に限定して、用いる部品や作業手順を規格化することをいいます。移
動式組立法とは、移動式の組立ラインで作業者が作業していくもので、製品が
動いてきて、作業者は自分が担当する工程を最小限の歩数で実行できるように
するものです。今では自動車製造で当たり前の方法ですが、これは1914年に
始まったものでした。

　テイラーの科学的管理法やフォードの大量生産方式では、組織や人間を機械
と見なして、作業時間や作業工程を科学的根拠に基づいて管理しました。この
ような流れに対して、その逆の立場からの主張となったのが、1930年代から

47　井原久光（1999）. テキスト経営学［第3版］──基礎から最新の理論まで── ミネルヴァ書
　　房

提唱された「人間関係論」です。経営学的な系譜から考えると、組織開発は、この人間関係論の影響を受けています。

　人間関係論とは、組織心理学の研究の中で重要な、ホーソン実験などに代表される、「非公式的な人間関係」が経営の現場のパフォーマンスに与える影響について研究した一連の学問的潮流です。テイラーの科学的管理法に行き詰まりを感じたメイヨーらが、1927〜1932年の5年間、ホーソン工場で行ったのが、これらの研究でした。

2｜メイヨーの人間関係論

　メイヨーらが行った研究では、賃金、作業時間、軽食の有無、部屋の温度など、作業のパフォーマンスに影響を与えると考えられる要因を変えて実験が行われました。これらがよい条件になると生産性も向上しましたが、元の条件に戻っても生産性は低下しませんでした。生産性が低下しなかった理由として、作業者が実験対象者として選ばれたことに誇りを持っていたこと、作業者の間に仲間意識が強かったこと、という人間的側面の要因が考えられました。

　また、従業員に対して面接調査が行われましたが、面接をする人として研究者だけではなく、監督者も加わりました。面接では雑談が語られることも多かったようですが、結果として、監督者と従業員の相互理解が進むとともに、仕事の問題に気づく機会になり、調査後に生産性が高まりました。

　これらの結果により、生産性には作業者の感情や非公式的組織（インフォーマルな関係性）が影響することをメイヨーは主張しました。メイヨーらによるホーソン実験を発端とした、組織の人間的側面に焦点づけた研究は「人間関係論」と呼ばれています。

　テイラーの科学的管理法と、メイヨーらの人間関係論では、以下のように前提が異なっています。

　テイラーが、人は合理的に行動する「経済人」である、という見方をしているのに対して、メイヨーの人間関係論は、人は連帯的で感情的に行動する「社

ジョージ・エルトン・メイヨー

George E. Mayo　1880〜1949年

オーストラリア出身、アメリカの心理学者、人間関係論学派の創始者。従業員の作業効率に関する研究である「ホーソン実験」に加わり、職場の人間関係が作業効率に影響することを突き止め、人間関係論を説いた。

会人（情緒人）」である、という見方をしました。そして、人間関係論は、科学的管理法（機械的人間観）のアンチテーゼとして、組織の人間的側面の重要性を主張する立場を取り、その後に影響していきます。

3｜行動科学の登場

　組織の中での人間的側面の影響に焦点づける考え方、いわゆる人間関係論は、1950年代のアメリカで発展した「行動科学」と呼ばれる学際的研究に受け継がれていきました。行動科学は、組織における人間の行動を科学的に明らかにするための、経営学、心理学、社会学、組織論などの領域にまたがる学際的なアプローチです。

　行動科学の代表的な研究者として、マズロー、マクレガー、ハーズバーグ、リッカート、アージリスを挙げることができます。ちなみに、マクレガー、リッカート、アージリスは組織開発の発展に寄与した研究者でもあります。経営学の系譜から考えますと、組織開発の基盤には人間関係論や行動科学の諸理論があり、行動科学の諸理論が組織開発の発展を牽引しているといえます。

1950年代以降の行動科学の発展については、第6章と第7章で詳しく紹介していくことになりますので、ここでは簡単に触れるだけにします。

　マズロー（267ページ参照）は心理学者であり、自己実現の欲求を強調しました。マズローの考え方を経営学に適用したのがマクレガーです。彼は人間観としてX理論とY理論を挙げました。X理論とは「人は本来怠け者で仕事をしたがらないために、強制や命令は必要である」という人間観や持論、Y理論とは「人は適切な条件のもとでは主体的かつ創造的に仕事をする」という人間観や持論です（詳しくは203ページ参照）。マクレガーは、マズローの言う自己実現の欲求の充足にはY理論の人間観からのマネジメントが必要であることを提唱しました。

　マクレガーの主張は、のちにハーズバーグの研究につながっていきます。ハーズバーグは、職務に対する不満と満足の要因について調査しました。その結果、不満要因は給与、人間関係、作業条件など、満足要因は仕事の達成、承認、仕事自体、昇進などであり、両要因は別のものであることを明らかにし、満足を与える要因を「動機づけ要因」、不満を与える要因を「衛生要因」と名付けました。ハーズバーグは、給与や作業条件などを管理する伝統的な管理法が衛生要因を維持しているだけであり、動機づけ要因とはなっていないことを主張しました。この点にハーズバーグとマクレガーの共通点があります（井原1999）。つまり、X理論の人間観を前提とする伝統的な管理法(＝科学的管理法)では衛生要因の維持のみで、動機づけ要因が高まらないこと、Y理論の人間観によるマネジメントを通して動機づけ要因が高まることが明らかにされ、マクレガーの理論がハーズバーグによって実証されました。このように、マズロー、マクレガー、ハーズバーグは、動機づけを重視したことでつながっています。

　他の2人の研究者、リッカートとアージリスは、それぞれ独自の研究から組織の理論を提唱しました。リッカートは、リッカート尺度という、質問項目について5段階などの当てはまる数値に回答する調査法を開発した人です。彼は組織に対する質問紙調査を行い、リーダーシップや組織の研究を行いました（150ページ参照）。そして、組織のありようとして、従業員の参加型によるマ

ネジメントが理想的であるとしました。またアージリスは、個人と組織の適合・不適合について論じました。彼は、テイラーが提唱した科学的管理法にのっとった組織を公式組織としました。そして、命令によって統一の行動を個人に求める公式組織は、能動的で自己統制に向かう、健康なパーソナリティの成長を阻害することがあるとしました。

　以上のように、行動科学の研究者たちは、テイラーが提唱した科学的管理法を批判し、人間の動機づけや能動的な参加、個人と組織の統合の重要性を主張しています。ちなみに経営学では、メイヨーらの人間関係論と行動科学は、「新古典派」として位置づけられています。

　ところで、経済学における理論的系譜にあるように、人や組織をどのように捉えるのかという前提は、組織開発実践者に示唆を与えてくれます。古典派（科学的管理法）と新古典派（人間関係論や行動科学）では、人や組織をどのように捉えるかが異なっています。

　私たちは、人を合理的に行動すると見ているのか、人は関係性に影響されて行動すると捉えているのか。

　組織を機械と見ているのか、組織を生命体と見ているのか。

　公的組織の影響を考慮するのか、非公式組織の影響も考慮するのか。

　組織開発は、職場や組織における人間的側面に目を向けるので、後者（新古典派）を前提にしています。

4｜バーナード以降の近代派

　これまで検討してきたように、経営学では、テイラーの科学的管理法は古典派（古典理論）、メイヨーの人間関係論や行動科学は新古典派（新古典理論）に位置づけられています[48]。そして、近代派への門を開いたのがチェスター・バーナードでした。

　読者の皆さんの中には、組織の定義として、バーナードが行った定義を目にしたことがある方がいらっしゃると思います。彼の組織の定義は、「意識的に

チェスター・バーナード

Chester I. Barnard 1886〜1961年

アメリカの電話会社の社長であり、経営学者。1927年から約20年間、アメリカのベル電話システム傘下のニュージャージー・ベル電話会社社長を務め、その社長在任中の1938年に主著『経営者の役割』を刊行し、それによって科学的管理法のフレデリック・テイラーと並び称される経営学者としての名声を確立した。

調整された2人またはそれ以上の人々の活動や諸力のシステム」と、とてもシンプルです。組織を「システム」と捉えたことに彼の先進性がありました。ここでいう「システム」とは、システム理論（一般システム理論）でいわれている言葉であり、「その内部の要素が相互に関連する、1つのまとまり」という意味です。組織をシステム（1つのまとまり）と捉えると、組織内の要素間の関係（例えば、公式組織と非公式組織の関係）を検討していく視点が生まれます。また、組織というシステムを取り巻く、より大きなシステム、つまり、外部環境への適応も重要な課題になってきます。

　バーナードがシステムという観点を組織に採り入れたことにより、近代派の経営学はその後、意思決定論、経営戦略論、コンティンジェンシー理論などの系譜で発展していきます。組織開発はその誕生後、システム理論に大きな影響を受け、システム理論は組織開発を支えるコア理論になっていきます。また、

48　井原（1999）は、行動科学がシステム的な見方をしているという意味で近代派（近代理論）に結び付けられることもあることを指摘しています。
　　井原久光（1999）．テキスト経営学［第3版］——基礎から最新の理論まで——　ミネルヴァ書房

のちにご紹介するように1970年代には組織開発はコンティンジェンシー理論の影響を受けて変化していきます。

　さて、経営学の理論的系譜をざっくりと見てきました。では、組織開発の話に戻りましょう。まずは組織開発が生まれる前、組織開発の源となる、クルト・レヴィンとTグループについてたどっていきましょう。

第6章
組織開発の黎明期

❖キーワード
Tグループ／アクションリサーチ／プランド・チェンジ／サーベイ・フィードバック／ST（感受性訓練）／社会技術システム・アプローチ

　時代は、1940年代に差しかかり、いよいよ「組織開発」の世界では一番の有名人、クルト・レヴィンが登場します。レヴィンは、後述するように、Tグループをはじめとして組織開発につながるさまざまな重要概念、重要なツールを生み出しました。組織開発の礎を成すような独自のワークショップ手法、働きかけの多くは、レヴィンと、それにまつわる後世の人々の創造物であったと考えられます。

1 | Tグループの始まり　クルト・レヴィンの社会実験

　Tグループとは、「ラボラトリー・トレーニング」または、非構成的な「ラボラトリー方式の体験学習」などと呼ばれる、人間関係のトレーニング方式です。クルト・レヴィンはゲシュタルト心理学に大きく影響を受けたユダヤ系の心理学者で、ベルリン大学で心理学と哲学を教えていましたが、1933年にドイツからアメリカへと亡命。アイオワ大に勤めた後、マサチューセッツ工科大学（MIT）にグループ・ダイナミックス（集団力学）研究所を創設しました。

　さて、Tグループが始まったのは1946年のこと。それは、レヴィンの機転によってたまたま生み出された「偶然の産物」といったものでした。クルト・レヴィンは、コネティカット州の人権問題委員会からの依頼で、人種による雇用差別の撤廃を進めるため、公正雇用実施法の正しい理解と尊重を促進する指導

クルト・レヴィン

Kurt Z. Lewin 1890～1947年

アメリカの心理学者。ゲシュタルト心理学に強く引かれ「ツァイガルニク効果」を研究。のちに、社会心理学の立場からグループ・ダイナミックスを研究した。「Tグループ」「アクションリサーチ」など、後世につながるさまざまなアプローチを創始した。

主な著書：末永俊郎（訳）（2017）．社会的葛藤の解決（社会的葛藤の解決と社会科学における場の理論）Ⅰ ちとせプレス
猪股佐登留（訳）（2017）．社会科学における場の理論（社会的葛藤の解決と社会科学における場の理論）Ⅱ ちとせプレス

者養成を目指す2週間のワークショップを企画し開催していました。

この2週間のワークショップには、ソーシャルワーカー、教育関係者、一般市民らが参加し、その効果の分析のためにMITの心理学者たちが立ち会っていました。その中には、モレノの心理劇の訓練を受けた人たちも混ざっていました[49,50]。

ワークショップは夜に、研究者による「振り返りの場」を設けていました。その日の日中のワークショップが、いかなる形で進み、どういう効果を持っていたのかを研究者たちが分析していたのです。

ある日、そこに、研究者ではない3人の参加者が加わりました。すると、参加者たちは研究者たちによる観察報告に基づく議論を聞き、「それは違いますよ、実際にグループの中で起こっていたのは、こういうことだったのですよ。こういうふうにグループワークを進めたほうがいいです」などと意見をするように

なったのです。参加者による意見は、研究者、参加者の枠を越え、全員で活発な議論につながったそうです。かくして、さらに多くの参加者が振り返りの場にも参加するようになりました。

　昼は「公正雇用」についての議論をし、夜は「公正雇用について議論する場」についての議論が重ねられました。夜には、話し合いのあり方はどうなのか、チームワークや役割分担はどうなのか、といったことを議論するようになっていったというわけです。次第に、当初は副産物であったはずの夜のセッションのほうが盛り上がるようになっていきました。参加者たちは、個々の対人関係のコミュニケーション・スタイルや、グループ内での役割分担といったことまで議論するようになりました。参加者たちの中には、相互にフィードバックを行う者も出てきたそうです。その結果、参加者たちは、自分たちの行動に敏感になり、いい話し合いができるようになってきたのだそうです。

　この経験は、クルト・レヴィンに大きなインスピレーションを与えました。「この方法は、自分の行動が他の人にどう映るのかや、チームに対する自分の貢献度合いなどを振り返って学ぶ手段として非常に効果的なのではないか」と彼は考えました。そしてのちに、こうした場が「Tグループ（トレーニング・グループの略）」と名づけられました[51]。

　このエピソードには、レヴィンの出自も深く関係していると思われます。

　レヴィンは、彼自身がユダヤ系であったということもあり[52]、人種差別には

49　感受性訓練（Tグループ）は、心理劇で開発されたさまざまな手法を組み合わせて開発されました。このことは、下記の記述からもうかがい知ることができます。
　　「感受性訓練（感受性訓練と訳されているが、ここではTグループを指す）をしているトレーナーのほとんどが、このサイコドラマ（心理劇）において開発されてきた諸技法を、自分の基本的レパートリーの一部に組み入れて活用しているといえよう。感受性訓練とされている人たちの多くが、かつてはモレノの弟子か、もしくはその見学者であったことを考えれば、このことはうなづける。その中には、クルト・レヴィン、ロナルド・リピット、リーランド・ブラットフォードなどが含まれており、彼らはNTLの創設者でもある」
　　シロカ, R. W.・シロカ, E. K.・シュロッス, G. A. 伊東博・中野良顕（訳）（1976）．グループエンカウンター入門　誠信書房　p.4.
50　アンダーソン, W. T. 伊東博（訳）（1998）．エスリンとアメリカの覚醒——人間の可能性への挑戦——　誠信書房

非常に敏感で、人種による差別のない民主的なグループ、組織、社会づくりを目指していました。実は、最初に参加者3人が、研究者たちの議論の場に入りたいと言ってきたとき、レヴィンの弟子たちは「素人の入る場ではないから入ってはいけない」と止めたようなのですが、レヴィンが「素人だから排除するという考えはよくない。みんな平等に力を持っているわけだから、ぜひ見てもらおう」と言って、オブザーバーの参加が許されることになったのだそうです。

　このようにレヴィンは、「物事の決定には、より多くの人を巻き込むことで、より決定の質が高くなる」として、多くの人に参加と決定への関与を認めようとする「民主的価値」を重んじる人でした。この「民主的価値」を重んじる考え方は、今も「組織開発の底流」を成す考え方となっています。「組織開発は価値的実践か否か」という命題に対する議論が組織開発業界に時折、出現するのは、このためです。

　その後1947年には、Tグループを推進する機関がつくられます。推進機関の当時の名前はNTL（National Training Laboratories for Group Development）でした。クルト・レヴィン自身は同年に亡くなっていますが、Tグループは、その後の1950年代後半から60年代前半にかけて、レヴィンの弟子たちにより盛んに行われました。といっても、当初のTグループは、組織開発を目指すものではなく、小グループの開発である「グループ・デベロップメント」を目指す

51　ベネ, K. D. 坂口順治・安藤延男（訳）(1971). ラボラトリにおけるTグループの歴史 ブラッドフォード, L. P.・ギッブ, J. R.・ベネ, K. D.（編）三隅二不二（監訳）感受性訓練——Tグループの理論と方法——日本生産性本部 pp.111-179.
　　Marrow, A. J. (1967). Events leading to the establishment of the National Training Laboratories. *Journal of Applied Behavior Science*., 3 (2), 144-150.
52　組織開発の礎を成した重要人物であるフッサールやフロイト、そして、集団精神療法のキーマンであるフリッツ・パールズ、そしてクルト・レヴィンらが、みな「ユダヤ人」であったこと、また、パールズとモレノが、ナチスの脅威が押し寄せるウィーンで学徒をしていたことは、筆者は偶然ではなかったと思います。それらのキーマンたちが創始した手法は、自らが受けた「いわれのない抑圧」に対する抵抗ではなかったかと思うのです。
　　そして、のちに1960年代、集団精神療法、Tグループ、感受性訓練は、人間性回復運動という「反抑圧の運動」と共振し始めます。このことは全くの偶然ではありません。集団精神療法、Tグループ、感受性訓練は、体制に抵抗する「対抗文化」の中で展開した「抵抗の技法」なのです。

ものでした。

2 | Tグループとは何か

　ここでTグループについて解説します。

　Tグループではあらかじめ話題や課題が決まっていないグループ・セッションを、通常4日間から6日間ほどかけてやっていきます。なぜ、あらかじめ話題や課題が設定されていないかというと、その場にいる人、「今－ここ」(here and now)のお互いの間で起こっていることに焦点づけるためです。「今－ここ」というのは、フッサールの哲学に端を発し、さらにはゲシュタルト療法などの集団精神療法に継承された価値観でした。

　たとえば、グループの中で数名の参加者が「現代の理想のリーダーとは」といった話題について話し合っているとします。「カリスマ的な存在感が必要だ」「いや、部下の考えを引き出すリーダーが望ましい」などと意見が出されますが、一部の人たちだけが話し合いに参加し、話題はどんどん移り変わっていきます。Tグループでは(そして組織開発でも)、この状況を「コンテント」と「プロセス」の2つの側面から捉えます（187ページ参照）。「コンテント」とは何（what）を話しているかで、この例の場合は「理想のリーダー」について表明された意見の内容です。一方の「プロセス」とは、どのように（how）という側面です。この例の場合は、一部の人たちだけで話が進み、話題はシフトしていき、他の人たちがついていけなくなっている、などがプロセスです。

　通常は会話の内容（コンテント）に焦点づけられて話が進んでいきますが、Tグループでは「今－ここ」でお互いの間に起こっていること（プロセス）に焦点づけます。そして、「今－ここ」で起こっているプロセスに気づき、働きかける力を養っていきます。

　現在実施されているTグループを以下で紹介していきましょう。

　南山大学人間関係研究センターではTグループを5泊6日で実施しています。

プログラムは、Tグループ・セッション、全体会などから構成されます。Tグループ・セッションでは、7〜10人のメンバーと2人のファシリテーター（Tグループでは「トレーナー」と呼ばれます）から1つのグループが構成されます。通常、2つのグループなど、複数のグループがつくられます。1回のTグループ・セッションは75〜90分で、午前中に2回のセッション、夕食後に1回のセッションが行われます。午後には、Tグループ・セッションが行われることがあれば、全体会が行われることもあります。全体会では、複数のグループが同じ場所に集い、実習や振り返りを行っていきます。

　Tグループ・セッションでは、あらかじめ決められた課題や話題がないので、何が話されるか、どのようなことが起こるかもメンバー次第です。初期のセッションは、自己紹介や仕事の話、メンバーの共通点についての話などが行われます。当初は、日常でもそうであるように、多くのメンバーは話されている内容、つまり、何（what）を話しているのか（＝コンテント）に関心を向けます。そして、グループの中で起こっているプロセス、たとえば、どのような気持ちか、どのように話し、聞いているか、話す内容はどのように決められているか、お互いの間にどのような影響があるのか、というようなhowの側面にはあまり目が向けられません。

　セッションも中盤になると、トレーナーによる働きかけもあって、メンバーはグループの「今−ここ」で起こっていること（how：プロセス）に目を向けるようになっていきます。それは、自分自身に気づくことにもつながります。自分自身がどのように話し、どのように聞き、どのような影響を他のメンバーやグループに与えているのか、などの気づきを高めていきます。

　Tグループでは「今−ここ」の気持ちにも焦点づけます。他の人から何らかの影響があった場合に、最初に動くのは感情だとされています。「今−ここ」の自他の感情に気づくことで、お互いの影響について洞察することが可能になります。日常では、感情に焦点を当てずに、考えや思考を優先させています。思考によって感情が抑圧されている場合も多く存在します。Tグループでは、「今−ここ」で起こっている私の感情、他のメンバーの感情、お互いの間で起

図表26｜Tグループのプログラム例

1日目	2日目	3日目
	7:30	7:30
	朝食	朝食
	8:30	8:30
	9:00	9:00
	T2 各グループ室	**T6** 各グループ室
	10:15 振り返り用紙記入	10:15 振り返り用紙記入
	10:30 休憩	10:30 休憩
	11:00	11:00
	T3 各グループ室	**T7** 各グループ室
	12:15 振り返り用紙記入	12:15 振り返り用紙記入
	12:30 昼食	12:30 昼食
	13:30	13:30
		14:00 自由
14:00 受付	自由	
14:30 開会		
14:55	15:00	
全体会（1）	**全体会（2）**	**全体会（3）**
お互いに知り合う実習 ねらいの明確化	15:40 15:55 休憩	屋外での実習
	T4 各グループ室	
17:00	17:10 振り返り用紙記入	17:00
自由	17:30	自由
18:00	18:00	18:00
夕食	夕食	夕食
19:15	19:15	19:15
T1 各グループ室	**T5** 各グループ室	**T8** 各グループ室
20:30 振り返り用紙記入	20:30 振り返り用紙記入	20:30 振り返り用紙記入
20:45 21:00	20:45 21:00	20:45 21:00
夜のつどい（1）	夜のつどい（2）	夜のつどい（3）
21:15	21:15	21:15

こっている影響関係に目を向けることで、自分が他のメンバーやグループに、どのような影響を与えているかに気づいていきます。そして、自分自身のありようや行動のパターンを洞察していきます。

　セッションも終盤になると、多くの場合、グループの中に相互信頼が育まれ、「今－ここ」で起こっていることや感情を安心して伝えられるようになるので、メンバー間の率直なフィードバックがなされます。相互フィードバックを通し

4日目	5日目	6日目
7:30	7:30	7:30
朝食	朝食	朝食
8:30	8:30	8:30
9:00	9:00	9:00
T9 各グループ室	**T12** 各グループ室	**全体会（7）** 「日常生活に向かって」
10:15 振り返り用紙記入	10:15 振り返り用紙記入	
10:30 休憩	10:30 休憩	
11:00	11:00	11:00
T10 各グループ室	**T13** 各グループ室	閉会
12:15 振り返り用紙記入	12:15 振り返り用紙記入	12:00
12:30	12:30	昼食
昼食	昼食	13:00
13:30	13:30	解散
自由		送迎バス13:30出発
14:00	14:00	
全体会（4） グループでの実習	**全体会（5）** 全体の振り返り （個人） 各グループ室	
16:30	17:00	
自由	**全体会（6）-1** 全体の振り返り （グループ） 各グループ室	**フォローアップ （3カ月後）**
18:00	18:00	
夕食	夕食	
19:15	19:15	
T11 各グループ室	**全体会（6）-2** （つづき） 各グループ室	
20:30 振り返り用紙記入		
20:45		
21:00	21:15	
夜のつどい（4）	夜のつどい（5）	
21:15	21:35	

　て自分自身の行動の仕方や他者への影響についての気づきが深まります。また、話題の内容（コンテント）だけではなく、「今―ここ」でのお互いの感情やお互いの間で起こっている関係性（プロセス）に目を向けることの重要性を学んでいきます。

　私たちは日常で、自分の中で起こっている「今―ここ」の感情や思いを抑圧して、仕事や会話が円滑で効率的に進むことを優先させています。そして日常

の中で、お互いの間でズレが生じたり、誤解があったりしても、時間がないために、あるいは、さらに関係が悪くなることを恐れるために、それらのズレや感情を抑圧します。職場の「今－ここ」で起こっているプロセスに不具合がある（workしていない）場合、それが抑圧されている限りは関係性はよくなりません。workさせるためには、「今－ここ」のプロセスに目を向ける必要があります。Tグループは、セッションの中で起こっている「今－ここ」のプロセスに目を向け、気づく力を高めるトレーニングです。そして、このTグループが組織開発の源流となりました。

　Tグループを誕生させた機関である、アメリカのNTLは、組織開発を学ぶ連続プログラム（NTL組織開発サーティフィケート・プログラム）を実施しています。そのプログラムを受けるためには、Tグループに参加することが前提条件とされています。組織開発を学ぶ者にとって、Tグループは原点です。「今－ここ」のプロセスに気づく力を高めることが組織開発実践者にとって、最も重要だとされている表れです。

3│クルト・レヴィンのさらなる発明

「組織開発」の源流ともいえる「Tグループ」の創始者として知られるクルト・レヴィンですが、実はそれ以外にもその後の組織開発に大きな影響を及ぼす重要な発明が少なくとも３つあります。それは、「**アクションリサーチ**」「**組織変革の３段階モデル**」「**グループと組織のダイナミックス研究の基盤**」です。以下で少しご説明します。

①アクションリサーチ

　Tグループを１つ目の発明とすると、レヴィンが残した２つ目の発明は「**アクションリサーチ**」です。翻訳すると「研究的な実践」あるいは「実践的な研究」となりますが、簡単に言うと「目に見えないものをリサーチして見える化し、現場の人々に返すことで、現場を変えていく」というプロセスの中で研究

をしていこう、という考え方です。

　アクションリサーチの何たるかは、一般的な「アカデミックな研究スタイル」と対照づけて考えると、わかりやすいかもしれません。

　一般に、アカデミックな研究スタイルで研究をする研究者は、現場の研究対象を同定した上で、研究方法論を駆使して、調査・研究します。そこで見出した発見事実を学術論文にまとめ、多くの研究者から構成される学会に投稿します。研究者が発見した発見事実は、直接、調査対象者である現場の方々に、返されることはありません。よって、研究事実によって、現場に変化がもたらされることはありません。学術論文を書けば書くほど、研究者は栄達を遂げていきます。しかしながら、研究知見が現場に還元されることは、多くはありません。

　こうした一般的なアカデミックな研究スタイルは「表象の暴力」として批判されることもあります[53]。つまり、現場の人々に協力させることでデータを収集し、研究（表象）は生まれるけれども、そこで生じたデータは、現場に返ることはなく、ともすれば現場によい影響をもたらさない形で、研究や政治において利用されたりするということです。しかもアカデミックな研究は、現場に負担をかけるにもかかわらず、それで得をするのは現場の人ではなく、アカデミックな研究者だけであったりします。アカデミックな研究者は論文などを産出することで、大学などアカデミズムの現場で栄達を極めるからです。こうしたアカデミックな研究作法が、現場に破壊的な悪影響をもたらすことを「表象の暴力」といいます。1980年代〜1990年代、この「表象の暴力」が人文社会科学において問題視されました。

　レヴィンが、それに先んずること60年、いち早く抵抗感を示していたのは、そういったアカデミズムの研究作法です。彼は、アカデミックな研究スタイルに対抗し「アクションリサーチ」というものを考え出しました。リサーチした

---

[53]　クリフォード, G. E.・マーカス, J.（編）春日直樹他（訳）(1996).　文化を書く　紀伊國屋書店
　　　デンジン, N. K.・リンカン, Y. S.（編）平山満義他（訳）(2006).　質的研究ハンドブック3巻
　　　——質的研究資料の収集と解釈——北大路書房

こと、見える化したことは、必ず現場の人に返さなければならないし、それをもって現場を変えていかなくてはならない。研究は、こうしたプロセスの中でやっていくべきだと考えましたし、それがよい研究を生み出すもとになると考えていました。

　彼の名言に「よい理論ほど、実践的なものはない（Nothing is so practical as a good theory）」というものがあります。この名言は、アクションリサーチの要諦を端的に表現していると思います。

　アクションリサーチの考え方は、のちに、組織開発に大きな影響を与える考え方になっていきます。

　一般に、アクションリサーチのプロセスとは、図表27のように、問題を定義し、分析し、見える化したものを現場の人々に返していって現場を変え、その結果を評価する……といったものです。一方、組織開発のプロセスとは、第1章で概観したように、まずエントリー、つまり現場に入っていき、現場のキーパーソンと心理的契約をし、データを集めて調査で見える化し、診断したものを、現場に返して、現場に介入し、またそれを評価する、といった流れで行います（図表28参照）。ドナルド・アンダーソンが著した*Organizational development*という本には、図表27と図表28の2つの図が掲載されています。今、2つの図を見比べてみて、読者のみなさんは、どのような感想をお持ちになるでしょうか。組織開発の実践プロセスは、アクションリサーチのプロセスに相似していることが、すぐに理解できるものと思います。

　ちなみに、アクションリサーチの中には、フィードバックという重要な概念も含まれています。フィードバックとは、「（相手の）現状を通知し、（相手）が現状を立て直すための支援」のことを言います。このフィードバックという言葉もまた、レヴィンの発明です[54]。

54　レヴィンは電子工学で用いられていた「フィードバック」の用語を、人文社会科学・行動科学の領域に適用しました。目指すべき結果と現状の間のギャップをフィードバックとして正確に通知することで、現状を立て直し、変化させるきっかけにすることができると考えました。

図表27 | アクションリサーチのプロセス

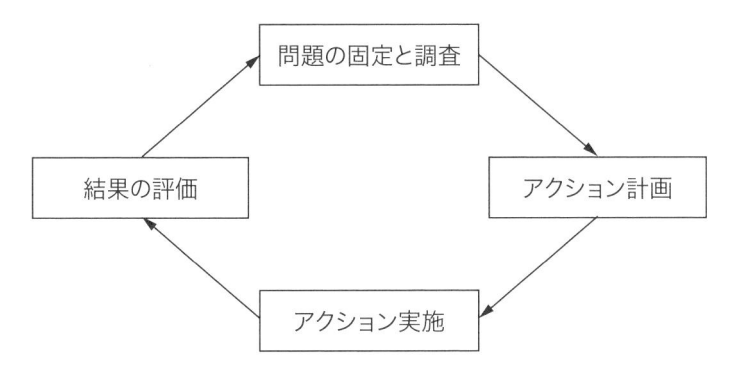

Anderson, D. L. (2011). *Organizational development: The process of leading organizational change.* Thousand Oaks, CA: Sage

図表28 | 組織開発のプロセス

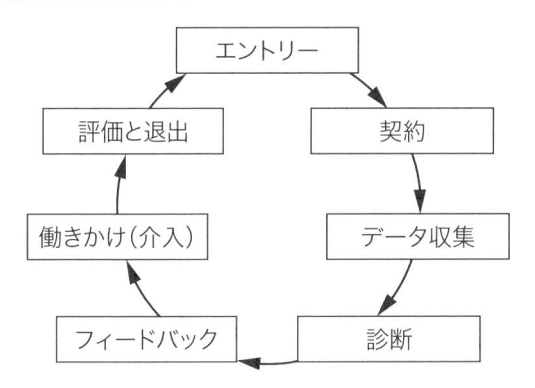

Anderson, D. L. (2011). *Organizational development: The process of leading organizational change.* Thousand Oaks, CA: Sage

②組織変革の3段階モデル

　レヴィンの生み出した2つ目の発明は「**組織変革の3段階モデル**」です。一般に、組織とは「変わりにくいもの＝変革しにくいもの」と考えられますが、レヴィンは、これを変化させる3段階のモデルを考えました。「**解凍—変化—再凍結**」という3つのプロセスをたどることによって、組織を計画的に変化させる仮説モデルを考えたのです。

　最初の段階である**解凍**は、組織メンバーが現状に気づいて緊張感が高まることで、変革の必要性や動機づけが高まることです。大切なことは、組織のメンバーが現状や現実と向き合い、それらと直面すること。そうしたプロセスを通して、変化の可能性が生まれます。

　次の段階は、解凍された状態の人々が、新たな行動基準、新たな組織目標、新たな戦略ゴールを理解して、**学習**するプロセスです。解凍後に、このような再学習が行われることが重要です。

　最終の段階は「**再凍結**」です。この段階では、組織のメンバーに学習された内容（行動基準、組織目標）などが実践として定着し、習慣化します。もう二度と元に戻らないように、組織の日常的なルーチンとして定着するまで、これ

図表29 ｜ 組織変革の3段階モデル

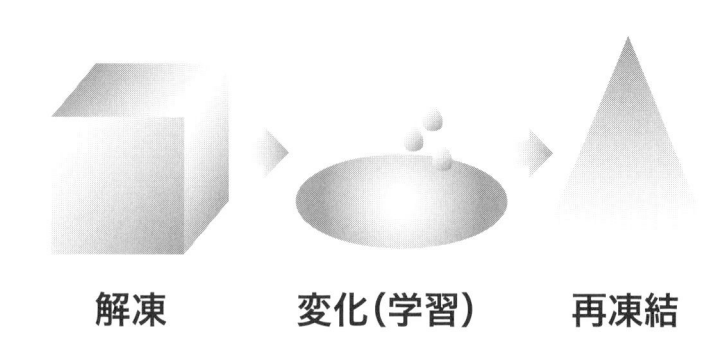

解凍　　　変化(学習)　　　再凍結

を繰り返します。このようなプロセスが「プランド・チェンジ」という考え方です。

　一連のプロセスの中では、一時的にメンバー間に心理的緊張や葛藤が高まることもあります。しかし、それらは変革には必要なものでもあります。ゲシュタルト療法を応用して組織開発に取り組む実践者の1人であるジョン・カーターは、「No anxiety, No fear, No emotion, you are not learning」という言葉を残しています。「**不安や、恐れや感情が動かされない限り、あなたは学ぶことができない＝変化することはできない**」というその言葉は、レヴィンのこの3段階モデルと、つながるところがあります[55]。

55　一般に、クルト・レヴィンとパールズの創始したゲシュタルト療法の間には、モレノの心理劇とレヴィンほどのつながりは認められないと考えられています。もちろん、直接のつながりは見られませんが、実は、パールズもレヴィンも、両者とも1920年代に、「ゲシュタルト心理学」に興味を持っていたという共通点があります。この共通点を接点として、レヴィンとパールズの見ていた世界を重ね合わせることもできると思います。
　　レヴィンは、自らの指導学生の1人であったブリューマ・ツァイガルニクが実証した「ツァイガルニク効果＝未完の達成課題は、達成したものよりも長い間記憶していること」に大きな感銘を受け、のちの研究を進めます。ツァイガルニクは、164人の被験者に、想起を行う単純課題から複雑な課題まで、多種多様な22種類の課題を与えました。そのうちの半数には課題遂行を「終える前」に、その途中で、実験の中止を告げたといいます。一方、半数の被験者には実験を中止せず、課題を遂行させました。その結果、実験が中断され、課題遂行ができなかった群（集団）では、約68％の被験者が課題の内容を覚えていました。それに対して、課題をやり終えた群（集団）の被験者は、43％の人しか課題内容についての再認を行えませんでした。これら一連の発見では、「未完の達成課題には心理的緊張が伴うので、達成課題よりも想起されやすい」ことも示唆されたといいます。ツァイガルニクによれば、「課題遂行の完了」を通して人は、自らのゲシュタルトを「閉合（完了）」することができるといいます。ゲシュタルトが「閉合」した場合、人は、そのゲシュタルトを素通りすることができます。しかし、これを課題が「未完」の状態に終わり、自らのゲシュタルトを「閉合」できない場合には、いわば「心残り」としてその人の中に記憶として残り続け、心理的緊張を高めてしまいます。「未完の達成課題」と「心理的緊張」の2点が、2人の見ていた視座の共通点です。パールズは、そののち、「本人の心残り＝未完の達成課題」を心理的緊張によってあぶり出す心理療法を考えました。また、レヴィンは、心理的緊張と組織変革論を結び付け、プランド・チェンジ理論を創始しました。
　　Rainey M. A. T. (2004). What is gestalt organization and systems development. *OD Practitioner,* 36 (4), 6-10.
　　Burke, W. W. (2011) A perspective on the field of organizational development and change: The Zeigarnik effect. *The Journal of Applied Behavioral Science.*, 47 (2), 143-167.

③グループと組織のダイナミックス研究

レヴィンの生み出したものの3つ目は、**グループと組織のダイナミックス研究**の基盤です。これらがのちに、リーダーシップ研究を生み出す研究パラダイムに深い影響を与えていきます。

ここで、この時代に活躍したグループと組織のダイナミックス研究（のちのリーダーシップ研究にも影響を与える）で著名な研究者2人をご紹介します。ロバート・ベールズとレンシス・リッカートです。

当時、ハーバード大学のベールズは、「リーダーなき討議集団」についての研究を行いました[56]。これはTグループのような「権限や役割がフラットに定められている相互作用環境」で、リーダーが指定されていないグループでは、いかにメンバーが役割分担を行い、そこにどのようなインタラクションが生まれるかを考察したものです。

1950年に書かれた著書にその研究方法が掲載されています[57]。

まず、リーダーのいないディスカッション・グループでメンバーが話を進めていくと、自然発生的に役割の分担、発言量に差が出てきます。よく話す人、あまり話さない人、リーダーシップを取ろうとする人、フォロワーシップを発揮する人、議論をまとめる人、拡散する人。ベールズは、そのような自由で制約のない相互作用環境で、グループ内のコミュニケーションを観察することで、メンバーに担われる役割を12のカテゴリーに分類しました。グループごとにどのカテゴリーの人が何人いるのかをカウントしていくと、そのグループの特徴や個人の特性が出てきます。

ベールズは、見える化したグループの特徴をそのグループへフィードバックし、さらに「リーダーシップのあり方」や「チームのあり方」について考えて

56　リーダーシップ研究の研究パラダイムも、歴史をさかのぼれば組織開発が生まれる前夜、クルト・レヴィンらの知的探究に行きつきます。そして先に見ましたように、組織開発の思想的根幹には、人材開発の基本思想をつくり上げたジョン・デューイがいます。その意味では、組織開発もリーダーシップ研究も同じようなルーツを共有しているといえます。

57　Bales, R. F. (1950). *Interaction process analysyis*. Cambridge MA: Addison-Wesley.

ロバート・ベールズ

Robert F. Bales　1916〜2004年

アメリカの社会心理学者。ハーバード大学教授。SYMLOG (systematic multilevel observation of groups)という相互作用の分析手法を用いて、小集団の課題解決過程と集団構造の変化を可視化する研究を行った。いわゆる「リーダーなき討議集団 (leaderless group)」におけるリーダーシップの発言に関する研究を推奨。

主な著書：ベイルズ, R. F. 友田不二男（編）手塚郁恵（訳）(1971).　グループ研究の方法（サイコセラピィシリーズ6）岩崎学術出版社

もらうようにしていきました。これらは、見かけはリーダーシップ研究の環境ですが、Tグループ的な相互作用環境の舞台の上で、フィードバックがなされているともいえます。ここにレヴィンの影響を見ることができます。

　その後、観察をしたデータを12のカテゴリーに分類するという、ベールズの研究手法は、グループ・ダイナミックス研究の古典的で代表的な手法になっていきました。そして、ミーティングの様子を観察して、その結果をグループにフィードバックするというアプローチは、現在でも組織開発で用いられています。

　もう1人、当時、レヴィンの影響を受け、リーダーシップ研究を進めた人材として、ミシガン大教授のレンシス・リッカートをご紹介します。

　リッカートは、レヴィンが創設したMIT集団力学研究センターと統合して、ミシガン大学に社会調査研究所をつくった人物です。レヴィンは、1947年、

惜しまれてこの世を去りますが、彼の研究所のメンバーは、リッカートのつくった社会調査研究所に異動することになりました。ここで、リッカートは、架空のグループ内のリーダーシップについて研究するのではなく、まさに現場で駆動するようなリーダーシップについて研究しようとしました。

ベールズに対してリッカートは、どのような彼独自のリーダーシップ研究や組織研究を志したのでしょうか。

リッカートは、組織メンバーにアンケートに答えてもらう形で、リーダーの評定をしてもらうことで、リーダーシップの測定、サーベイをしていきます。リーダーシップの「よさ」は「業績の多寡である」という前提に基づき、リーダーによるリーダーシップ行動の差を測定していきました。これは現在にもつながるリーダーシップ研究のパラダイムです。

リッカートの行った最も代表的な研究には、のちのリーダーシップ研究を「拓く」ような先駆的な概念がありました。

たとえばリッカートは、組織調査を行いながら、組織の中で駆動するリーダーシップを２次元で捉えました。そこで生まれてきたのが「課題志向」と「関係志向」という２つの概念です。リッカートは、これらの次元で組織の諸相を捉え、「関係志向」が「課題志向」よりも有意な組織において、業績成果が高まることを示しました。そして、こののち数十年にわたって展開するリーダーシップ研究には、このリッカートの提示した２次元がいつもついて回ることになります。例えば、1960年代、日本の三隅二不二[58]（当時、九州大学の教授）は、PM理論を提唱します。PM理論は、リーダーシップを発揮するような行動を、P軸—いわゆる目標達成軸と、M軸—人間関係維持機能の２軸で把握する理論です。「関係志向」と「課題志向」というリッカートの示した概念は、ここでも名前を変えて生きています。

リッカートのリーダーシップ研究は、データに基づきながら、さらに多様に

58　三隅二不二。1924〜2002年。日本の心理学者。元九州大学教授。PM理論を提唱。PM理論とは、リーダーシップを、P機能（パフォーマンス機能：いわゆる課題達成の機能）とM機能（メンテナンス機能：いわゆる関係形成維持機能）の２軸で把握する理論。

レンシス・リッカート

Rensis Likert　1903〜1981年

アメリカの社会心理学者。ミシガン大教授。
社会調査法において有名なリッカート尺度
を考案。サーベイ・フィードバックを創始
する一方、実際の組織が機能するためには、
いかなる機能が組織内に機能していなけれ
ばならないかを研究。「システム4」や「連
結ピン」などの理論的概念を創出。
主な著書：リッカート, R. 三隅 二不二(訳)
(1968). 組織の行動科学——ヒューマン・
オーガニゼーションの管理と価値——ダイ
ヤモンド社

広がっていきます。たとえば、彼が拓いた研究パラダイムの1つに「比較研究」
があります。彼は、高業績マネジャーと低業績マネジャーの行動を「比較」す
るという研究パラダイムをもって、さまざまな組織研究を進めました。

　リッカートによれば、高業績マネジャーは、仕事を積極的に部下に任せ、し
かしながら失敗を許容し、メンバーに学習の機会を提供する傾向があること、
一方、低業績マネジャーは業務指示が細かく、失敗は許容することはなく、自
らがプレイング・マネジャーになっていくことなどがわかりました。これも、
のちのリーダーシップ研究が、よく用いる研究パラダイムの1つです。

　またリッカートは、組織で発揮されるリーダーシップの型をシステム1（独
善専制的：管理者は部下を信用しておらず、意思決定はトップダウンで行われ、管
理を徹底する）から、システム4（参加型：管理者は部下を信頼し、仕事に巻き込
みながら育成を行う。意思決定は、組織全般において行われるが、リーダーは連結
ピンとして、部門間の調整を行う）に至る4類型に分類し（図表30参照）、サーベ
イで組織調査を行い、その結果についてフィードバックをするといった研究を

図表30｜リッカートのシステム4理論

	システム1	システム2	システム3	システム4
名称	独善的専制型	温情的専制型	相談型	集団参画型
動機づけの方法	恐怖、脅迫、懲罰、ときに報酬	報酬、若干の懲罰の実行／予告	報酬、ときには懲罰および若干の関与	経済的報酬（参加により仕組み化）。目標設定や改善への参加と関与
情報の流れ	下方	大部分下方	上下	上下および横
チームワーク	全くない	比較的少ない	かなりある	組織全体で大いにある
意思決定	トップによる	方針はトップ、指示された範囲内の決定は低い階層	方針と全体的な決定はトップ、特殊な決定は低い階層	組織全般にわたって行われ、連結ピンを通じて統合
生産性との関連	普通の生産性	少し良好な生産性	良好な生産性	卓越した生産性
不良品損失	監視しなければ比較的高い	監視しなければ適度に高い	適度	メンバーが損失を最小にする

リッカート著　三隅訳（1968）組織の行動科学. ダイヤモンド社を参考に作表

行いました。組織調査でわかったことを組織メンバーに返していき、メンバーの行動変容・認知変化を促すという「サーベイ・フィードバック」も、また、リッカートが主に用いた概念であり、後世の組織開発の中で継承されています。

　このようにリッカートは、グループや組織のダイナミックス研究を進める中で、のちのリーダーシップ研究につながる基盤をつくり上げました。組織調査による組織の見える化、そしてサーベイ・フィードバックというプロセスは、レヴィンの言うアクションリサーチとも考えられます。のちに、1960年代に入ると、レヴィンの創り出したパラダイムのもと、リーダーシップ研究が発展していきました[59]。

4｜クルト・レヴィンと組織開発

　初級編では、組織開発には輪郭がなく「いろいろなものを包み込んでしまう風呂敷のようなもの」といった表現を使いました。クルト・レヴィンのアイデ

59　リッカート, R. 三隅二不二（訳）（1964）. 経営の行動科学――新しいマネジメントの探究――ダイヤモンド社

アがリーダーシップ研究や組織の研究に役立てられ始めた後、いよいよ、1960年代になってくると、「組織開発」という概念——すなわち「風呂敷」が生まれ始めます。この頃、レヴィンの用いたさまざまな概念、リーダーシップ開発手法が、「組織開発」という1つの概念（ラベル）でまとめ上げられ始められたのです。たとえば、下記のようなものは、組織開発という風呂敷で包み込まれた代表的手法です。

①Tグループのアプローチ
・現象学的な場における相互作用を通して組織メンバーの関係性を良好にするものを目指したもの。
・現象学的な場においてリーダーシップを発揮、磨くアプローチ。

②アクションリサーチのアプローチ
・現場の客観的測定とフィードバックによって、組織を良好にするアプローチ。
・現場の客観的測定とフィードバックを通して、好業績のリーダーを育てようとするアプローチ。

これらが、どちらも「組織開発」という名前でくくられるようになったのがこの頃だといえます。ドナルド・アンダーソンによる「組織開発」についての海外の定番ハンドブックには、下記のような記述が出てきます。

組織開発とは「リッカート流のサーベイ・フィードバック」と「レヴィン流のグループ・ダイナミックス」の「混成体」である[60]**。**

かくして、組織開発という「風呂敷」「アンブレラ・ワード」が利用され始めました。こののち組織開発というラベルは、高い社会的ニーズ、実践的ニー

---

60 Anderson, D. L. (2011). *Organizational development: The process of leading organizational change*. Thousand Oaks, CA: Sage.

ズに支えられながら、多様な実践を含み込んでいくことになるのです[61]。

　組織開発の概念が本格的に世の中に流通していくきっかけをつくるのは、レヴィン亡き後に設置されたNTL（National Training Laboratories for Group Development）です。

　当時、クルト・レヴィンがその誕生のきっかけとなったTグループは、アメリカで1950年代後半から1960年代前半にかけて盛んに行われました。その中心となったのがNTL（現NTL Institute for Applied Behavioral Sceince、略称NTL Institute；以下、NTLと略します）です。NTLは、Tグループを実践し研究する機関として1947年に設置されました。

　最初のTグループが行われ、NTLが最初に設置されたのは、アメリカの一番北、メイン州でした。当時、MITにいたクルト・レヴィンは、MITがあるボストンから遠くない場所にありながら、文化的な孤島であった避暑地ベセルをTグループ実践の場として選びました。といってもレヴィンは、最初のTグループの実施（＝NTLの発足）の3カ月前に残念ながら亡くなってしまったので、実際は、NTLはレヴィンの弟子たちによって始められたことになります。

　Tグループのパイオニアたち、つまり、NTLの初期のメンバーたちは、グループを診断し、働きかけるスキルを身につけ、自分自身や他者の成長や、グループの発達を促進するチェンジエージェント（変革の推進者）を養うためのトレーニングとして、Tグループを実施していました。チェンジエージェントとは、「変革推進者」「変革推進体」「変革媒体者」などとも訳されました[62]。グルー

61　組織開発のあまたある手法のうち、どの手法が効果的であるかを調べる研究も存在しています。ボワーズは、多くの事例を収集し、組織開発の各手法の効果性を確かめました。その結果、1）調査─結果のフィードバック・ミーティング（対話）あり、2）調査─結果のフィードバック・ミーティング（対話）なし、3）対人関係の改善に焦点を当てたミーティング、4）仕事の問題に焦点を当てたミーティング、5）職場ぐるみで行われるTグループ、の中で効果が高いものは、1）であることがわかっています。やはり、調査は行っただけでは効果はなく、フィードバックや対話と組み合わせられて効果を持ちます。
Bowers, D. G.（1973）. OD techniques and their results in 23 organizations: The Michigan ICL study. *The Journal of Applied Behavioral Science*, 9（1），21-43.

プや組織、コミュニティや社会がよくなっていくことに向けて、変化が起こる
ことのきっかけとなり、変革を促進する人を指します。チェンジエージェント
という言葉は、TグループのパイオニアであったNTLメンバーたちが好んで使
っていた言葉です。

　先に述べたように、Tグループは、人種による雇用差別を撤廃することを目
指した、地域リーダーを対象にしたワークショップをきっかけに誕生しました。
Tグループの中では、1人ひとりのメンバーが尊重され、（あらかじめ課題や話
題が決められていないので）何を話して何に取り組むかが民主的に決められてい
くという、人間尊重（ヒューマニスティック）と民主的（デモクラティック）な
風土の中で関わり合い、ともに学んでいきます。

　Tグループのパイオニアたちは、当時のアメリカ社会や組織、つまり、人種
差別があり、官僚的な組織を、人間尊重と民主的な風土に変えていく必要があ

62　ベニス（著）高橋達男（訳）「職場ぐるみ訓練の考え方」（1971年の翻訳）では、チェンジエー
　　ジェントが「変革の使徒」と訳されていました。宗教的な言葉なので、現代に用いるのは憚られ
　　ますが、人間尊重と民主的な組織や社会をつくるために、人間を超えた存在が地に遣わした使徒
　　がチェンジエージェントである、というのは詩的で素敵な発想だと個人的に感じます。

ると考えていました。それは、Tグループ誕生のきっかけとなった、人種による差別の撤廃という願い、そして、クルト・レヴィンがユダヤ人であり、ナチスから逃れるためにドイツから米国に亡命したという経験が影響しています。Tグループで学んだ人々が、現場に戻って官僚的な組織を民主的な組織に変えていく、そして、差別が蔓延る社会を1人ひとりが尊重される社会に変えていく。そのようなチェンジエージェントになっていってほしいという願いを、Tグループのパイオニアたちは抱きながらTグループを実践していました。そのためにはTグループの中で起こる「今－ここ」の現象学的な場において気づき、何が起こっているかを診断し、他者やグループに働きかけて、グループの発達を促し、グループを変えていく力を養うことが重要であると、当時から考えられていました[63]。

　ちなみにメイン州ベセルでは、NTLが研修施設を手放したこともあり、現在、Tグループは行われていませんが、1940年代から2010年頃まで夏の間、毎年のようにTグループが行われていました。このベセルという場所は、組織開発の発展に大きな影響を及ぼしています。

　1950年代から1970年代までは、NTLメンバーは大学に勤める研究者が多く、彼らは夏になると避暑を兼ねてベセルの別荘で過ごしました。そして、Tグループをともに実施し、研究会やセミナーを行い、研究について語り合ったといいます。たとえば、当時は「サンライズ・セミナー」と呼ばれた、1時間ほどのセミナーが、Tグループ期間中に毎朝行われていました。研究者であるNTLメンバーが、組織開発や研究についての新しいアイデアを披露し、他の研究者やTグループ参加者でセミナーに参加したい人は聞き手として自由に参加して、活発に議論を行っていたそうです。研究者と一般の参加者が一緒に議論するのは、Tグループが生まれるきっかけとなったエピソード（クルト・レヴィンが研究者ではない参加者をスタッフ・ミーティングに招き入れたこと。135ページ参照）を思い起こさせます。そして当時、NTLメンバーのコミュニティから、組織開

63　ブラッドフォード, L. R. ギブ, J. R. ベネ, K. D.（著）三隅二不二（監訳）(1971). 感受性訓練
　　——Tグループの理論と方法——　日本生産性本部

発の礎となる理論や手法が発信されていきました。

　ちなみにTグループは、その後の組織開発で頻繁に用いられるさまざまな概念を多数、生み出しました。その1つに「**ジョハリの窓**」があります。「ジョハリの窓」は、Tグループでの学びを説明するための図式モデルとして、Tグループの参加者に説明するためにつくられました（実際には、NTLが主催するベセルでのTグループにおいてではなく、後述する西海岸でのWTLにおいて、このモデルは作成されました）。また、NTLメンバーによる、組織開発のさまざまな手法や理論の中で有名なものには、ダグラス・マクレガーの「X理論」と「Y理論」（本書203ページ参照）、エドガー・シャインの「プロセス・コンサルテーション」（本書198ページ参照）があります。

コラム●ジョハリの窓

「ジョハリの窓」の正式名称は、「対人関係における気づきの図式モデル（A graphic model of awareness in interpersonal relations）」です。日本ではよく、自分を表す4つの窓として紹介されますが、本来は対人的な、またはグループの関係性について言及されているモデルです。このモデルを説明するためには、複数の人（複数の窓）が必要です。

このモデルの考案者であるジョセフ・ラフトとハリー・インガム（彼らの名前をとって「ジョー＋ハリー＝ジョハリの窓」と呼ばれています）は、後述するWTL（東海岸でNTLを中心としたTグループを、西海岸で実施するために設立された組織）主催による1955年夏に開催されたTグループのスタッフとして参加しました。Tグループ実施の2日ほど前にスタッフは集まり、スタッフ・ミーティングが行われました。そこで責任者から、Tグループの期間中に実施する理論セッションで紹介する理論やモデルを検討するように言われ、理論のテーマと担当者が割り当てられました。精神科医であるハリー・インガムと大学院生だったジョセフ・ラフトには、Tグループの体験から参加者はどのように学んでいるかを説明する理論を創ることが課されました。それから2日ほど、彼らはいろいろと議論しながら、図表31にあるような図式モデルを考案しました[64]。まずは基本となる4つの窓を説明するために、図を用いていきます。

まず彼らは、Tグループの中で起こっている「今ーここ」での気持ちや思い、お互いの影響について、図表31のように4つの領域に分けました。「Ⅰ．開放」の領域は、私も他者も知っていることであり、お互いに見えていて共有されていることです。例えば、私は緊張するとついつい多弁になることを知っているし、メンバーも知っている、などが該当します。

図表31｜ジョハリの窓（1人の窓）

私が

知っている　　　知らない

他者が　知っている

Ⅰ. 開放　　Ⅱ. 盲点

他者が　知らない

Ⅲ. 隠された　　Ⅳ. 未知

「Ⅱ．盲点」の領域は、私は気づいていないけれど、他者は知っているということです。ここには、自分では気づいていない行動の癖で他者には見えていること、自分が他者に与えている影響で自分が気づいていないこと（影響を与えた他者は自分のことなのでその影響を知っている）、グループの他のメンバーは気づいているけれど自分は気づいていない、ということが含まれます。

「Ⅲ．隠された」領域は、私は知っているけれど、他者は知らないことで、自分の中で隠している自分の気持ちや他者からの影響がこれに該当します。例えば、強い口調で断定的に話すメンバーから自分のことを言われて、私は否定された感覚を持って傷ついていたとします。強い口調で話したメンバー（他者）はそれには気づいていない場合、否定された気持ちや傷ついたという影響を私は知っているけれど、他者は知らないという、この「隠された」領域に当てはまります。

「Ⅳ．未知」の領域は、私も他者も知らない、つまり、グループの中では

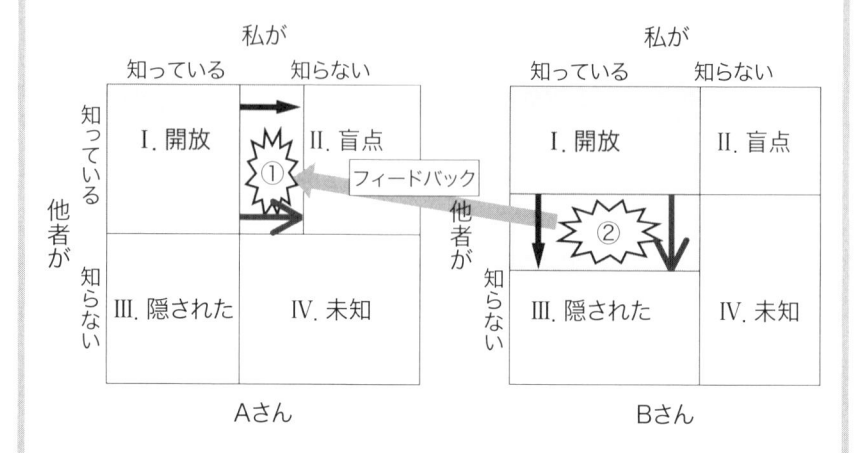

図表32｜ジョハリの窓（2人の窓）

誰も知らないし、気づいていないことです。

「Ⅱ．盲点」の領域と「Ⅲ．隠された」領域が狭まることで、「Ⅰ．開放」の領域が広がり、お互いの関係は防衛する必要がない、自由で信頼できるものになります。そして、「Ⅱ．盲点」と「Ⅲ．隠された」領域が狭まるとともに、「Ⅳ．未知」の領域も狭まる可能性が高まり、それまで誰も知らなかった気づきが得られることにつながります。

このモデルはTグループでの学びの過程を説明するために開発されたと書きましたが、「Ⅰ．開放」の領域が広がることが学びであり、変化であると考えています。そして、そのためには自分自身について気づくこと、つまり、「Ⅱ．盲点」の領域が狭まることが必要になります。ここで図表32のような、複数の人の窓がある図が、その過程の説明をしやすくします。本来はTグループなら、グループメンバーの人数分の窓が必要ですが、ここでは省略して2人の窓で説明していきます。

先述した例のように、Aさんは「Bさんはいつも発言せずに見ていて傍

観者のようだ」と強い口調で断定的に発言しました。Bさんは発言しよう
と試みていましたが、口を開くことができない状況が続いていたときにA
さんから言われたので、グループの中の自分を否定された気持ちになって
傷つきました。しかし、その瞬間にはこの気持ちを言いませんでした（B
さんの「Ⅲ．隠された」領域の②）。Aさんは自分がBさんを傷つけたことに
は気づきませんでした（Aさんの「Ⅱ．盲点」の領域の①）。その後のセッシ
ョンで、Aさんの発言の仕方について話題になったとき、スタッフの働き
かけもあって、Bさんは、Aさんの発言によって自分が否定された気持ち
になって傷ついたことを思いきって開示しました（Bさんの「Ⅲ．隠された」
領域が狭まり、②が「Ⅰ．開放」の領域になる）。この発言はAさんにとって
のフィードバックになり、自分がBさんに与えた影響（＝Bさんを傷つけた
ということ）に気づくとともに、自分自身の強く断定的な発言の仕方に気
づくことができました（Aさんの「Ⅱ．盲点」の領域が狭まり、①が「Ⅰ．開
放」の領域になる）。そして、このような相互フィードバックをすることを
通して、「Ⅰ．開放」の領域が広がっていくと、このモデルは想定してい
ます。

　ジョセフ・ラフトとハリー・インガムは、この例のように、「今－ここ」
に起こっているお互いの影響について開示することが、他者にとってのフ
ィードバックになり、自分自身の行動の仕方や影響に気づくとともに、対
人関係から学ぶことができると考えました。これが「対人関係における気
づきの図式モデル」が想定している学びと変化の過程です。

64　2005年夏にベセルで行われたNTL Fest（NTL Instituteメンバー対象のイベント）における、
　　ジョセフ・ラフト氏によるセッション（8月10日開催）で、筆者（中村）が聞いたエピソー
　　ドに基づいています。

5 | ST（sensitivity training）：感受性訓練の発達

1950年に入り、アメリカ東海岸で生まれたTグループは、西海岸にわたり始めました。

ベセルのNTLでTグループを学んだ、UCLAや西海岸の人たちが、西海岸版のNTLを1950年代に入って設立したのです。それが、ウエスタン・トレーニング・ラボラトリー、WTLです。

WTLでもTグループを行っていたのですが、そこで行われたTグループとは、東海岸のそれとは異なるものでした（図表33を参照）。Tグループは、グループ・ダイナミックスにも焦点づけながら、グループの関係性の発達とともに学ぶことを目指すセッションを繰り返しますが、ここでいう対象が微妙に変化したのです[65]。グループの関係性よりも、むしろ個人の課題の克服や、個人の感受性を高めること、個人の対人関係能力の改善など、個人レヴェルの変化に焦点づける、ST（sensitivity training：センシティビティ・トレーニング：感受性訓練。以下、STと略す）と呼ばれるものが生まれました[66]。

TグループとSTは外から観察した様子は、全く同じように見えます。しかし、その場のファシリテーションや介入のあり方は微妙に異なっています。Tグループにおいては通常、個人と個人の間（対人間）の関係の中で何が起こっているのか、そしてグループ・ダイナミックスで何が起こっているのか、というものに光を当てることが目指されます。そのため、Tグループのトレーナーは、しばしば「今、グループでどんなことが起こっていますか？」と尋ねるような、

---

[65] シロカら（1976）によれば、Tグループは、もともと社会心理学的な方法を用いながら、「組織やコミュニティの構造」を問うものでした。しかし、これらが次第に変質し始めます。Tグループの根幹を成していた「社会心理学的手法」は「臨床心理学的方法」に置き換えられ、むしろ、グループの焦点は「グループでのトレーナーと個々人間の対人的事象」に移っていきました。1950年代になると、STのグループは「個人の成長」を重視するものとして用いられるようになりました。

シロカ, R. W.・シロカ, E. K.・シュロッス, G. A. 伊東博・中野良顕（訳）（1976）. グループエンカウンター入門　誠信書房　p.6.

グループ・ダイナミックスに焦点づけ、グループで起こっているプロセスに関するデータが表出されるような働きかけをします。

　一方、STではグループ・ダイナミックスに対する働きかけは少なく、参加者1人ひとりの感情や感受性に、より光を当てる働きかけが多いという傾向がありました[67]。たとえば「今、あなたの中では何が起こっていますか？」という具合に、個人に対する働きかけを主としたファシリテーションを行うのです。

　ちなみに、西海岸で発展したSTは、1960年代半ばに日本に導入されました。そして、それは1960年代後半から1970年代の初めに、日本での大流行につながっていきました。

　西海岸でSTを始めた1人であるデイヴィッド・ウェクスラーは、ユダヤ系

66　既述したようにTグループは、グループでの相互作用を取り扱う際、「今－ここ」で起こっている「個人の腹の底にある感情の揺れや葛藤（gut level）」を顕在化させることがあります。ここに注目し、これを「個人の自我の強化」「ひずんだ自己像の改善」に役立てようとしたのが、UCLAの研究グループ（ウェクスラー、マサリック、タンネンバウム）です。

　　後述しますが、ちょうど時代の「風」は、この流れを後押ししました。UCLAの研究グループが実践を始めたのは1950年代でした。その後、1960年代に入り、当時の閉塞感のある社会の中で、個人には、さらに秘められた潜在的な可能性が存在すること、そうした潜在的可能性を解放することで、心理的成長を遂げられることが、とりわけ、反体制の若者たちの中で主張され始めていたのです。こうした思想は、アメリカの西海岸でヒッピーカルチャーと共振しながら発展していきます。感受性を高め、潜在的な可能性を解放する。こうした西海岸流のTグループは、「感受性訓練（sensitirity training）」と呼ばれるようになってきました。

　　ベネ、K. D. 坂口順治・安藤延男（訳）（1971）. ラボラトリにおけるTグループの歴史　ブラッドフォード, L. P.・ギッブ, J. R.・ベネ, K. D. 三隅二不二（訳）（1971）. 教育における2つの技術革新　ブラッドフォード, L. P.・ギッブ, J. R.・ベネ, K. D.（編）三隅二不二（監訳）感受性訓練―Tグループの理論と方法―日本生産性本部　pp.111-179.

67　一方、アメリカ東海岸で生まれたTグループは「グループ・ダイナミックス」を用いることで、人間関係能力の開発やコミュニティの形成・改善を目指します。それに対して、西海岸で進展した感受性訓練は、各個人の心理成長を焦点にすることが多い傾向があります。そのことは、西海岸の集中的グループ経験の研究や実践が、後で述べるようにエサレンで発展したことと無縁ではありません。そこにゲシュタルト療法のフレデリック・パールズが参加していたことは無縁ではないように思います。パールズは、1961年エサレンに招聘され、そこで「ゲシュタルト療法ワークショップ」を開催しました。パールズは、エサレンに合計で6年間滞在し、「エサレンの賢者」と呼ばれていました。よって西海岸のグループ経験研究・実践は、身体コミュニケーションや身体表現、そして「今－ここ」の現象学的な場を重視する傾向があります。

　　國分康孝（1980）. カウンセリングの理論　誠信書房　p.246.

　　國分康孝（1980）. エンカウンター　誠信書房　p.18.

	東海岸（NTL）	西海岸（WTL）
創始者	レヴィンと弟子たち（ブラッドフォード、リピット、ベネ）、MITグループ・ダイナミックス研究所の流れ	UCLAのウェクスラー、マサリック、タネンバウム
ねらい	チェンジエージェントとしての理論とスキルを習得し、グループの発達を支援することを学ぶ。参加者のグループの診断と働きかけの力を高めることを目指す。また、自己や他者への気づきが高まることを目指す。	「正常者に対する治療」 個人のダイナミックスや十全に機能するパーソナリティの発達。参加者が自分を正確に知り、個人的成長に向けた潜在力の開放を目指す。
問題の所在の見方	問題はグループ、組織、コミュニティのありよう。 官僚的な組織、差別的な社会が人間の潜在力発揮を妨げている。ヒューマニスティックで民主的なグループ、組織、コミュニティに変革するチェンジエージェントが必要。	問題は個人の成長にある。 「正常者」は文化の中で役割演技をせざるをえず、人格の真実性に向かうことから疎外されている。 長期間にわたった個人の成長と発達に向けたトレーニングが必要。
トレーナーの主な焦点づけ	グループで起こっているプロセスに焦点づけ、そのデータを得られるように支援。	感情レヴェル（gut level）に焦点づける。
対象者	主に社会人対象のトレーニングとして実施。	主に大学のコースとして実施。

※ブラッドフォード他　三隅（監訳）（1971）．感受性訓練—Tグループの理論と方法—　日本生産性本部を参考にして筆者（中村）が作成

アメリカの心理学者です。彼は、STを「正常者のための治療」と位置づけていました。世の中的には、ウェクスラーは、「知能検査」を開発した学者としてよく知られています。ウェクスラーは、信頼性の高い心理テストをつくるなど、個人のアセスメントに関心を持ち、個人治療を目指していた人物でした。彼は個人の感受性をより豊かにするための治療を行う、臨床的な治療グループをつくりたいという思惑を持っていた学者でしたので、グループよりも個人に焦点づけるようなトレーニングへと変化していったようです。

では、以下では、組織開発とは直接関連はしませんが、Tグループと同時期に生まれたグループ・アプローチである、エンカウンターグループについて見ていきます。さらに、イギリスでの動きとして、無意識のグループに関するビオンの理論と、その後の流れであり、組織開発の1つの流派となった社会技術システム・アプローチについて検討していきます。

(Photo/The LIFE Picture Collection/Getty Images)

6｜ロジャーズのエンカウンターグループ

　ちょうど、この頃、集団精神療法やTグループの影響を受けながら、臨床心理学者カール・ロジャーズが「ベーシック・エンカウンターグループ」と呼ばれるものを創始していました（写真3の右端がロジャーズ）。これは名称こそ異なるものの、実践内容はTグループやST、そして組織開発とそっくりです。以下、参考文献を参考にしながら、この集中的グループ経験について説明しましょう[68]。

　1940年代中盤、ロジャーズがシカゴ大学で教鞭を執っているとき、彼は復員軍人のPTSD症候群に対応するためのカウンセラー育成のプロジェクトに関与することになり[69]、そこから、「ベーシック・エンカウンターグループ」に

68　ロジャーズ, C. 畠瀬稔・畠瀬直子（訳）（1982）．エンカウンターグループ──人間信頼の原点
　　をもとめて──　創元社
　　諸富祥彦（1997）．カール・ロジャーズ入門　コスモスライブラリー

カール・ロジャーズ

Carl R. Rogers, 1902〜1987年

アメリカの臨床心理学者。現在のカウンセ
リング手法の基礎となっている来談者中心
療法（client-centered therapy）を創始。
コロンビア大学でデューイの弟子のウィリ
アム・キルパトリックの講義を受け、デュ
ーイ哲学に傾倒した経験を持つ。

つながるアイデアを着想していくことになります。

　カウンセラー育成プロジェクトについてロジャーズは、1）カウンセラーの
カウンセリングスキルを認知的にいくら高めても、この問題に対処する心理療
法を提供することには不足があること、また、2）そのためにはカウンセリン
グを行う自己を強くする必要があると考え、グループでの経験を育成資源とし
た自己開発手法を開発しました。そこで生まれたのが「ベーシック・エンカウ
ンターグループ」と呼ばれる集中的グループ経験です。

　ロジャーズの創始した「ベーシック・エンカウンターグループ」は、既述し
たように外面的特徴として、ほぼ「Tグループ」と同じようなものでした[70]。
しかし、同じようにグループダイナミックスを治療や改善には用いますが、ベ
ーシック・エンカウンターグループは「個人の治療」を目指すこと（感受性訓
練も同様に個人の改善です）、対して、「Tグループ」のほうは対人関係の改善を
ねらうことが異なる点でした[71]。

　エンカウンターグループのプロセスは、一般に下記のように進みます。

69　ロジャーズは、カウンセラー育成に向けたトレーニングの体験学習を「ワークショップ」と呼ん
　　でいました。

1. 模索
   ・グループリーダーは「グループの進行」には直接責任を負わないことを宣言し、「ここは自分たちがつくるほかはない」とグループメンバーが自覚する。
   ・グループメンバーの中には当惑を感じたり、あからさまに不安を口にするものが現れる。
2. 個人的表現に対する抵抗
   ・メンバーの中には、表向きな自己(public self)や、私的な自己(private self) を見せ始める人も出てくる。
3. 過去感情の述懐
   ・自己紹介などを一通り終えると、たいていは、過去の感情の表明が話し合いの大きな部分になる。
4. 否定的感情の表明
   ・この頃になると、グループ内部に葛藤が生まれ、「〈今－ここ〉で起こっている感情」の表明は、リーダーやメンバーに対しての否定的感情が多くなる。
5. 個人的に意味のある事柄の探究
   ・自分自身の心の内面をグループメンバーに知らせる「賭け」をやり始める人が出てくる。
6. 対人感情の表明
   ・グループのメンバーに、グループ内で感じた感情を表明するようになる。
7. グループ内治癒力の発展
   ・多くのメンバーが苦痛と悩みを持っている人に対して、援助的、促進的、治療的態度で接しやすくなる。

このようなプロセスを通して、悩みを持っている人がグループからサポートを得て、治療・快復していくことが目指されます[72]。

ベーシック・エンカウンターグループは、このようなよい影響を参加者に与えることが知られていますが、1）グループ内部で行動変化があったとしても、それがグループ外で長続きしない、2）メンバー間に「愛」の感情が生まれてしまうことがある、3）深い自己開示を行ったけれど、問題が解決されないま

70　Tグループやエンカウンターグループに代表される集中的グループ経験の背後に駆動するメカニズムに関して、カール・ロジャーズは、2つの機制があるとしています。

　1つは、集中的グループ経験においては「個々人は徐々に自分が防衛するために身につけているものや見せかけの部分を取り去ってもよい」と考える傾向があり、それゆえに、それに参加する人は他のメンバーと「直接的な関係＝ベーシック・エンカウンター（基本的出会い）」を結ぶことができるとしています。このことにより、本人は「自分自身のこと」「自分と他者の関係」について理解を深めることができます。

　もう1つの機制は、「最小限度の構造しか持たないグループにおいては、最初は混乱し、別れ別れとなり、連続性も失われるが、やがて、より大きな信頼性と凝集性をもった風土へと移行」していくと考えます。このプロセスの中で、本人は、グループのメカニズムについての理解を深めることができるとされています。

　ロジャーズ, C (1976). ベーシック・エンカウンター・グループの過程　シロカ, R. W.・シロカ, E. K.・シュロッス, G. A. 伊東博・中野良顕（訳）(1976). グループエンカウンター入門　誠信書房　pp.15-48.

71　國分は「encounter group（エンカウンターグループ）」「growth group（成長グループ：グロウス・グループ）」「basic encounter group（ベーシックエンカウンター）」「sensitivity taining（感受性訓練）」「organizational development group（組織開発グループ）」「synanon group（シナノングループ）」「T-group（Tグループ）」「laboratory group（ラボラトリーグループ）」などの最大公約数は、「ホンネとホンネの交流が持てるようになるための集団体験」であるとしています。

　國分は、その差異を強調せず、共通点や類似性を重視した立場を一貫して示しています。國分によれば、これらの集中的グループ体験の共通性・類似性とは「集団体験による自己成長」を目指すところであると言います。具体的には「人工的・契約的なグループの仲で、ホンネの自分を発見し、それに従って生きる練習をする」ということになります。そして、その前提には、「人間が成長するとは、今まで気づかなかったか、気づいていても表現できなかった自分をオープンにしていくプロセスである」という考え方があるといいます。

　國分康孝（1980). エンカウンター　誠信書房　pp.9-11.

72　カール・ロジャーズによるベーシック・エンカウンターグループの効果性研究によると、グループに参加した481名の人々に、グループ経験後2カ月後から1年後以内に追跡調査を行ったところ、そのうち0.5%には、否定的変化（グループの経験を通して自分の行動が望ましくない方向に変化すること）、14%の人々には「見るべき行動の変化はなく」、57%の人々には「継続的で肯定的な行動の変化」があったといいます。

　ロジャーズ, C. (1976). ベーシック・エンカウンター・グループの過程　シロカ, R. W.・シロカ, E. K.・シュロッス, G. A. 伊東博・中野良顕（訳）(1976). グループエンカウンター入門　誠信書房 pp.15-48.

まグループが終わってしまう、4）ベーシック・エンカウンターグループの参加経験を持つ一部の人は、次に参加するワークショップに「破壊的影響」を与える、といったことが起こることもありうるとされています。

　1960年代、隆盛を誇ったベーシック・エンカウンターグループは、70年代、80年代と時代を経るに従って、第4章109ページで記したアルコホーリクス・アノニマスなどのセルフヘルプグループにつながっていきます。また、ロジャーズ自身はベーシック・エンカウンターグループを「パーソンセンタード・アプローチ」という名称で、世界規模の紛争などで用いるようになっていきます。後年のロジャーズは、北アイルランドや南アフリカなどの紛争解決に、このアプローチを用いていきました。

7 | イギリスでの動き：グループ・アプローチから社会技術システム・アプローチへ

　1960年代、アメリカではNTLを中心にTグループによる組織開発の実践が盛んに行われ、西海岸ではST（感受性訓練）が発展していきました。一方、同時期にイギリスで生まれたグループ・アプローチとして、ウィルフレッド・ビオンによる、通称「タヴィストック・グループ」を挙げることができます。以下では、イギリスでのこの流れについて説明していきます。

　ロンドンにある、タヴィストック・クリニックという、精神分析学で有名な病院で、1940年代からグループの実践が行われました。フロイト派の精神分析家の1人であるウィルフレッド・ビオン[73]は、フロイトの無意識の理論を拡張し、「グループ」にも無意識がある、という理論を打ち立てます。既述しましたように、個人に「無意識」のプロセスがあることを主張したのはフロイトです。これに対して、ビオンは、グループにおいても「無意識」のプロセスがあることを指摘しました[74]。

---

[73]　Wilfred R. Bion（ウィルフレッド・ビオン）1897〜1979年。イギリスの医学者、精神科医、精神分析家。「タヴィストック人間関係研究所（Tavistock Institute of Human Relations）」設立に携わる。

ビオンが、グループにおける「無意識」のプロセスを発見したのは、「精神病院」です。ビオンは、第1次世界大戦後、PTSD症候群をわずらう元兵士を対象に、精神病院を「治療共同体」に変える実験を行いながら、理論を構築していきます。その中で彼は、グループの中では、1）さまざまな潜在的な無意識の影響過程が存在していること、2）それゆえに場合によっては、グループが目標達成に向かえないこと、を発見しました。

　ビオンによれば、グループには2つのあり方があるとしています。
　1つは、共通する目標に向かって、お互いがコミュニケーションを取り合いながら進んでいくようなグループの状態です。ビオンはこれを「作業グループ」と名づけました。それに対して、もう1つのあり方は、テーブルの下で、グループメンバーの思惑がさまざまにうごめいており、これらの潜在的な相互影響力の結果、お互いがうまくコミュニケーションを取り合うことができず、目標達成に向かうことができないというグループの状態です。ビオンは、こうしたグループのあり方を「基本的想定グループ（basic assumption group）」と名づけました。
　ビオンによれば、基本的想定グループのテーブルの下でうごめくグループの「無意識」のプロセスには、3つの状態があります。Tグループや集団精神療法の現場では、これら3つの状態が、メンバーには「無意識」のうちに生まれやすいものです。

74　ビオン, W. R. ハフシ・メッド（監訳），黒崎優美・小畑千晴・田村早紀（訳）(2016)．集団の経験──ビオンの精神分析的集団論──　金剛出版

①依存（dependency）

- 全知全能のリーダーを想定し、彼／彼女に依存し、自らの安心・安全を保とうとする。
- グループの中から1人リーダーを祭り上げ、彼／彼女に責任を一任する。

②闘争と逃避（fight and flight）

- グループで闘争し合ったり、物事から逃げたりすることで安全を確保しようとする。

③つがい（pairing）

- グループの中にペアリングが成立し出す。その中から、この場を変える救世主のようなもの、未来志向のものをつくることができると考え、行動し出す。

Tグループやベーシック・エンカウンターグループ、自由闊達な対話などを経験なさったことのある方ならば、自分の所属するグループに、こうしたグループ・レヴェルの無意識のプロセスが生まれてしまうことを記憶している方も少なくないと思います。リーダーに誰かを祭り上げたり、闘争・逃走してみたり、ペアを組んでみたり。私たちは、自由闊達なグループの中ですら、こうした決まりきった行動を無意識のうちにとってしまいがちです。

ビオンはその後、グループ研究から離れましたが、タヴィストックでのグループ実践（通称「タヴィストック・グループ」）はその後、組織開発の流れにつながっていきました。

タヴィストック・クリニックに併設される形で、グループを中心とした人間関係の研究と実践を行う機関として1947年に設立されたのが、タヴィストック人間関係研究所です。タヴィストック人間関係研究所はイギリスでの組織開

発の中心であり、組織の人間関係の研究、コンサルティング、実践者へのトレーニングなどが行われています。研究としては、『ヒューマン・リレーションズ (*Human Relations*)』という有名な研究誌を長年発行しています。また、「グループ・リレーション・カンファレンス」（通称「レスター・カンファレンス」）という、2週間のトレーニングが行われています。これは、グループ内、グループ間、全体という、さまざまなレヴェルでの人間関係について体験から学ぶトレーニングで、1957年から継続されている、伝統あるトレーニング・プログラムです。

このタヴィストック人間関係研究所の、初期の発展に貢献したのが、ビオンのアシスタントとしてグループ実践の経験を積み、その実践を産業界に展開していった、エリック・トリスト[75]たちでした。エリック・トリストは学生の頃に、社会心理学やゲシュタルト心理学を学び、クルト・レヴィンに大きな影響を受けました。

エリック・トリストやフレッド・エメリーらは、1949年に炭鉱労働者向けのチームづくりの実践研究を行いました。こうしたトリストらによる実践研究の中で生まれたのが「社会技術システム・アプローチ」でした。

トリストたちによる、炭鉱労働者に対する実践研究を紹介していきます。当時は手作業で石炭を採掘しており、炭鉱労働は危険で事故も多く、労働条件も悪く、そこで働く労働者たちのモチベーションも高くはありませんでした。そこでトリストらは、労働者たちのチームをつくり、チームの中で誰かがケガをしたら、その家族はそのチームのメンバーが面倒を見る、といった取り決めをしました。また、石炭の出荷量についてチーム内で話し合い、自分たちで決めさせるようにしました。すると、恒常的に適量を出荷でき、労働者たちも安全を重視して働き、いいチームワークで働けるような状態を目指す協働性が高まってモチベーションが上がったというのです。

75　Eric Trist（エリック・トリスト）1909〜1993年。イギリスの心理学者および社会科学者。ビオンのアシスタントとしてグループ実践の経験を積む。のちにタヴィストック人間関係研究所で実践研究を行い、社会技術システム・アプローチを創始した。

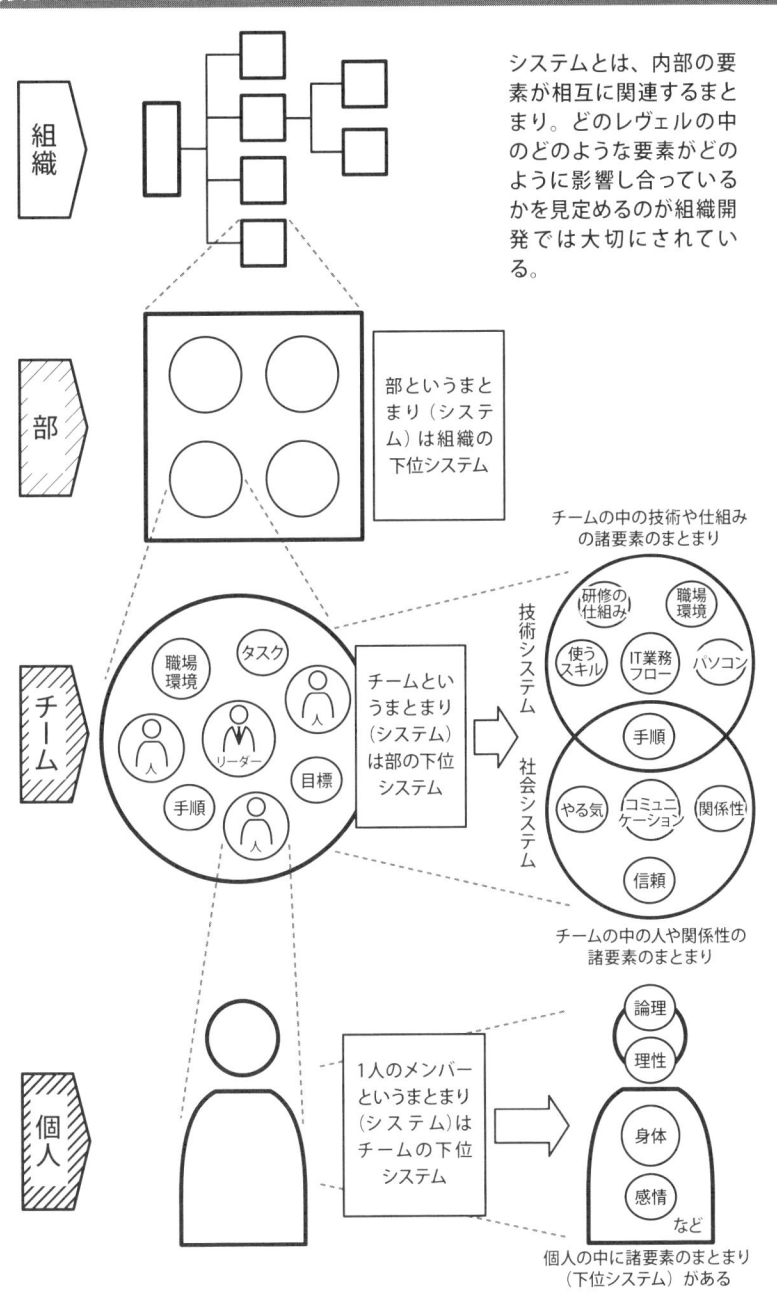

システムとは、内部の要素が相互に関連するまとまり。どのレベルの中のどのような要素がどのように影響し合っているかを見定めるのが組織開発では大切にされている。

部というまとまり（システム）は組織の下位システム

チームの中の技術や仕組みの諸要素のまとまり

職場環境　タスク　人　人　リーダー　目標　手順　人

チームというまとまり（システム）は部の下位システム

技術システム　社会システム

研修の仕組み　職場環境　使うスキル　IT業務フロー　パソコン　手順　やる気　コミュニケーション　関係性　信頼

チームの中の人や関係性の諸要素のまとまり

1人のメンバーというまとまり（システム）はチームの下位システム

論理　理性　身体　感情　など

個人の中に諸要素のまとまり（下位システム）がある

トリストらは、この研究にシステム理論（一般システム理論）を取り入れました。システム理論での「システム」とは、組織開発のベースになっている考え方で、「その内部の要素が相互に関連する、1つのまとまり」のことです。たとえば、チームというまとまりは1つのシステムです（図表34のチームというまとまり（システム）参照）。チームを1つのまとまり（システム）として捉えると、1人ひとりのメンバーは要素（下位システム）になり、メンバーとメンバー（要素と要素）は相互に影響し合っています。チームから捉えると1人のメンバーは下位システムですが、その1人の個人を1つのまとまり（システム）と捉えると、その人の中の諸要素、たとえば、論理、理性、身体、感情などの下位システムが浮かび上がってきます。

　次に、チームについて別の角度から下位システムを捉え直してみます。トリストらが提唱した社会技術システム・アプローチでは、「技術システム」というまとまりと、「社会システム」というまとまりに着目します。「技術システム」とは、仕事を効率的に行うための技術的な一連の要素であり、例えば、パソコン、インターネットを含んだ職場環境、IT業務フロー、手順、パソコンを使うスキル、スキルアップのための研修の仕組みなどがあります。「社会システム」（ここでいう「社会」とは対人関係を指します）とは、人や対人関係に関する一連の要素であり、関係性、信頼、共有された手順、コミュニケーション、やる気などが含まれます。

　トリストたちは、いかに早く大量に石炭を掘るかという「技術的なシステム」と、それをお互いにどうサポートして人間関係をよくしていくかという「社会システム」の同時最適を探ることが重要で、その両方の接点が増えるようなアプローチを考えるべきだと主張しました。これが「社会技術システム・アプローチ」の考え方です。こうした考え方が広まった背景には、第2次大戦後、機械化が急激に進行し、生産性を高める技術革新が進む中で、労働者を部品の1つのように扱うような風潮が問題視されるようになったことがあります。技術だけでなく、人間のほうにも目を向け、同時最適を狙っていくべきだ、という

機運が高まったということがあったようです。

　イギリスで生まれた社会技術システム・アプローチという考え方は、その後、北欧でも広まり、STS（社会技術システム）として、ボルボなどの大企業にも導入されました。ボルボでは、車をつくるための技術だけではなく、そこで働く人のモチベーションを高めたり、チームとして協働できるかということの両方を大事にした工場の設計などに応用されていたようです。

　社会技術システム・アプローチは、組織開発の中の1つの重要な考え方です。この考え方は、現在では古典的なものとして位置づけられていますが、技術の革新と、人間関係の促進の同時最適を探るという発想は、実に組織開発らしいものです[76]。

　ちなみに、2014年に行われた、OD Network Japan年次大会では、エドガー・シャイン氏（本書188ページ参照）が、インターネット中継で基調講演をされました。その中で、以下のようなコメントをされたことが印象的でした。

日本では以前、QCサークルが盛んで、技術システムと社会システムの両方による改善を行ってきました。しかし現在の日本では、技術システムが優先されて、社会システムが置き去りにされているのではないでしょうか。

　現在、組織開発の取り組みとして、「社会技術システム・アプローチ」という名のもとで実践が行われることはなくなりましたが、「社会技術システム・アプローチ」の同時最適という発想は現在でも重要で、組織開発に携わる際の基本的な指針や視点になります。

76　技術システムの改善は、ある意味で、経営学の古典派であるテイラーの考え方（126ページ）に基づいています。一方で、社会システムを重視する発想は、経営学の新古典派であるメイヨーや行動科学（129-131ページ）とつながっています。そして、テイラーかメイヨーか、という「どちらか(either／or)」の議論は、システム理論の影響を受けた「社会技術システム・アプローチ」を通して、「どちらも (both／and)」の発想に変わってきています。

第2部　まとめ

組織開発を支える哲学的な基盤

・本書では組織開発の発展の歴史を「3層モデル」で解説する。第1層（最下層）は組織開発を下支えする哲学的・思想的基盤、第2層は集団精神療法、第3層はそれらの上に開花した組織開発の独自手法である。

・第1層、つまり組織開発の哲学的・思想的源流は1900年代に確立された、デューイの「経験と学習の理論」、フッサールの現象学＝「今－ここ」の理論、フロイトの「無意識」にある「抑圧の理論」である。

組織開発につながる2つの集団的精神療法

・第1次世界大戦によるPTSD患者多発に対応して生まれたのが集団精神療法である。その中で、のちの組織開発に影響を与えたものに、ヤコブ・モレノの「心理劇（サイコドラマ）」、フリッツ・パールズの「ゲシュタルト療法」がある。

組織開発を支える経営学的基盤

・組織開発は、経営学の理論の進展にも影響を受けている。フォードの大量生産方式を支えたテイラーの科学的管理法に対し、メイヨーらは組織の人間的側面に焦点づけた「人間関係論」を提唱。その考えは1950年代の行動科学に受け継がれた。組織開発は、これらの職場や組織における人間的側面に着目する理論を前提に進展していく。

組織開発の黎明期

・1940年代にTグループなどの、組織開発につながる重要な概念やツールを生み出したのが、クルト・レヴィンである。Tグループはレヴィンが亡くなった後、アメリカ・メイン州ベセルに開設されたNTLを拠点として、実践が重ねられた。以後、組織開発の礎を成すような独自のワークショップ手法などが、レヴィンの影響を直接・間接に受けた研究者や実務家によって、次々に生み出されることになる。

・1950年代になると、アメリカ東海岸で生まれたTグループは、西海岸でも実践され、グループの関係性だけでなく、個人レヴェルでの変化に焦点づけるSTが生まれた。また、集団精神療法やTグループの影響を受け、臨床心理学者のカール・ロジャーズは「ベーシック・エンカウンターグループ」と呼ばれるグループ・アプローチを創始した。

・一方、イギリスでは精神分析学で有名なタビストック・クリニックを中心に組織開発につながるグループの研究が進められた。クリニックに併設されたタビストック人間関係研究所では、システム理論を取り入れた社会技術システム・アプローチが生み出された。

プロフェッショナル編(2)

組織開発の発展

第3部の概要

　第2部では組織開発の哲学的・思想的基盤となったデューイ、フッサール、フロイトの言説から、集団精神療法が深い影響力を発揮して始まったTグループや感受性訓練などの手法を紹介しました。それは、いわば組織開発の黎明期といえるでしょう。

　続く第3部では、いよいよ組織開発と名づけられた概念と手法の誕生から、現在に至る発展の軌跡を描いていきます。第2部に登場したクルト・レヴィンから直接学び、または間接的に影響を受けた研究者や実践者が、さまざまなアプローチと手法で、企業組織の「改善」に力を発揮していきます。1つの手法が次の手法に影響を与え、1950年代以降、組織開発は発展を続けます。ただし、社会情勢の変化による停滞期もあるなど、直線的に進化したわけではありませんでした。1970年代から導入が進んだ日本の組織開発の展開についても、あわせて解説します。

第7章
組織開発の誕生

❖キーワード
ブランド・チェンジ／プロセス・コンサルテーション／X理論

1 | アンブレラ・ワードとしての「組織開発」

　話は1950年代のアメリカに戻ります。本章では、組織開発という「風呂敷」ワードがどのように誕生したかについてご紹介します。

　組織開発の実践と研究の中心的存在であったNTLですが、1950年代前半まではTグループの実践と研究が中心で、組織開発（organization development）という言葉は用いられていませんでした。しかし、1957年から58年頃に組織開発という言葉が生まれます。

　当時のNTLでは、メンバーのハーバート・シェパード[77]がエッソの役員会向けのチーム・ビルディングとしてTグループを行っていました。また、MITのリチャード・ベックハードが大手製造業のGEに対して実践を行ったり、ベックハードとダグラス・マクレガーが食品会社ゼネラル・ミルズに対してさまざ

---

[77] Herbert Allen Shepard（ハーバート・シェパード）1930〜1985年。
アメリカの組織開発実践者および研究者。1950年にNTLのTグループに参加。MITで博士号を取得後、1957年から石油会社エッソの人事労務のリサーチ・アシスタントになる。Tグループでの働きかけを早くから企業組織の現場で応用し、1950年代後半にエッソの役員に対する実践を行った。のちに研究者となり、現在のケース・ウェスタン・リザーブ大学に組織開発の博士課程を設立。「チェンジエージェントのための指針（rules of thumb for change agents）」はシェパードが提唱し、NTLメンバーに引き継がれている。

ダグラス・マクレガー

Douglas M. McGregor 1906〜1964年
MITで教鞭を執りながら、コンサルタント
としても実践を行った、「研究者―実践者」
のパイオニア。若き頃にマズローの影響を
受け、組織のマネジメントへの理論的な応
用を試みた。Tグループの実践にも携わっ
た。著書『企業の人間的側面』で提唱した、
マネジャーが持つ人間観（マネジメント観）
としてのX理論とY理論が非常に有名。ベ
ックハードやシャインはマクレガーに招聘
されてMITで職を得ている。

まな実践を行うなど、グループだけでなく、組織に対する実践も増えていきま
した[78]。

　その際、組織をよくする取り組みは「プランド・チェンジ」「組織改善
（organization improvement）」などといわれていましたが、呼び方が定まって
いませんでした。マクレガーは「マネジメント・デベロップメント」「ボトム
アップ・マネジメント」という言葉を使っていました。マクレガーのX理論と
Y理論では、マネジャーのマネジメント持論に着目していたので、マネジメン
トという言葉を含めた名称を用いたことに、マクレガーらしさが表れています。

　当時は、組織開発の取り組みについてまだ統一した概念がなく、いろいろな
呼び方がなされていました。同時に、Tグループは「グループ・デベロップメ

78　1961年のフォーチュン誌におけるスペンサー・クローの記事には、当時、NTLが、年間所得が1
　　万2000ドルから3万ドルの企業の中級・上級管理職を50人弱集めて、参加費が500ドルで2週間
　　のTグループを実施している様子が描かれています。彼らは、シーズンオフのリゾートホテルな
　　どの「文化的孤島」で、Tグループに参加しました。エッソ、GE、ATTなど、そうそうたる企業
　　がTグループに管理職を派遣していたといいます。
　　Klaw, S.（1961）. Two weeks in a T-Group. *Fortune*. August, 1961, pp.114-117.

リチャード・ベックハード

Richard Beckhard　1918〜1999年
元役者でブロードウェイのシアター・マネージャーという異色の経歴を持つ。NTLメンバーとしてTグループ実践に携わる。1950年代後半より、マクレガーとともに企業に対する組織開発の実践に取り組む。また、マクレガーに招かれてMITで教鞭を執る。彼は組織開発の多くのモデルや実践手法を考案した。

ント」（NTLの当初の名前）とも呼ばれていました。しかし、これが概念拡張の機会を得ます。前章で見たようにTグループは、組織メンバーの関係性をよくすることを主眼に置いたトレーニングでした。組織レヴェルで関係性をよくしていく取り組みについて、次第に「組織（organization）」と「グループ・デベロップメント（group development）」が合わさって「組織開発（organization development）」と呼ばれるようになっていきました。ただし、NTLメンバー全員でorganization developmentと命名することを決めたわけではなく、シェパードやベックハードが同時期に使い始めたことで定着していったようです。

　このように、組織開発という言葉や領域は、ある人が論文などで明確に提唱したものではありません。そのため、組織開発の誕生した年も明確ではなく、シェパードがエッソで実践した1957年、1958年あたりであるとされています[79]。このように、1950年代後半に、Tグループの発想（グループ・デベロップメント）に基づき、立ち現れるように「組織開発」という名前が誕生し、1960

79　Burke,W.W. (2008). A contemporary view of organization development. T.G.Cummings(Ed.) *Handbook of organization development*. Thousand Oaks, CA: Sage. pp.13-38.

年代に入って、その名前のもとで、さまざまな取り組みが「包摂」されていきました。つまり、組織開発という言葉は、生まれた時から概念の境界が明確でない「包摂的概念」だった……すなわち、本書の第1部の言葉でいえば「風呂敷」であったということです。

　以下では、1960年代に行われた、代表的な組織開発の手法や考え方についてご紹介していきます。その後、組織開発の定義について説明していきます。

2│1960年代の組織開発

　前述したように、Tグループの実践を表現した名称であった「グループ・デベロップメント」から読み換えられて、組織開発というラベルの使用が始まります。しかし、1960年代半ばまでの組織開発は、現在行われているような組織開発とは若干異なるアプローチで行われていたところもありました。

　Tグループは、組織開発の源流の1つでした。初期のTグループは、メンバーを広く公募して、集まった参加者でグループを構成し、トレーニングを行っていく形でした。つまり、ある組織をよくするために、その組織の構成員に対して実施されたものではなく、初期のTグループは組織開発を目的にはされていません。ちなみに、この形態は現在でも行われており、知らない人とグループを組むために、ストレンジャー型と呼ばれています。

　1960年を前後して、Tグループを用いた組織開発が取り組まれていきます。NTLは1950年代後半から、1つの組織に対するTグループ実践の支援を始めました。たとえばエッソ、アメリカ聖公会、アメリカ赤十字奉仕団などに対してでした。エッソに対するTグループの取り組みでは、全役員に対するチーム・ビルディングとして、Tグループを応用した3日間のラボラトリーが実施されました。また、アメリカ聖公会での取り組みは、牧師に対してTグループが行われました。この流れについては後述しますが、日本での最初のTグループ実施（1958年）につながっていきます。

　1960年代には、大手自動車部品メーカーのTRW社でTグループを用いた取

り組みが行われました。社内のマネジャーに対してTグループを行い、その後にチームについての調査がなされた後、調査で見出された課題についてマネジャーとチームのメンバーで話し合うセッションが行われる、というものでした。このTRW社での取り組みはその後、1970年代に日本企業に導入されていくことになります。

このように、1960年代前半には、Tグループを社内で実施して組織をよくする取り組みが、組織開発として実施されていました。Tグループを実施さえすれば組織はよくなると考えられていた時代です。

そして、この「組織開発はこうやればいいんだ」という考え方は、1960年代に開発された2つの手法でも明確に想定されました。この「変革のベストウェイ」が組織開発の研究者によって明確に想定されていたことが、当時の組織開発が今の組織開発と異なる点です。変革のベストウェイとは、あらかじめ研究者やコンサルタントによる組織の理想像（ベスト）と、そこに至る道筋（ベストウェイ）が定義されており、そこに至ることを支援するものが組織開発であるという考え方です。

ベストウェイが想定されていた組織開発としては、①リッカートのシステム4理論（組織の管理システムを4つのタイプに分け、集団参画型システムが最も業績が高いとする）による組織開発（システム4理論は152ページの図表30を参照）、②マネジリアル・グリッドによる組織開発、が挙げられます。

ベストウェイを想定した組織開発では、どのような組織であっても、理想的な状態とそれに至るための方法は同じであると考え、標準的なやり方があらかじめ想定されています。これは、この当時の組織開発の特徴でした。

これに対して現在の組織開発では、「組織は目指す姿や取り巻く環境、その組織にいる人々が異なるため、組織によってありたい姿は異なる」と考えます。そして、目指す状態に至るための組織開発の方法はカスタマイズされる必要があると想定しています。

では、ベストウェイを想定した組織開発として、リッカートによる「システム4」と、ブレークとムートンによる「マネジリアル・グリッド」について以

下で見ていきましょう。

　リッカートによる「システム４」は、本書152ページですでに紹介しています。「権威的な組織であるシステム１」から、「非常に民主的なシステム４の組織」に組織を変更することをあらかじめよしとして、調査を行い、フィードバックして組織メンバーが現状に気づいていく方法をベストだと考えていました。

　一方、マネジリアル・グリッドとは、1964年にテキサス大学教授で経営コンサルタントでもあったブレーク（R. R. Blake）とムートン（J. S. Mouton）が提唱したリーダーシップ理論です。

　２人はマネジャーの行動スタイルを「人間に対する関心」「業績に対する関心」という２軸に注目し、それぞれに対する関心の程度を９段階に分けた、計81の格子（グリッド）をマネジメント・グリッドと呼びました。そして、そのグリッド上での典型的な５つのリーダーシップ類型を示しました（図表35参照）。

　当時行われたマネジリアル・グリッドの研修では、マネジャーを集めて、教育訓練ゲームなど、自分のリーダーシップスタイルを見える化できるようなツールを使ってグループワークが行われました。そのような研修を通してマネジャーは、例えば、「自分はタスクばかり見て、人は見ていなかったな」などと自分のマネジメント・スタイルに気づき、振り返りながら、改善方法について考え、行動目標を策定するといったものでした。最終的には人にも業績にも最大の関心を払う９・９型の理想のマネジメント・スタイルに近づけるようにすることがトレーニングの目的です。

　マネジリアル・グリッドに基づいた組織開発のプログラムは、最初のステップとして、マネジャー向けのトレーニングから始まり、次のステップでは職場を９・９型の風土にして、最終的に組織風土を９・９型にすることを目指します。業績に対しても、人に対しても非常に関心の高い９・９型の理想的なマネジャーを育成し、その後は職場、部門、組織全体を９・９型にしていくのがベストウェイであり、どんな組織でも９・９型を目指せばよくなると想定されていたわけです。

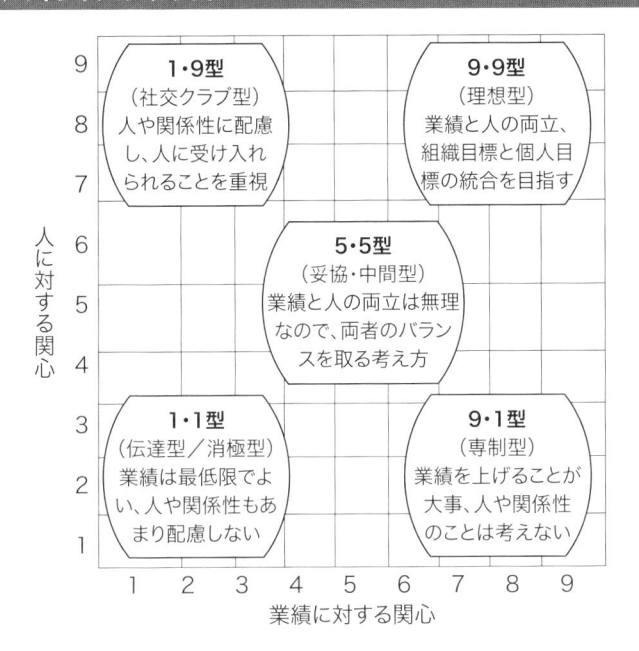

このように、リッカートのシステム4のアプローチや、マネジリアル・グリッドによるアプローチでは、ベストウェイが想定されていました。ちなみに現在では、システム4やマネジリアル・グリッドによる取り組みは、あまり実践されていません。しかし、組織には「理想型（ベストウェイ）」があるはずだ、という実務家の夢は、形や言葉を換えて、数年に一度、ビジネス書業界をにぎわしています。

こうした、ベストウェイが想定されている規範的アプローチを中心とした組織開発の試みは1960年代に実践されました。そして、当時の組織開発の理論と実践についてまとめ、6冊のシリーズとして1969年に出版されたのが、「アディソン－ウェスリー組織開発シリーズ（Addison-Wesley series on organization development）」です。

この6冊には、①ブレークとムートンとによるマネジリアル・グリッドによ

る組織開発、②リチャード・ベックハード（本書26ページおよび181ページ）による組織開発の概説、そして、③エドガー・シャインによるプロセス・コンサルテーションの初出となる概説、も含まれています。また、6冊の中の3冊で、組織開発の定義が記述されており、1960年代における組織開発の実践が蓄積され、言語化されています。いわば、組織開発の定義が1969年にやっとなされた、ということになります。では次に、組織開発の定義と基本的な進め方について説明していきましょう。

3｜組織開発の定義

　組織開発を感覚的に理解していただくための説明は、本書の第1部で行いました。ここでは、組織開発の定義を説明していきます。前にも述べたように、組織開発には27通りの定義があり、60の変数が含まれているとのことです（Egan 2002）[80]。以下では、組織開発の代表的な定義を検討しながら、組織開発で重要な概念について考えていきましょう。

　古典的であり、よく紹介される定義は、本書26ページで紹介した、リチャード・ベックハードによる定義です。彼の定義では、

「（組織開発とは）計画的で、組織全体を対象にした、トップによって管理された、組織の効果性と健全さの向上のための努力であり、行動科学の知識を用いて組織プロセスに計画的に介入することで実現される」（Beckhard 1969, p.9　筆者訳[81]）

　と表現されています。

80　Egan, T. M. (2002). Organization development: An examination of definitions and dependent variables. *Organization Development Journal*, 20(2), 59-71.
81　Beckhard, R. (1969). *Organization development: Strategies and models*. Reading, MA: Addison-Wesley.

組織開発の定義を考える上では、ベックハードの定義の中にある「組織プロセス」の、「プロセス」という言葉がキーワードになってきます。

　別の組織開発の定義も見ていきましょう。プロセスという言葉を用いた定義としてヴェイルのものがあります。

「組織開発は、組織が課題を実行でき、目的を達成できることに向けて発展していく、いくつかの、そして、すべての本質的なプロセスを理解し改善するための組織的な過程である。プロセスを改善するための過程である」（Vaill 1989, p.261 筆者訳[82]）

ということになります。ヴェイルの定義には、組織開発とは「本質的なプロセスを理解し改善するための組織的な過程」と表現されています。ベックハードが言及している「組織プロセス」の「プロセス」という言葉は、ヴェイルの「本質的なプロセス」と同じ意味で使われていると考えられます。

　このように組織開発では、「プロセス」という概念が多用されます。組織開発の何たるかを理解するためには、組織開発で頻繁に用いられる「プロセス」という言葉の意味を理解する必要があります。それについて、以下で考えていきましょう。

◇プロセスと組織開発

　私たちが日本語のカタカナ言葉で「プロセス」と聞くと、「過程」という日本語が思いつくでしょう。「結果」に対する「過程」。「過程」というと、最初に何をして、次に何をして、という工程（業務プロセス）をイメージしやすいと思います。

　組織開発でいう「プロセス」は、工程や業務プロセスよりももっと広い意味

82　Vaill, P. B. (1989). Seven process frontiers for organization development. In W. Sikes, A. B. Drexler & J. Gant (Eds.) *The emerging practice of organization development*. Alexandria, VA: NTL Institute & San Diego, CA: University Associates.

エドガー・シャイン

Edgar H. Schein　1928年〜

アメリカの組織心理学者。1952年にハーバード大学で社会心理学の博士号を取得。1956年にMITに加わり、1964年よりMIT教授。1958年に初めてTグループを経験し、それ以降、Tグループの実践に1970年代まで携わる。1969年に初めて「プロセス・コンサルテーション」という、組織開発コンサルタントによる支援の仕方のモデルを提唱した。その後、キャリア論、組織文化論など、さまざまな理論を提唱し、組織開発やキャリア開発に大きな貢献をしている。組織文化、キャリア論、プロセス・コンサルテーションなどの多数の著作がある。

です。そして、組織開発での「プロセス」の対義語は、「結果」ではなく、「コンテント（内容）」になります。この「コンテント」と「プロセス」という言葉、一説によるとクルト・レヴィンが最初に用いたとされています。グループの研究の中で、グループで話されていることが「コンテント」、グループの中で起こっていることを「グループプロセス」としました。そして、組織開発の有名な研究者かつ実践者であるエドガー・シャインは、「コンテント」をwhat、「プロセス」をhowとしました。

　シャインは1969年の著書の中で、プロセスの要素として以下を挙げています。

- コミュニケーション
- グループにおけるメンバーの役割と機能
- グループによる問題解決と意思決定
- グループの規範とグループの成長
- リーダーシップと権限
- グループ間の協働と競争

シャインは、プロセスを「ヒューマンプロセス」とも表現しています。人と人との間で起こること（動きや影響関係）を指しています。前述したヴェイルの定義に戻ると、「本質的なプロセスを理解し改善する」、つまり、人と人との間に「今－ここ」で起こっている、見えていなくて意識されていない動きや影響に気づき、変えていくことが組織開発である、ということになります。これは、Tグループで大切にされている、「今－ここ」でお互いの間で起こっていることに目を向け、気づき、働きかけて変えていく、という関わり方や学び方が、組織開発の中心であり、軸になっていることを示しています。

さて、組織開発の古典的で代表的な定義では、職場や組織の中の「プロセス」に気づき、変えていく（よくしていく）取り組みである、という表現が用いられていました。しかし、その定義にも変化が訪れています。何度も述べてきたように、組織開発という概念は「風呂敷」のようなものです。実務の強いニーズに裏打ちされ、またもや組織開発は概念拡張を起こすようになってきました。とりわけ、組織開発の最近の定義では、「戦略」や「構造」という言葉が入ってくる傾向があります。

たとえば、カミングスとウォーリー[83]は下記のような定義をしています。

「組織開発は、組織の効果性を導いていく戦略や構造、プロセスの、計画的な開発や改善、強化に、行動科学の知見を体系的に応用し転換していくことであ

---

83 Cummings, T. G., & Worley, C. G. (2015). *Organization development & change*. Stamford, CT: Cengage Learning.

る」（Cummings & Worley 2015, p.2 筆者訳[84]）

　カミングスらの定義には「プロセス」という言葉だけではなく、「戦略」や「構造」という言葉も入っています。

　また、バークとブラッドフォードはこのような定義を残します。

「組織開発とは、（中略）外的環境、ミッション、戦略、リーダーシップ、文化、構造、情報と報酬システム、仕事の方針や進め方、などの組織内のさまざまな次元間の一致性を高めることによって、全体的な組織の効果性を高めることを目指した、計画的な変革の体系的な過程である」（Burke & Bradford 2005, p.12 筆者訳[85]）

　バークらの定義でも、「プロセス」という人間的な側面だけではなく、ミッション、戦略、構造、情報と報酬システムなどの、明文化と仕組み化ができる側面について言及しています。人と人との間で起こっている人間的な側面だけではなく、仕組み化や制度化ができる、組織の公式的な側面（ハードな側面）を改善していくことも組織開発に含める方向に変化してきたといえます。

　さて、ここまで組織開発の定義が「プロセス」の改善を含んでいることを述べてきました。次のポイントになるのが、組織開発では職場や組織がどのように変化することをよしとしているのか、という点です。この点については、組織開発が「組織改善」ではなく、「開発（デベロップメント）」という言葉を用いていることが重要です。

　組織開発の定義で、どのように変化することをよしとしているのか（組織の何をよくすることを目指すのか＝従属変数）を精査するために、以下について調

84　Cummings, T. G., & Worley, C. G. (2015). *Organization development and change.* 10th ed. Stamford, CT: Cengage Learning.

85　Burke, W. W., Bradford, D. L. (2005). The crisis in OD. In D. L. Bradford & W. W. Burke (Eds.) *Reinventing organization development: New approaches to change in organization.* San Francisco, CA: Pfeiffer. pp.7-14.

べてみました。

　前述したEgan（2002）は、組織開発の27通りの定義を検討しています。それは1969年から1999年の間に提唱されたものです。Eganが検討した27通りの定義に、その後提唱された、5つの代表的な定義（Warrick 2005、Burke & Bradford 2005、McLean 2006、Anderson 2012、Cummings & Worley 2015）を加えた、32の定義を取り上げて、組織の何をよくすることを目指すのかを表現する言葉（従属変数）を検討してみました。

　その結果、最も多かったのが効果性（effectiveness）で、9つの定義に含まれていました。次に多かったのが健全性（healthと healthy relationshipsで4つの定義）で、関連する言葉（ウェルビーイング、満足度、組織の日常生活）を含めると、健全性に関する言葉が含まれた定義は9つありました。さらに、「文化（culture）」[86]、「再生（革新）力（renewal, renewing capacity）」が、それぞれ4つの定義に含まれていました。この結果から、組織開発の定義に共通する、よくすることを目指す側面は、「効果性」「健全性」「文化」「組織の再生（革新）力」であるといえます。「文化」という言葉を除いた、他の3つの言葉が含まれる組織開発の定義はウォリック[87]によるものです。

　本書では、「効果性」と「健全性」、「再生（革新）力」という言葉が含まれた、包括的でバランスが取れた定義として、ウォリックによるものを、組織開発の代表的な定義として採用します。

「組織開発とは、組織の健全性（health）、効果性（effectiveness）、自己革新力（self-renewing capabilities）を高めるために、組織を理解し、発展させ、変革していく、計画的で協働的な過程である」（Warrick 2005, p.172）

86　「文化」という言葉が含まれる定義は、すべてウォーナー・バークまたはバークと共著者によるものです。

87　Warrick, D.（2005）. Organization development form the view of the experts. In W. J. Rothwell & R. Sullivan（Eds.）*Practicing organization development: A guide for consultants.* 2nd edit. San Francisco, CA: Pfeiffer. pp.164-187.

ちなみに、ウォリックは、健全性、効果性、自己革新力について、以下のように言及しています。

「組織の健全性とは、組織の中のリーダーシップの質、生活の質、プロセスの質、そして、組織文化の性質である。組織の効果性とは、組織の全体的なパフォーマンスと仕事を進める能力であり、望ましい目標を達成する力である。うまくいっている超優良な組織の研究は、組織の健全性と効果性の両方に焦点づけていること、そして、一方のみにしか焦点づけしていない組織はすぐには超優良にはならないことを明確に示している。（この定義で）組織開発の目標として追加したものは、組織の自己革新力の向上だ。それは、組織が行っていることの善し悪しから、そして、必要な調整をすることから学ぼうとする努力、また、未来に対して備え、変化にすぐに適応する力を育むという努力である」
（Warrick 2005, p.173 筆者訳）

　ウォリックは、健全性と効果性が上記のようなものであり、組織が成功するためには健全性と効果性の両方が必要であることを示唆しています。

　ウォリック以外の他の研究者（特にベックハード）が効果性と健全性についてどのように説明しているかをコラムで紹介しました。そこでも触れましたが、効果性と健全性は、完全に異なるものではなく、重複するところもあります。あえて簡潔に表現すれば、効果性とは、職場や組織が効果的に仕事を進めて成果を出すことができるかどうか、といえます。健全性とは、個人が組織とのつながりや一致性を感じることができて主体的であることができるかどうか、組織の日常や対人関係が良好で満足しているか、といえそうです。

組織開発の定義における
効果性と健全性について

　ベックハードは、健全性と効果性について詳細に記述しています[88]。まずは効果性について、彼自身の言葉として以下のように述べています。

〈効果性〉

・組織全体、重要な部署、個人が、それぞれの目標達成に向けて、目標と計画に従って業務を行う。

・（組織や職場の）形は機能に従う（問題、課題、プロジェクトによって、どのように人材を組織化するかが決まる）。

・情報源が組織図のどこにあっても、情報源によって／情報源の近いところによって決定がなされる。

・給与の仕組みは、たとえば、マネジャーが以下のことに対して報酬が支払われる（あるいは罰せられる）。

　・短期の利益、または、パフォーマンス

　・部下の成長と育成

　・将来性のある仕事をするグループをつくること

・タテとヨコのコミュニケーションは、比較的歪められていない。人々は全体的にオープンで向き合い、気持ちも含めた事実を共有している。

・個人やグループの間で、勝つか負けるかといった関わりはほとんどない。葛藤や葛藤が生じる状況について、解決すべき問題として、すべてのレヴェルで常に取り組まれている。

・課題やプロジェクトについての「葛藤（アイデアの衝突）」がある。そして、

88　ベックハード, R. 高橋達男・鈴木博（訳）(1972). 組織づくりの戦略とモデル　産業能率短大出版部

対人間のいざこざの衝突にはエネルギーが費やされない。それはすでに解消されているからである。

・組織とその部分は、お互いに関わり合い、環境とも関わっている。組織は「オープンシステム」になっている。

・共有された価値観があり、マネジメントはその価値観を支持する戦略を取っている。個人や職場は、それぞれの真摯さと独自性をお互いに助け合いながら維持している。

・組織とそのメンバーは、「アクション－リサーチ（行動して－考える）」を行っている。個人やグループは自らの経験から学ぶことができるように、フィードバックのメカニズムが築かれている。

　いかがでしょうか？　ベックハードは、組織の効果性について、高度に発達したグループや組織のありようを想定しています。このような効果的なグループや組織になっていくように発達を促す、ということが、組織「開発」のデベロップメントという発想の中に含まれていることがわかります。ちなみに、ベックハードが主張する効果性の中には、人材の組織化や給与の仕組みなどの、いわゆる、組織のハードな側面も含まれています。一方で、当時の組織開発は、組織のソフトな側面である、プロセスや風土に焦点づけることが主流でした[89]。後述しますが、組織開発の定義に、組織のハードな構造について明確に含まれるようになったのは、もっと後のことです。

　次に、健全性について検討していきましょう。ベックハードは、ミルズ

89　Bennis（1969）は、「構造対風土」という節の中で、「組織開発は風土の変革に重きを置いていて、構造や技術の変革については口先だけで賛同しているにすぎない」と言及しています。
　　ベニス，W. G.（1969）．高橋達男（訳）（1972）．職場ぐるみ訓練の考え方　産業能率短大出版部

[90]による健全な組織を引用することで、健全性について記述しています。

〈健全性〉
・合理的に明確で、受け入れ可能で、達成できる、適切な目標がある。
・コミュニケーションの流れが比較的はっきりしている。
・権力が適切に均衡している。
・リソースの活用、そして、個人の特徴と役割に求められることがうまく
　一致している。
・凝集性と組織のアイデンティティが十分にあり、人々がそれに対して積
　極的につながりたいと感じるくらいの明瞭さと魅力があること。
・モラール（士気）が高い。成長と変革のためには、健全な組織は革新性、
　主体性、適応性、問題解決力を持っている。

　健全性では、個人と組織の関係性に言及されています。個人が目標を受
け入れているか、自らの職責がフィットしているか、権力によって抑圧さ
れていないか（衡平なパワーを持っているか）、組織のアイデンティティを
有しているか、主体性があるか、などの側面が健全性に含まれています。
また、前述したように、さまざまな組織開発の定義に含まれている、健全
性に関連する言葉としては、「従業員のウェルビーイング」、「満足度」、「対
人関係」、「エンパワーメント」、「組織の日常」などを挙げることができま
す。

90　Mills, M. B. et al. (1966). *Data feedback and organization change in a school system*.
　　Paper given at a meeting of the American Sociological Association, August 27, 1966.
　　(Beckhard (1969) による引用)

4｜組織開発の基本的な進め方

　以下では、1960年代終盤にその基礎が体系化された、当時の組織開発の特徴や進め方を紹介していきます。

　1960年代には、Tグループを社内で実施する取り組み、リッカートによるシステム4の取り組み、ブレークとムートンが提唱したマネジリアル・グリッドによる取り組み、などのベストウェイが想定された実践が行われていたと記しました。1969年に発行された、組織開発のシリーズ本（アディソン-ウェスリー組織開発シリーズ）では、マネリジアル・グリッドのような各論について記述された本もありますが、組織開発の全体像について紹介する本もありました。当時の組織開発の全体的な特徴について、①プランド・チェンジ、②プロセス・コンサルテーション、③重視されている価値観、という3つの観点からまとめ、以下で説明していきます。

①プランド・チェンジ

　クルト・レヴィンの発明の1つとして、「組織変革の3段階モデル」を紹介した際に、「プランド・チェンジ（planned change: 計画された変革）」という言葉を使いました。この「プランド・チェンジ」の考え方にも初期の組織開発の特徴が表れています。「プランド・チェンジ」のモデルを提唱したのは、NTLを創立したレヴィンの3人の弟子たちの1人、ロナルド・リピットです。リピットはアイオワ大学で大学院生として学んでいましたが、その当時、レヴィンがアイオワ大学で教鞭を執っており、レヴィンからも薫陶を受けました。リピットは、レヴィン、ホワイトと共同で、放任型、民主型、専制型のリーダーシップスタイルについての実験研究を1939年に行っています。この研究は「アイオワ研究」と呼ばれ、リーダーシップの古典的な研究として有名です。

　リピットは、レヴィンによる変化のモデル「①解凍、②変化（移行）、③再

ロナルド・リピット

Ronald O. Lippitt　1914〜1986年
NTL創始者の1人。アイオワ大学大学院修了、後にMITに職を得て、レヴィンの逝去後、ミシガン大学に移る。Tグループの実践、「プランド・チェンジ」のモデル化と実践、そして、後にフューチャーサーチに影響していく、「コミュニティ・フューチャー・カンファレンス」の実践を行った。

凍結」をもとに、「プランド・チェンジ」のモデルを提唱しました（図表36参照）。一般に「変革」とは「非計画的」に行われるものだと考えられがちです。「計画的な変革（planed change）」とは、いわゆる「形容矛盾」であり、リピットの言語センスのよさが、うかがえます。

「プランド・チェンジ」とは、組織の望ましい状態というものがあり、その状態に至ることを目指して、ニーズを醸成し、関係性を構築し、変革に向けた取り組みを行い、それを安定化させ定着させていくのだという、一方向、一直線上の変革であるという考え方です。始まりと終わりがしっかりある、期間限定的な取り組みであることも特徴です。

　この「プランド・チェンジ」のアプローチは、ベストウェイの発想とは異なっています。ベストウェイのアプローチでは、どのような職場や組織にも当てはまるベストな状態を想定しています。一方で「プランド・チェンジ」のアプローチでは、対象となる職場や組織によって望ましい状態が異なると考えています。しかし、変革後の最終状態があらかじめ設定され、その状態に向けて一方向的に変革を推進するという考え方は、ベストウェイのアプローチも、「プランド・チェンジ」のアプローチも同じです。そして、当時のこの発想（変革後の最終状態をあらかじめ設定して、それに向けて一方向的に変革を推進すること）

⑤コンサルタントークライアント関係の終結

④変革の普及と安定化(レヴィンの③再凍結)

③変革に向けた取り組み(レヴィンの②変化)

②変革のための関係性の構築

①変革に向けたニーズの醸成(レヴィンの①溶解)

は、伝統的な組織開発の考え方として受け継がれていきます。

②プロセス・コンサルテーション

　組織開発で重要なキーワードは「プロセス」ですが、この言葉を187ページで紹介した際にふれたのが、エドガー・シャインでした。そして、シャインが1969年に提唱したのが、組織開発の幹となる進め方である、「プロセス・コンサルテーション」というアプローチです。読者の中には、シャインが1999年に書き、日本では2002年に翻訳が出版された『プロセス・コンサルテーション』という本をご存じの方もいらっしゃると思います。そのため、プロセス・コンサルテーションという考え方は比較的新しいものだと捉えていた方もいるかもしれません。1999年に出版されたものは第3版に当たります。1969年に初版が、そして、1987年に第2版が出版されています[91]。

　1969年にシャインはすでに、コンサルタント（社内組織開実践者を含む）がクライアントを支援する形を3つのタイプに分けて論じた、支援の3つのモードについて言及しています。シャインは自らの経験から、コンサルタントによる支援の型として、①購入型、②医師－患者型、③プロセス・コンサルテーシ

ョン型、を挙げました。

「①購入型」とは、専門家の情報またはサービスをクライアントが購入することです。専門家であるコンサルタントが持つ方法をクライアントに提供する、という支援のタイプであり、「専門家モデル」とも呼ばれています。この型の支援が成功するためには、いくつかの条件がそろう必要があるとシャインは指摘しています。クライアントが自らの問題やニーズを正しく把握していること、それをコンサルタントに正しく伝えていること、適切な情報やサービスをコンサルタントが提供する能力があることを見極めることができていること、その情報またはサービスがもたらされた結果、どうなるかをクライアントが考えられること、です。このような条件がそろうことは稀で、シャインは代替案として、クライアントとコンサルタントが共同で現状について診断を行うのが、プロセス・コンサルテーションによる支援だとしました。

また、「②医師－患者型」は、患者が定期健康診断を受けるために医師にかかるように、組織の状態をコンサルタントに診断してもらい、処方箋を出してもらう、というものです。この支援の型の問題としてシャインは、診断のための情報をクライアントがゆがめる可能性があること（質問紙によるサーベイやインタビューで本当のことを回答しない、語らないなど）、クライアントがコンサルタントによる診断を信用せず、処方箋を受け入れようとしないこと、を挙げています。

それに対して、「③プロセス・コンサルテーション」は、クライアントがコ

91　Schein, E. H. (1969). *Process consultation: Its role in organization development*. Reading, MA: Addison-Wesley.（シェイン, E. H. 高橋達男（訳）(1972). 職場ぐるみ訓練の進め方 産業能率短大出版部）

Schein, E. H. (1988). *Process consultation Volume I: Its role in organization development*. Reading, MA: Addison-Wesley.（シャイン, E. H. 稲葉祐之・岩崎靖（訳）(1993). 新しい人間管理と問題解決―プロセス・コンサルテーションが組織を変える― 産能大学出版部）

Schein, E. H. (1988). *Process consultation Volume II: Lessons for managers and consultants*. Reading, MA: Addison-Wesley.

Schein, E. H. (1999). *Process consultation revisited: Building the helping relationship*. Reading, MA: Addison-Wesley.（シャイン, E. H. 稲葉元吉・尾川丈一（訳）(2002). プロセス・コンサルテーション―援助関係を築くこと― 白桃書房）

ンサルタントとともに共同で診断を行うものであり、そのためにコンサルタントはクライアントに診断する方法を伝えていく必要がある、としました。そしてシャインは、プロセス・コンサルテーションを以下のように定義しました。

「プロセス・コンサルテーションとは、クライアントの世界で起こるさまざまな出来事を、クライアントが認知し、理解し、それに対処するように援助する、コンサルタントの一連の活動である」(Schein 1969, p.9 筆者訳)

そして、そのためのステップとして想定したのが、以下のような流れでした。

プロセス・コンサルテーションのステップ
①クライアント組織との最初の接触
②お互いの関係を明確にし、公的な契約と心理的な契約をする
③取り組みの設定と方法を選択する
④データの収集と診断
⑤働きかけ（介入）
⑥コンサルタントによる関与を減らす
⑦終結　　　　　　　　　　　　　　　　　　　　(Schein 1969, p.78)

クライアントがコンサルタントと共同で現状について認知し理解するためには、シャインは①と②のステップ、つまり、コンサルタントがクライアント組織と接触して、コンサルタントがどのようにクライアント組織を支援するのか、というお互いの関係を明確にすることを重視しました。そして、公的な契約として、どれくらいの時間をかけ、何をして、報酬はどれくらいになるのかを合意すること、加えて、心理的契約として、クライアントが得たいと思っていること、ともに目指す状態やお互いの役割などを合意します。
　ステップ③について、取り組みの設定の選択とは、クライアントの組織の中のどのレヴェルを対象とするかを選ぶことです。設定とは、対象を役員層とす

るか、ある部門とするか、ある職場とするか、など、どのようなグループや関係性を対象とするかを設定することを意味しています。シャインは、トップに近い層で、ミーティングやともに仕事をする場など、お互いの関わりを観察できる関係性を対象とすることが望ましいとしています。また、方法とはデータ収集と働きかけの手順を指しますが、それには定型がなく、クライアントと共同で決めていくことが重要だとしています。

　ステップ④のデータ収集では、会議などの場面の観察、インタビュー、質問紙による調査が用いられます。ただし、シャインは質問紙によるデータ収集は人間味がないために初期の取り組みには不向きで、観察とインタビューを組み合わせて行うことを推奨しています。そこから見出されたことについて、クライアントにフィードバックを行い、クライアントとコンサルタントが、現状で起こっているプロセスを共同で理解していくのがステップ⑤の働きかけになります。

　シャインが1969年に提唱した「プロセス・コンサルテーション」の進め方は、組織が目指す状態や、それに至るまでの手順を明示していません。また、シャインは1965年に著した『組織心理学』[92]の中で、組織がシステムとして環境にどのように対応していくか、という発想から、組織の効果性について述べています。そういう意味では、シャインによる組織開発は、「ベストウェイ」が想定された規範的なアプローチから脱していると考えられます。

　1960年代の組織開発には、サーベイ・フィードバックがすでに定着していました。サーベイ・フィードバックは、リッカートが開発した手法です（140ページ参照）。質問紙調査などで組織の現状についてのデータを収集し、分析した結果を組織や部門、職場の長やメンバーに報告するという方法です。1950年代の組織心理学で体系化された、この方法は、1950年代に組織心理学者として活躍したシャインにとっても馴染みがあったと考えられます。

　ちなみに、182ページでご紹介したTRW社での取り組みでも、職場の現状

92　シャイン, E. H. 松井賚夫（訳）(1966). 組織心理学　岩波書店

についての調査が行われ、結果がフィードバックされています。1969年に出版された、アディソン-ウェスリー組織開発シリーズの６冊の中で、調査を実施して現状を診断する取り組みについて触れているのは５冊（ベックハード、ベニス、ブレークとムートン、ローレンスとローシュ、そしてシャインによる著）です。このように、1960年代にすでに、サーベイ・フィードバックは組織開発の手法として頻繁に用いられていたと考えられます。

　また、シャインが1969年に提唱した、プロセス・コンサルテーションのステップは、現在、「診断型組織開発」（213ページを参照）と呼ばれるアプローチと共通しており、診断型組織開発の礎になっています。つまり、診断型組織開発の進め方はプロセス・コンサルテーションで行うことが想定されていました[93]。

③重視されていた価値観（X理論）

　組織開発には、その根底に流れる価値観があります。その１つに、クルト・レヴィンが重視し、Tグループでも大切にされた、民主的な価値観が挙げられます。

　Tグループが誕生したエピソードですでに紹介しましたが、クルト・レヴィンは民主的な考え方を重視した人でした。Tグループ誕生のもととなったワー

93　シャイン自身による最新の記述では、診断型組織開発は「購入型（専門家型）」または「医師－患者型」であるという言説が見られます（Schein, 2015 中村訳 2018, p.25; シャイン他, 2017, p.101）。シャインによる認識が当初から変化したのか、または、最近提唱されている「診断型組織開発」と「対話型組織開発」の対比について誤解があるのか、その理由は定かではありません。筆者（中村）は、シャインの当初の考え方であった、「診断型組織開発はプロセス・コンサルテーション型で進められる」と捉えています。

Schein, E. H. Foreword – Dialogic organization development: Past, present, and future. In G. R. Bushe & R. J. Marshak (Eds.) *Dialogic organization development: The theory and practice of transformational change*. Oakland, CA: Berrett-Koehler. （シャイン, E. H. 序文 対話型OD―過去、現在、そして未来 ブッシュ, G. R.・マーシャク, R. J.(編) 中村和彦訳 (2018) 対話型組織開発―その理論的系譜と実践― 英治出版 pp.19-30）

シャイン, E. H.・尾川丈一・石川大雅（2017）．シャイン博士が語る組織開発と人的資源管理の進め方―プロセス・コンサルテーション技法の用い方― 白桃書房

クショップで、参加者がスタッフによるミーティングに参加したいと要請した際に、参加者は研究の素人だからという理由で参加を断る必要はない、と快く受け入れました。また、レヴィンによる授業は、大学内のカフェで学生同士が自由に語り合い、それをレヴィンが聞きながら対話するというものでした。

これらのエピソードには、研究者や教員などの権限やパワーを持つ限られた人で話し合いや決定を占有するのではなく、多くの人々が関与して、自由に対話をして探究することが大切であると考えていた、レヴィンの価値観が表れています。この民主的な価値観は、組織開発の基盤になる価値観になっています。つまり、何かについて検討し決定する際に、それに関連し、情報を持つ、できる限り多くの人々を決定に参加させ、関与させることが重要だ、という考え方です。

ダグラス・マクレガーの考え方も組織開発の根底になっています。マクレガーはX理論とY理論というキーワードを提唱しました。ここでいう理論とは、研究者が提唱した理論ではなく、マネジャーが経験から培った持論を指します。X理論を持つマネジャーは、人は生まれつき仕事が嫌いであり、怠けてしまうので、マネジャーは命令と監督をして、目標に達しない場合は罰を与えることが必要だと考えます。一方でY理論を持つマネジャーは、人は自己実現をしたい目標のためには自己統制を発揮して、自発的に自分の能力を高め、主体的に行動すると考える、としました。マクレガーのこの考え方は、マズローの自己実現欲求の理論に影響を受けています。そして、Y理論に基づくマネジメントによって、個人の主体性と能力が開花し、組織が活性化すると考えました。

ウォーレン・ベニスは、マクレガーが1950年に述べたという、以下のような言葉を引用しています。

「マネジメントの目標のために人々を無理に働かそうとしても、うまくいかないことを初めて明確に認識するに至った。脅したり、脅迫したり、父親的温情主義でカムフラージュした専制的な方法で強制することで、人々は仕事をするのだという昔ながらの考え方は、この25年間、慢性的な不治の病にかかって

いる。この考え方は10年後には死滅するだろうと思い切って言いたい」
(Bennis, W. 1969 高橋訳 1972 p.163を一部修正[94])

　マクレガーが明言したように、組織開発は専制的マネジメント（X理論による
るマネジメント）ではなく、Y理論によるマネジメントを重視しています。そ
れは、人間尊重の価値観（ヒューマニスティックな価値観）に立脚しているため
です。ちなみにマクレガーは、1950年の10年後、つまり1960年には専制的マ
ネジメント（X理論によるマネジメント）がなくなるだろうとあえて言いましたが、
現在でもなくなっていません。
　以上のように、組織開発には、民主的な価値観、人間尊重の価値観が根ざし
ています。そして、それは当時の時代背景の影響も受けたものでもありました。

5│組織開発の青春時代

　これまで見てきたように、1950年代〜1960年代には、Tグループの取り組み、
組織開発の規範的アプローチである組織内でのTグループ実践、システム4や
マネジリアル・グリッドの理論化と実践、組織開発のシリーズ本の出版のよう
に、組織開発が誕生して花開いた時代でした。いうなれば、組織開発の「青春
時代」といえるでしょう。
　1960年代のアメリカは、公民権運動、ベトナム反戦運動、反戦運動のつな
がりで生まれたヒッピー・ムーブメントなどの若者カルチャーなどが起こった
時代でした。公民権運動は、キング牧師による人種差別撤廃に向けた活動で、
人間尊重の価値観もその運動の基盤にありました。ベトナム反戦運動は、政府
という大きな権威に対して、若い人たちが人間尊重と民主主義を訴えるもので
した。さらに、戦争と徴兵に反対した人々が、自然な人間として自由に生きる
スタイル（長髪、野生生活、東洋思想への傾倒など）を取ったのがヒッピー・ム

94　ベニス, W. G. 高橋達男（訳）(1972). 職場ぐるみ訓練の考え方──起源・本質・将来の展望
　　── 産業能率短大出版部

ーブメントでした。

　心理学の領域でも、人間性回復運動(ヒューマン・ポテンシャル・ムーブメント)が広がり始めたのがこの時代でした。自己実現の重要性を主張したアブラハム・マズローの影響もあり、人間性や潜在能力を解放することをよしするワークショップが西海岸を中心として盛んに行われました。こうした流れが第10章で述べる、エサレン研究所でのワークショップ開発や、その後の自己啓発セミナーの乱開発にもつながっていきました。時代が人間性尊重を求めていました。

　つまり、1960年代は、人間性尊重を求める社会のニーズが追い風になって、人間尊重と民主的な価値観を有する組織開発が発展したことになります。Y理論に基づくマネジメントを行い、人間性と民主的な価値を尊重しながら、グループ（職場）をよくすることで組織がよくなる、といった方向に振り子が傾いた時代でした。

　ちなみに、第5章で検討してきたように、経営学では、機械的な管理や組織のハードな側面によるマネジメントと、人間的側面の重視や組織のソフトは側面に対する働きかけが、振り子のように交互に行きつ戻りつする、というパターンがあるとされています[95]。これまで見てきた時代よりも前の時代、つまり、1950年代よりも前は、フレデリック・テイラーが主張したような科学的管理法によるマネジメントが主流になっていました。この「テイラー・システム」などの科学的で機械的な管理に相対するものとして、1960年代は、人間的側面を重視する側に振り子が大きく振れた時代であったといえます。組織開発は、そのような時代の風に吹かれて青春時代を迎えていました。

95　クレイナー, S. 岸本義之・黒岩健一郎（訳）(2000). マネジメントの世紀　東洋経済新報社

第8章
組織開発の発展

❖キーワード
コンティンジェンシー理論／一般システム理論／診断型組織開発／コングルーエンス・モデル／ゲシュタルト組織開発／ユース・オブ・セルフ／チェンジ・マネジメント

1│組織開発をめぐる環境の変化 : 1970年代

1970年代に入り、組織開発を取り巻く状況が変わり始めました。組織開発の奉斗であるコロンビア大学のウォーナー・バークは、組織開発に大きな影響を与えた出来事について、1972〜73年のオイルショックと不景気だと指摘しています[96]。オイルショックによる不景気で、企業は短期的に業績を回復させる必要に迫られたのです。このような環境の変化の中で、「企業は戦略を持って進めていくことが大事だ」という戦略論が、経営学の中でも、そして、企業経営においても存在感を増していきました。組織開発のように、組織メンバーの関係性をよくしていくというソフトな方法を取るのではなく、環境の変化に対応できるように戦略を描き、そこに組織を従わせるといったハードな組織変革手法が好まれたのです。

また、こうした環境下で、組織論やリーダーシップ研究において台頭してきた、コンティンジェンシー理論の影響も大きく受けました。コンティンジェンシー理論は、簡単に言うと、前章で紹介した「ベストウェイ」の思想とは対極にある思想です。すなわち、「組織の変革には、ベストウェイがあるわけでは

---

[96] バーク, W. W. 小林薫（監訳）吉田哲子（訳）(1987).［組織開発］教科書——その理念と実践—— プレジデント社

なく、状況によってコンティンジェント（状況依存）に組織のよさというものは変わってくるものであるから、周囲の変化に応じて絶えず変化をさせつつ経営する必要がある」といった考え方です。

リーダーシップ研究に当てはめると、それまでのリーダーシップ研究が、どんな状況でも奏功するリーダーシップ行動がいかなるものかを明らかにしようとしていたのに対して、コンティンジェンシー理論では、「リーダーシップ行動のあり方は、リーダーが置かれた状況（例えばどのような部下に恵まれているかなど）によって、コンティンジェント（状況依存的）に変化する」と捉えました。その状況によってベストなリーダーシップスタイルは変わるものだ、というのがコンティンジェンシーのリーダーシップということになります[97]。

組織論において影響を与えたコンティンジェンシー理論は、ローレンスとローシュ[98]によるものです。彼らは、環境と適合する組織のありようについて実証的に提言しました。彼らはまず、組織のありようとして、「分化」と「統合」という側面に着目しました。分化は部門間の差であり、統合は部門間の協力の程度です。分化と統合との間には逆の関係があり、各部門の目標や仕事の内容が分化すればするほど、部門間の協働や葛藤の解決という統合は難しくなります。彼らが見出したのは、不安定な環境に適合していて高業績を上げている組織は、分化と統合の両方を有機的に高めている、というものでした。1969年には、前述したアディソン-ウェスリー組織開発シリーズの中の1冊として、

97　この考え方に基づいた代表的な理論として、フィードラーによるリーダーシップの「コンティンジェンシー理論」、ハーシーとブランチャードのリーダーシップの「SL理論」があります。
　　Fiedler, F. F. (1964). A contingency model of leadership effectiveness. In L. Berkowitz (Ed.) *Advances in Experimental Social Psychology*. New York: Academic Press.
　　Hersey, P., & Blanchard, K. H. (1969). *Management of organizational behavior: Utilizing human resources*. Englewood Cliffs, NJ: Prentice Hall. （ハーシー, P.・ブランチャード, K. H. 松井賚夫（監訳）大根田充男・衛藤芙紗子・荒井淑江（訳）（1971）管理者のための行動科学入門 日本生産性本部）
　　※原著第7版が最新の翻訳：ハーシー, P.・ブランチャード, K. H.・ジョンソン, D. E. 山本成二・山本あづさ（訳）（2000）. 行動科学の展開――人的資源の活用 入門から応用へ―― 生産性本部
98　ローレンス, P. R., ローシュ, J. W. 吉田博（訳）（1977）. 組織の状況適応理論 産業能率短期大学出版部

彼らのモデルで組織を診断していく組織開発を提言する本を出版しています。

　ローレンスとローシュがコンティンジェンシー理論を提唱したのは1960年代後半ですが、1970年代に入ると、組織開発は、「ベストウェイ」を想定する規範的な考え方から、組織にとって望ましいありようは環境との対応で変わってくるという、コンティンジェンシーの考え方に移行しました。そして、環境に適応していくために、組織の戦略を立案したり、組織の現状を診断し、見出された課題に対処していくことが重要と考えられるようになってきたわけです。これは、かつての組織開発が有していた、人間尊重の価値観と対立することがあります。かつての組織開発は、「人間尊重」、「民主的な問題解決」を無条件によしとする傾向がありましたが、それが状況によっては「真」とはいえないということになったのです。

　かくして、1960年代には、「組織のあるべき姿には正解があり、そこにたどり着く変革にはベストウェイがある」とピュアに信じていられた青春時代の組織開発は、オイルショックによる不況という外部環境の変化に影響を受け、また経営学や組織論で起こったパラダイムシフト（210ページのコラム参照）に影響を受けて、変化し始めました。

　具体的には、組織が環境との関連でどのような現状にあるかを診断するための診断モデルがいくつか提案されました。また、それらの診断モデルを用いた、または、診断モデルを用いない場合もありますが、現状についての「データ収集」、集められたデータの整理「データ分析」、その結果をきっかけとして話し合う「フィードバック」という、診断のフェイズがある診断型組織開発が確立されました（「診断型組織開発」というカテゴリー化がなされたのは後年のことです）。

　さらに、ストラテジック・プランニング（戦略を立てて実行していくこと）を行う組織変革が広がりました。人間尊重と民主的な組織というベストな状態は大切だが、戦略も重要で、環境への対応も大事……と、いわば、青春時代の組織開発が、短期的な変化や成果が求められるような社会になって大人の壁にぶつかったのが、1970年代の組織開発だったといえます。

ストラテジック・プランニングによる組織変革は、現在でも行われている、組織の戦略を立案して、それを実行していくという取り組みです。典型的な進め方としては、以下のような流れになります。

　まず、現在の環境や今後の変化を分析し、競合他社と比べた、自組織の強みや弱みも分析します。その上で、数年後に自分たちの組織が、どのような顧客に対して、どのような製品やサービスを提供して、どれくらいの成果を上げているかというビジョンを描きます。さらに、そのビジョンの実現に向けて、全社レヴェルでの短期的な目標と長期的な目標を立てていきます。ここまでのステップが戦略の立案で、それを外部コンサルタントに依頼して立案してもらう場合と、組織の内部者が行う場合があります。そして、立案された全社レヴェルでの目標を各部門や部署に落として、部門や部署が目標達成に向けて計画を立てて実行していくことになります。

　ちなみに、この当時、ストラテジック・プランニングも組織開発の1つの手法として取り入れられました。もしも戦略の立案が外部コンサルタントによって行われ、ソリューションとして提供されるなら、前述したシャインの「情報－購入モデル（専門家モデル）」に該当します。ハードな側面としての戦略が変わるだけなので、組織変革の取り組みとはいえますが、（組織開発をどう定義するかにもよりますが、ウォリックの定義に含まれる、健全性や自己革新力を高めていないので）組織開発と捉えることはできません。しかし、組織内部のメンバーが戦略を立案すること、または、外部コンサルタントによるファシリテーションを通して組織のメンバーが戦略を立案することは、組織内部者による、組織の効果性と健全性、自己革新力を高めることを目指した取り組みといえます。そして、シャインの言う、プロセス・コンサルテーション・モデルに当てはまります。よって後者は、組織開発の取り組みと位置づけることができます。組織開発は、時に応じて、その概念がさまざまに拡張されます。その様子が、ここからも見て取れます。

コラム● 経営学の理論的系譜と 組織開発の変化

　本文では、コンティンジェンシー理論が組織開発に影響を及ぼしたことを、ローレンスとローシュを中心に紹介しました。ここでは、第5章で検討した、経営学における理論的系譜の変遷が、組織開発の変化にどのように影響したかを考えてみます。そこには一般システム理論の組織開発への影響、そして、一般システム理論の経営学への影響と、経営学の組織開発への影響があります。さまざまな議論はあるとして、大雑把に把握した影響の概要を図表37に示しました。

　経営学では新古典派とされる、メイヨーの人間関係論や行動科学の諸理論には、組織内の個人や関係性に注目し、組織をシステムと捉える発想はありませんでした。そして、1960年代前半までの組織開発は、Tグループを基盤とし、行動科学の諸理論の影響を受けていて、グループやチーム、または、組織内への注目が主流でした。当時の組織開発では、組織を外部環境に適応するシステムとして捉えることは主流ではありませんでした。ちなみにリッカートは、システム1からシステム4という理論（152ページ参照）で「システム」という言葉を使っていますが、組織内に着目しており、外部環境と相互作用するオープンシステムとして組織を捉えていません。

　一般システム理論（172ページ参照）は、組織開発の源の1つである、社会技術システム・アプローチに影響しました。社会技術システム・アプローチ（172ページ参照）は、イギリスのタヴィストック研究所で発展した考え方で、人々の関係性という社会システムと、仕事の仕方という技術システムという要素で捉え、両者の同時最適を目指します。この考え方の中の、人々の関係性に働きかけるという発想が組織開発の誕生と基盤に影

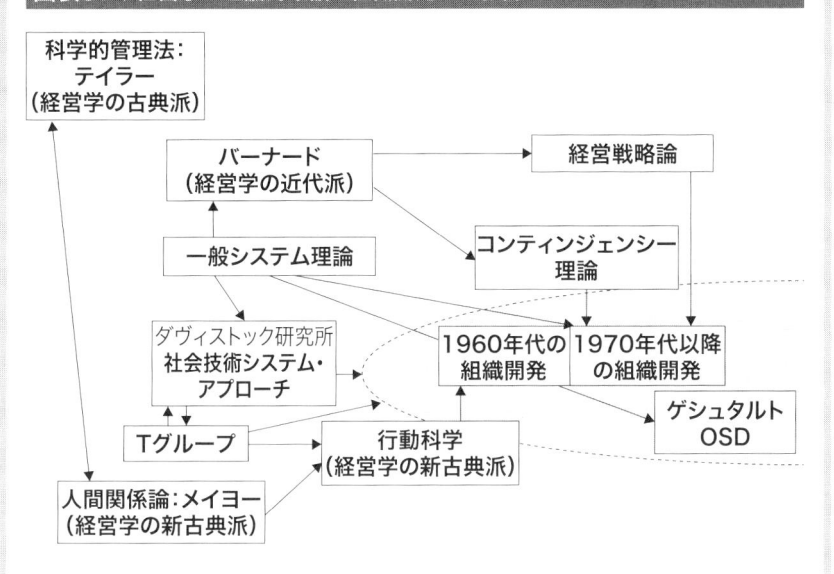

図表37｜経営学の理論的系譜と組織開発への影響

響しましたが、システムという捉え方が組織開発に影響していくのは後の
ことになります。

　経営学では、第5章の最後に紹介したように、バーナードがシステム理
論を取り入れて、組織をシステムとして捉えることを提唱しました。組織
を外部環境と相互作用するオープンシステムと捉え、組織が環境に適応す
ることが重要であるとした考え方は、経営学や組織論の中で、コンティン
ジェンシー理論と経営戦略論などに影響しました。コンティンジェンシー
理論は、本文で紹介したように、ローレンスとローシュが組織開発に適用
することで、組織開発に対して直接影響しています。そして、システムを
外部環境との関連で捉える発想は、後述する、ナドラーとタッシュマンの
コングルーエンス・モデルなどの、組織の診断モデルに採り入れられてい
きました。

さらに、経営戦略論という、環境への適応を課題としながら、組織の方向性を見定めて戦略を立案し実行するアプローチが、1960年代から経営学で注目されました。代表的な研究者はアルフレッド・チャンドラーです。彼の「組織構造は戦略に従う」という言葉は有名で、外部環境に適応するための戦略が、組織内部の構造を規定していることを主張しました。経営戦略論の発想や手法は組織開発に1970年代以降に採り入れられていきました。例えば、戦略を立案して組織メンバーに浸透させていく、ストラテジック・プランニングが組織開発でも用いられるようになりました。

　このように組織開発の考え方や手法が、社会の変化や経営学の理論的変遷に影響を受けています。これは、組織開発の理論と手法自体がオープンシステムであることの表れです。

2 | 診断型組織開発の確立

　1970年代において、組織開発はさらに発展していきました。この時代に洗練化された組織開発は、オープンシステムの考え方や組織の診断モデルの発展とともに、「診断型組織開発」として体系化されることになります[99]。診断型組織開発とは、組織の現状についてデータを集め、ときに診断モデルに沿ってデータが分析され（診断モデルを用いないでデータの整理がなされる場合もあり）、分析された結果がクライアント（職場または組織のメンバー）にフィードバックされる、というフェイズを含む取り組みのことです。

　診断型組織開発は、リッカートが行っていたような、データを取って診断してフィードバックする、サーベイ・フィードバックがもとになっています。この場合のデータは、アセスメント調査もあれば、インタビューもあり、観察する場合もあります。これらのデータを分析し、「見える化」して組織に返すわけですが、「結果はこうでしたよ」と単に通知するだけでは、組織は変わりません。組織に変革をもたらすために、「その結果を見てどう思うか」をメンバー同士が対話し、自分たちの現在の状況に気づき、この現状に対して何をするか、今後のアクションを考えていくわけです。レヴィンのアクションリサーチの考え方（142ページ参照）や、シャインの「プロセス・コンサルテーション」の発想（198ページ参照）も大きく影響しています。

　組織の現状について調査を行い、データを分析して、クライアントに結果をフィードバックするだけなら、シャインの言う「医師－患者型」に該当します。しかし、診断型組織開発では、フィードバックした結果をきっかけとして、クライアントであるメンバーが現状について理解していく対話をコンサルタント

99　当時は、この進め方が組織開発の基本とされており、「診断型組織開発」とは呼ばれていませんでした。「診断型組織開発」と名づけられたのは2009年のことです。後述するように、1990年代以降に開発されてきた、比較的新しい組織開発のアプローチ（「対話型組織開発」と呼ばれています）との対比で、診断のフェイズを含む、伝統的な組織開発のアプローチが「診断型組織開発」に分類されるようになりました。

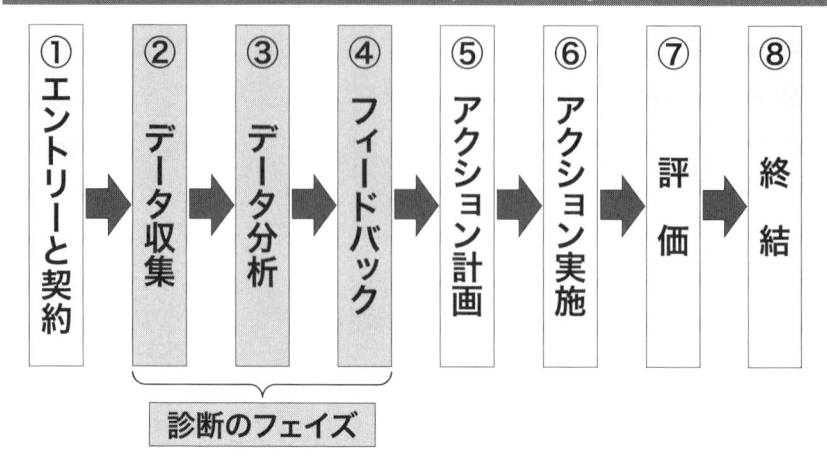

図表38 ｜ 診断型組織開発の進め方：「OD Map」（Tschudy 2006）

① エントリーと契約　→　② データ収集　→　③ データ分析　→　④ フィードバック　→　⑤ アクション計画　→　⑥ アクション実施　→　⑦ 評価　→　⑧ 終結

診断のフェイズ

（または組織内部実践者）がファシリテートして（そして、ときに対話に加わって、現状をともに理解して）いきます。現状に対するクライアントの気づきを高めることを目指し、現状での問題や課題についての理解がメンバー間で共有されたら、それらの問題や課題を解決するための取り組み（アクション）をクライアントが決めていきます。この進め方は、シャインの言う「プロセス・コンサルテーション型」に当てはまります。

　図表38は、NTL Instituteが提唱している、組織開発の進め方のモデルで、「OD Map」と呼ばれています。このOD Mapのモデルは、1970年代に確立したわけではありません。NTLが主催する組織開発のトレーニングの参加者に、組織開発の進め方のフェイズを説明するために、NTLメンバーの何人かが1990年代に整理したものです（正式に出版されたのはチュディ（2006）[100]でした）。各フェイズについて以下で紹介していきます。

100　Tschudy, T. N. (2006). An OD map: The essence of organization development. In B. B. Jones & M. Brazzel (Eds.) *The NTL handbook of organization development and change*. San Francisco, CA: Pfeiffer. pp.157-176.

①エントリーと契約

　コンサルタント、または、組織内部の実践者が、クライアントとなる職場や部門、組織の構成員と会い、クライアントの現状認識やニーズを聴くフェイズが「エントリー」です。クライアントのシステムに入っていく、という意味で「エントリー」という言葉が使われています。次に、クライアントの現状認識やニーズを理解した上で、ともに目指す状態、そのための進め方、双方の役割や責任、時間や費用などを合意するのが「契約」です。合意内容は文章に残します。ともにどのような状態を目指し、どのような支援関係で取り組んでいくか、といった心理的契約も非常に重要です。

②データ収集

　組織の現状を理解するために、質問紙調査、インタビュー、観察などを用いてデータを集めます。後述する、診断モデルを用いる場合は、診断モデルに基づいて質問紙調査やインタビューの項目を設定します。診断モデルを用いない進め方の1例はバーク（1987）に紹介されています[101]。

③データ分析

　質問紙調査、インタビュー、観察などで得られたデータを整理して、フィードバックのための資料を作成します。診断モデルを用いる場合は、診断モデルに基づいてデータが整理されます。質問紙調査による量的データは、平均値や標準偏差、バラツキ度（度数分布やヒストグラム）を算出することでデータをまとめます。インタビューで語られた質的データは、データをゆがめることなく、直観的に全体像をつかむことができるように、データをまとめていきます。

④フィードバック

　フィードバックのフェイズでは、「フィードバック・ミーティング」が行わ

---

[101]　バーク, W. W. 小林薫（監訳）吉田哲子（訳）(1987). 組織開発教科書——その理念と実践——プレジデント社（第10章に診断モデルを用いない手法の紹介あり）

れます。最初に調査結果のフィードバック（結果の報告）が行われますが、これはあくまでクライアントであるメンバー（当事者）同士の対話のきっかけだと捉えます。結果を伝える側（外部コンサルタントや内部実践者）が診断した結果をクライアントに伝える（教える）のではなく（シャインによる「医師－患者型」）、調査結果をきっかけにして当事者で対話を行い、現状について共同で診断していきます（シャインによる「プロセス・コンサルテーション・モデル」）。そして、現状でのプロセス上の問題について全員が共通の認識を持つことができたら、次のアクション計画に進みます。

⑤アクション計画

現状でのプロセス上の問題について、それを解決し、よくしていくためのアクションをクライアントが話し合い、合意していきます。アクションとして、組織開発の手法を用いた対話の場が設定されることや、日常業務の中でこころがけること、試みる行動目標を設定して、それを日常で実践することが計画されます。

⑥アクション実施

アクション計画でクライアントによって計画された（または、クライアントとコンサルタントによってともに計画された）行動や改善が実行されます。日常業務で行われる場合、話し合いの場を設けて実施される場合、仕組みや制度を構築する（変更する）場合、などが考えられます。

⑦評価

エントリーと契約の際に合意された、一連の取り組みで目指す状態にどれくらい到達しているかどうか、取り組みを通してどのような変化があったかを検討するために、質問紙調査、インタビュー調査、観察によってデータを収集します。質問紙調査の場合は、データ収集のフェイズで得られたデータとの量的比較を行います。インタビュー調査で得られたデータからは、クライアントが

アクション実施後の現状をどのように認識しているか、変化についてどのように捉えているかを分析します。それらの分析を通して、取り組みの目的や目標が達成された場合は「終結」に、達成されていない場合は「フィードバック」に（または、さらなる「データ収集」に）戻り、さらなる取り組みを進めていきます。

⑧終結

　取り組みの目的や目標が達成された場合に、または、クライアントが今後は自ら取り組んでいけるという意向を持つ場合に、コンサルタント（または組織内実践者）による支援を終結します。

　1970年代には、データを集めて分析するための枠組みとなる「診断モデル」が数多く提案されました。そして、1970年代以降に提案された組織診断モデルには、単に組織内の要因だけではなく、環境要因も盛り込まれています。そこには、システム理論やコンティンジェンシー理論の影響があります。コンティンジェンシー理論によれば、理想の組織の状態とは、その組織が置かれた環境や状況との間で決まってくると捉えるので、あるべき組織の姿や、そこに至る過程はそれぞれの組織で異なってくると考えます。組織にとって最適な組織開発を進めていくためには、環境の状況と組織内の状態がどのようになっていて、どのような適合があるのかを考慮して診断する必要があると考えられるようになったのが1970年代の特徴です。

　環境の要因を含めた診断モデルはいくつかありますが、その中の1つとして、ナドラーとタッシュマンによる「コングルーエンス・モデル」[102]を紹介していきます（図表39参照）。

　コングルーエンス・モデルの「コングルーエンス」とは、「調和する」という意味です。このモデルでは、組織はオープンシステムであり、インプット（環

102　Nadler, D. A., & Tushman, M. L. (1980). A model for diagnosing organizational behavior. *Organizational Dynamics, 9,* 35-51.

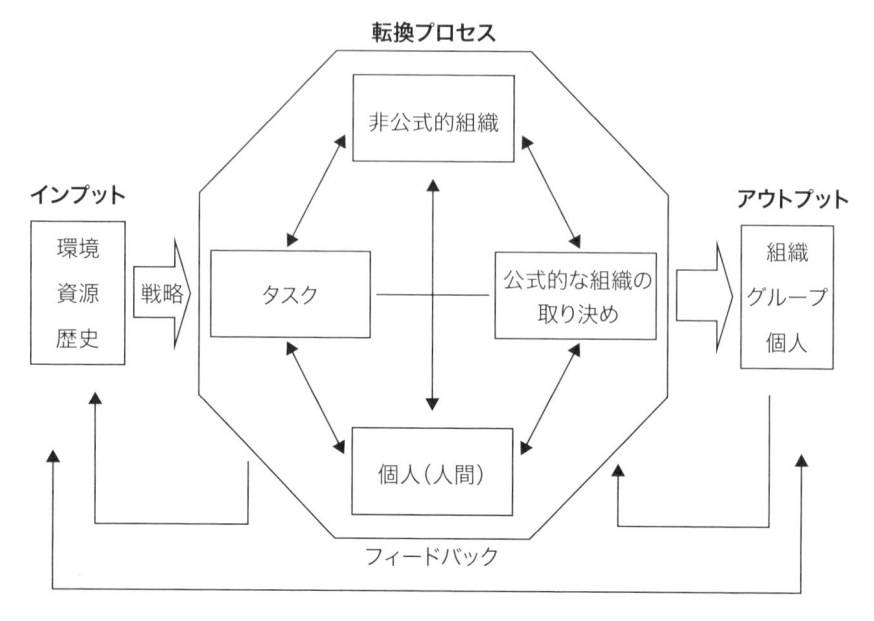

出典：バーク（1987）p.249[103]

境、資源、歴史などを含む）から戦略が形づくられ、組織が環境に何らかのアウトプットをしていくと想定しています。インプットでは、①環境（政府による規制、市場や競合他社、親会社からの指示や関係）、②資源（組織にとって入手可能なリソースで、金や資産、設備、テクノロジーなど）、③組織の歴史、④戦略（時の経過の中で展開・進展を重ねてきた戦略）の４つの側面を設定しています。

　組織の中の側面として、①タスク（仕事）、②個人（人間）、③非公式的組織、④公式組織の取り決め、の４つを設定しています。①タスクとは、業務の内容や、適切に遂行するために必要な情報などです。②個人（人間）とは、従業員のスキルや専門性のレヴェル、パーソナリティや態度、モチベーションなどで

103　バーク, W. W. 小林薫（監訳）吉田哲子（訳）(1987). 組織開発教科書——その理念と実践——プレジデント社

す。③公式組織の取り決めには、マネジメントや業務運営上の構造、職務設計や業務手順、報酬制度などの公式の仕組みが含まれます。④非公式組織とは、組織内の人間関係で、組織内の文化や風土、非公式的なネットワークやパワーなどです。

アウトプットは、①組織（組織が目標をどれくらい達成し、環境の変化にどれくらい対応しているかなど）、②グループ（部署や部門はどれくらい仕事をしているか、どれくらい効果的にコミュニケーションをし、協働しているか）、③個人（個人がどのように行動しているか、たとえば、転退職率、無断欠勤率、個人の業績など）を想定しています。

コングルーエンス・モデルでは、各側面の間がどれくらい調和しているか、例えば、組織内の４つの側面がお互いにどれくらい調和しているか（タスクの内容や難易度と個人の能力やスキルが見合っているか、公式的な仕組みが個人のモチベーションとフィットしているか、など）、インプットと組織の転換プロセス、そして、アウトプットとの間はどれくらい調和しているか、などの調和の程度に注目していきます。

この診断モデルを用いて進める場合は、「データ収集」の段階で、このモデルが想定する各側面についてクライアントにインタビュー調査を行い、現状についてのデータを集めていきます。そして、得られたデータをこのモデルに当てはめながら、各側面での現状がどうなっているか、そして、側面間の調和の程度がどのようになっているかを分析していきます。

次に「フィードバック」では、最初にこのモデルについて簡単に説明をします。そして、分析結果を簡潔に伝えた後、結果を聞いて気づいたこと、日頃から感じていることをクライアントであるメンバー間で対話してもらいます。このモデルを用いた診断結果は、メンバーがともに対話を行っていく際のきっかけだと捉え、対話を通して組織の現状で何が問題かを共有していきます。診断モデルを用いると、クライアントが同じ言葉を用いながら、組織の現状や問題点について対話することが可能になります。

この時期には、コングルーエンス・モデルのみならず、さまざまな診断モデ

ルが提唱されました。環境の要因を加味した診断モデルで、よく用いられてい
るものとしては、他には「ワイスボードの6ボックスモデル」[104]があります。
ワイスボードもNTLメンバーで、若い頃にTグループに取り組み、1970年代
には診断型組織開発を実践しました。後で解説しますが、1990年代には「フ
ューチャーサーチ」という対話型組織開発の手法を開発して推進するという、
組織開発の変遷の歴史をそのまま歩んできたような実践者です。

このように1970年代の組織開発は、環境への適合も考慮に入れて組織を診
断し、問題点に気づいて、それらを変えていくアクションに取り組む形として
体系化ました。

かくして組織開発は、1960年代の「ベストウェイ」が決まっていたアプロ
ーチから、診断型組織開発に進化したことになります。

3｜組織開発実践者のためのトレーニング

1960年代は、組織開発の基盤を築いたパイオニアたち（マクレガー、ベック
ハード、シェパード、ベニス、リピット、リッカート、ブレークとムートン、シャ
インなど）や、彼らに学び、ともに実践した人々によって発展し、推進されて
きました。1970年前後からは、組織開発を学ぶ場が増えていきます。

たとえば、NTL Instituteは1967年に組織開発実践者向けのトレーニングを
始めました。1970年代に入ると、組織開発全般だけではなく、プロセス・コ
ンサルテーションやラージシステム変革などの、より焦点づけられたワークシ
ョップも開始しました。これらが、現在NTL Instituteが主催している、NTL
組織開発サーティフィケート・プログラムにつながっていきました。また、
171ページで述べたように、イギリスでの組織開発実践者養成の中心はタヴィ
ストック研究所であり、「グループ・リレーション・カンファレンス」が1950
年代から継続して行われています。

104　Weisbord, M. R. (1976). Organizational diagnosis: Six places to look for trouble with or
without a theory. *Group and Organization Studies*,1, 430-447.

現在では、多くの機関が組織開発実践者のトレーニングを提供しています。

　その中でも、実践者のプロセスに気づく力を養うことをねらいにしたものが、ゲシュタルト組織開発のトレーニング・プログラムです。ゲシュタルト組織開発は、ゲシュタルト療法と組織開発が出会うことで育まれたアプローチで、クリーブランドにあるゲシュタルト研究所において、エドウィン・ネーヴィスによって体系化されました。そして、クリーブランド・ゲシュタルト研究所では、1978年からゲシュタルトOSD（organization and system development）のトレーニング・プログラムをスタートさせています。ゲシュタルト組織開発については次ページからのコラムをご参照ください。

　1970年代には、組織開発の学位プログラムとして、大学院の修士課程で組織開発を学ぶことができるコースも設置されました。組織開発を学ぶことができる大学院修士課程プログラムが最初に設置されたのは1975年で、ケース・ウェスタン・リザーブ大学、ペパーダイン大学、ボーリング・グリーン州立大学で始まりました。この中でも、ケース・ウェスタン・リザーブ大学のコースは現在、「ポジティブ組織開発と変革」修士課程という名称で、後に紹介するクーパーライダーも教えています。

　NTL Instituteはアメリカン大学と共同で、1980年から組織開発の修士課程プログラムを実施していました（両者による共同運営は2010年代の初めまで継続されましたが、現在ではアメリカン大学のみによって運営されています）。

　このように、組織開発実践者向けの体系化されたトレーニングが始まったのが1970年代でした。この教育の機会によって、組織開発実践者の人材開発がなされ、アメリカでの組織開発の発展につながっていきます。現在もアメリカには、組織開発の修士号を取得できる大学院が10コース以上あります。

コラム●ゲシュタルト組織開発について

　クリーブランドにはゲシュタルト研究所があり、ゲシュタルト療法の実践や研究が行われていました。この研究所は、ゲシュタルト療法の創始者フレデリック・パールズによって1954年に開設されました。

　また、同じくクリーブランドのケース・ウェスタン・リザーブ大学（1950年代はウェスタン・リザーブ大学）には組織行動論の大学院があり、エドウィン・ネーヴィス（228ページ参照）はそこで博士号を取得した後に、リチャード・ウォーレンとともに、ゲシュタルト療法の考え方を組織のコンサルティングに応用する取り組みを1959年から試みました[105]。

　ゲシュタルト組織開発は、ゲシュタルトODまたはゲシュタルトOSDと呼ばれています。OSDはorganization and system developmentの略です。OSDは「組織とシステムの開発」、つまり、個人レベルや対人レベル、グループレベル、組織レベルなど、さまざななシステムのレベルを対象としていることを強調している名称です。

　ゲシュタルト組織開発では、ゲシュタルト療法の考え方を組織開発に応用することで、「今ーここ」で起こっていることに対する気づきを高めることを目指します。ゲシュタルト組織開発は、ある特定の手法ではありません。組織開発実践者の気づきを高めるための考え方（原理）とトレーニングがひとまとまり（body）となったものが、ゲシュタルト組織開発（ゲシュタルトOSD）と呼ばれるものです。

　ゲシュタルト組織開発の中核となる考え方は、①経験のゲシュタルト・

---

[105]　エドウィン・ネーヴィスは、1960年代から1970年代にかけてゲシュタルト組織開発を体系化しました（出版されたのは1987年になってからでした）。そして、クリーブランドのゲシュタルト研究所では、1978年からゲシュタルト組織開発のトレーニング・プログラムが開始されました。

サイクル、②ユース・オブ・セルフとプレゼンス、です。他にも、ユニット・オブ・ワーク（1つの取り組みを完結させることを重視する考え方）、発達とフェイズに関する理論（Carter's Cubeというモデル）、抵抗についての理論などがあります[106]。

　以下では、①経験のゲシュタルト・サイクル、②ユース・オブ・セルフとプレゼンス、について詳しく見ていきます。

①経験のゲシュタルト・サイクル

　経験のゲシュタルト・サイクルは、クリーブランドのゲシュタルト研究所においてゲシュタルト療法で用いられる理論です。

　経験のゲシュタルト・サイクルでは、地から図となり、また地になっていく認識の過程について、図表40にあるような7ステップを想定しています（「地」と「図」については119ページ参照）。①感覚、②気づき、③エネルギーの高まり、④アクション、⑤コンタクト、⑥解消・終結、⑦引きこもり、です。中村（2012）の例を用いながら、このサイクルを以下で紹介していきます。

　まず、個人の中の欲求や感情、または、周りの環境にあるさまざまな物や人について、私たちが焦点を当てていないものは「地」になっています。

　①感覚のステップは、あるものがおぼろげに焦点づけられ、図になりつつある状態。例えば、暑い夏に仕事を終えた後、疲れと渇きを何となく意識しつつある状態がこれに該当します。②気づきのステップでは、おぼろ

106　ゲシュタルト組織開発の考え方については、以下の論文または講演録で紹介されています。
　　中村和彦（2012）．ゲシュタルト組織開発とは何か　人間関係研究（南山大学人間関係研究センター紀要），11, 96-115.
　　ジョン・カーター他（2018）．ユース・オブ・セルフを高める——ゲシュタルト組織開発の考え方——　人間関係研究（南山大学人間関係研究センター紀要），17, 131-160.

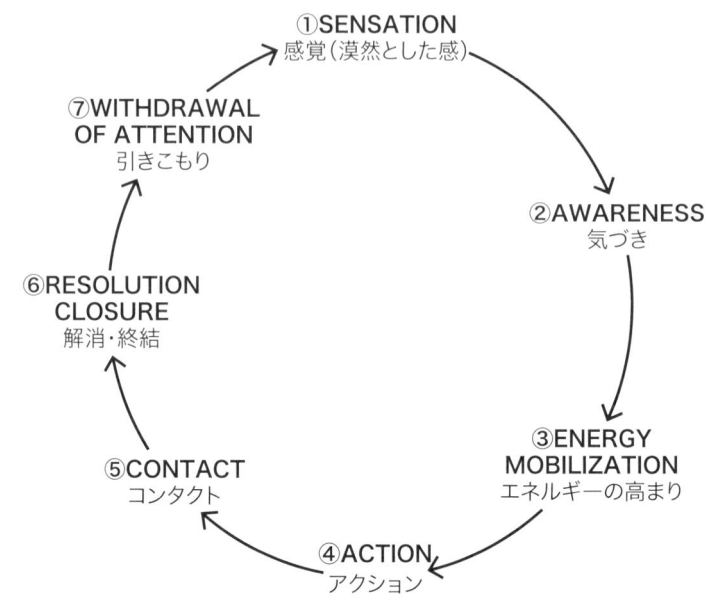

図表40 | 経験のゲシュタルト・サイクル

①SENSATION
感覚（漠然とした感）

⑦WITHDRAWAL
OF ATTENTION
引きこもり

②AWARENESS
気づき

⑥RESOLUTION
CLOSURE
解消・終結

③ENERGY
MOBILIZATION
エネルギーの高まり

⑤CONTACT
コンタクト

④ACTION
アクション

出典：Nevis（1987）p.2[107]

げに焦点づけられていたものが明確な「図」となり、それが何かを認識します。たとえば、今とても喉が渇いており、冷たいビールを飲みたいと感じていることについて明確に気づきます。③エネルギーの高まりのステップでは、行動に移るまでにエネルギーが高まるかどうかが鍵となります。図となった気づきやニーズは、何らかの行動がない限りは充足されず、解消されません。たとえば、ビールを飲みたいというニーズに気づきながらも、冷蔵庫にあるビールやジョッキを取りに行き、つまみを準備するまでにエネルギーが高まらなければ、次の④アクションのステップには移行し

107　Nevis, E. C. (1987). *Organizational cousulting: A gestalt approach*. Cambridge, MA: Gestalt Press.

ません。

　④アクションのステップでは、個人が何らかの行動をすることによって、個人と環境との間に相互作用が起こります。例えば、喉の渇きを潤すために、冷えたグラスに冷えたビールを注ぎ、飲みます。ビールを飲むというアクションを実行することで、個人と外界（環境）との境界（バウンダリー）で起こるのが⑤コンタクトです。喉という個人の身体の一部と、ビールという外界との境界で起こる、爽やかでスッキリとした感覚や、それによって身体がリラックスするなどの変化が起こることがコンタクト（＝接触）です。気づきが明確で、エネルギーが高まり、アクションが適切なほど、高いコンタクトが起こります。そして、ニーズが充足されることで⑥解消・終結となり、図となっていた、喉の渇きやビールを飲みたいという欲求は⑦引きこもり、地となっていきます。

　ゲシュタルト組織開発の特徴は、この経験のゲシュタルト・サイクルを、グループや組織のレヴェルにも適用していることです。例えば、ある職場での仕事の仕方として、ある手順に不具合がありながらも、その手順について上からやれと言われているために、仕方なくこなしていたとします。①感覚では、個々のメンバーがその手順について何となくおかしいと思っている状態です。そのような状態の中、組織開発の取り組みとして仕事の仕方について職場のメンバーで対話をする場が設けられました。対話を通して、他のメンバーもその手順について問題だと感じていることがわかり、手順に不具合があることについて②気づきが共有されます。「このままでは不具合が続き、よくないから何とかしよう」という声がメンバーから出て、③エネルギーの高まりが起こります。そして、メンバーが自分たちで新しい手順を考え、上に提案するという④アクションが取られました。⑤コンタクトとして、自分たちで新しい手順を考える経験を通しての一体感の高まり、上に提案して承認される経験を通しての当事者意識の高まりが

起こりました。そして、新しい手順で仕事をすることにより効率性が高まるという変化が起こりました。つまり、コンタクトとは、変化であり学習なのです。そして、古い手順による不具合という問題は⑥解消され、その問題（図）は⑦引きこもって地となっていきます。

　ゲシュタルト組織開発では、この経験のゲシュタルト・サイクルの考え方を用いて、「今－ここ」で自分自身が、他のメンバーが、または、自分とクライアントとの間で、気づきがどれくらい高まっているか（共有されているか）、エネルギーがどれくらい高まっているか、アクションがどれくらい共有されているか（高いコンタクトが起こるアクションかどうか）、コンタクトがどのように起こっているか、を見ていきます。このように、「今－ここ」で起こっていることをスキャンするための視点を、この考え方が提供してくれます。

②ユース・オブ・セルフとプレゼンス

　ユース・オブ・セルフ（use of self）とは、ネーヴィスが提唱し、ゲシュタルト組織開発で重視されている考え方で、今や組織開発全体でも強調されている、組織開発実践者の姿勢です。

　ネーヴィスは**「ユース・オブ・セルフとは、他者に影響を及ぼしていくために、自らの観察、価値観、感情などに基づいて動くこと」**（Nevis 1987, p.125）と定義しました。組織開発実践者が「自らの価値観や感情に基づいて動く」という言葉をそのまま捉えると誤解が生じます。価値観とは、組織開発で重視されている価値観（人間尊重の価値観、民主的な価値観、クライアント中心の価値観）です。また感情は、「今－ここ」で起こっているプロセスのサインとして用いられます。自分の中にイライラが起こったとすると、それは何らかのサインであり、イライラが起こっている「今－ここ」の状況をスキャンして、何が起こっているかに気づき、その気づき

を活かして働きかけていく、ということになります。つまり、組織開発実践者自身の中で、そして、自分自身とクライアントとの間で起こっている「今－ここ」のプロセスについて、観察を通して気づいたことや、自分の感情を通して気づいたことを用いていく姿勢や態度が「ユース・オブ・セルフ」です。

　通常のコンサルティングでは、コンサルタントはアセスメントや構造化された手法などの定型化された道具を用います。一方で、ゲシュタルト組織開発では、変革の道具はセルフ（自分自身）であり、組織開発実践者の「今－ここ」での体験であると考えています。

　ユース・オブ・セルフを通して立ち現れ、他者に経験されるのがプレゼンスです。組織開発実践者が、自らの外見、経験、気づき、行動を通してクライアントに影響していきますが、クライアントを喚起し、気づきや影響を与え、クライアントに魅力を感じさせることができるありようがプレゼンスです。「存在感」と訳されることが多いですが、意味が少し異なる部分もあります。例えば、クライアントにとってあまりに異質で存在感が大きすぎる場合は、クライアントに魅力を感じてもらえません。「存在感」という日本語よりも、「影響することができる存在」という言葉のほうが、プレゼンスが意味するところに一致しています。

　ゲシュタルト組織開発では、組織開発実践者が自身のユース・オブ・セルフをいかにしていくか、そして、自身のプレゼンスをいかに高めていくかを探究し、取り組んでいきます。そういう意味では、自己成長や自己探究のトレーニングといえます。現在では、ゲシュタルトOSDセンター（クリーブランド）や、ネーヴィスが設立したゲシュタルト・インターナショナル・スタディ・センター（マサチューセッツ州ケープコッド）が体系的な連続プログラムを開催しています。

エドウィン・ネーヴィス

Edwin C. Nevis　1926〜2011年

アメリカの組織開発実践者および研究者。ゲシュタルト組織開発を体系化した、「ゲシュタルト組織開発の父」。1950年代半ばからクリーブランドにおいて、リチャード・ウォーレンとともにコンサルティングに従事した。ウォーレンはNTLメンバーでTグループのトレーナーでもあり、ゲシュタルト療法のトレーニングをフリッツ・パールズとともに積んでいた人物だった。2人はゲシュタルト療法の概念をコンサルティングやトレーニングに応用し、ゲシュタルト組織開発の礎をつくった。

ネーヴィスは、のちにMITで教鞭を執るとともに、マサチューセッツ州ケープコッドでGestalt International Study Centerを設立した。

主な著書：Nevis, E. C. (1987). *Organizational cousulting: A gestalt aproac*h. Cambridge, MA: Gestalt Press.

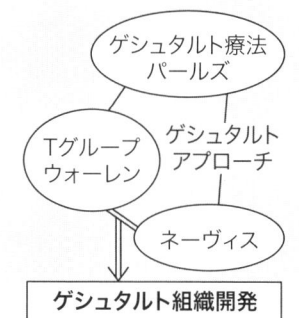

4 | 組織開発の「風呂敷化」が進む：1980年代

　既述してきたように、組織開発にはさまざまな理論や手法が取り入れられ、ここに至るまでさまざまなアプローチの「混成体」として発展してきました。しかし、これが1980年代になると、さらに加速していきます。それを後押ししたのは「企業の強いニーズ」です。

　組織開発は、企業からのさまざまな現実的なニーズに応える形で、さらに多様なものを取り込んでいきます。組織開発という言葉が、その枠組みが外れ、どんなものでも包摂する「風呂敷」のように利用され、消費されたのは、この時代からかもしれません。

　まず、組織開発は「人的資源管理」の考え方を包み込みました。組織開発が1980年代に取り込んだ代表的なものの1つが、人を戦略的な資源として捉え、目標設定や業績管理制度、評価や報酬の仕組みなどを設計、管理することで成果の創出につなげようという、人的資源管理（human resource management：HRM）の考え方です。それまでの主流な考え方は、採用と教育、給与制度、福利厚生、労使関係の調整などを管理するという、人事管理の発想でした。この伝統的な人事管理に代わって、アメリカでは1980年代になってから人を資源（リソース）と見る、人的資源管理にシフトしました。

　伝統的な人事管理と、人的資源管理の考え方の違いは、前者は人を入れ替え可能だと捉えますが、後者は人を開発可能な資源だと捉えるところにあります。そして、人的資源管理では、人材開発、組織文化や従業員間の関係も重視しています。シンプルに表現すると、人事管理が、人材開発や組織開発の発想を含み込んで発展したのが、人的資源管理論だといえます。そして、その人的資源管理の考え方を組織開発が取り込んだことになります。

　その結果、人材の募集や採用、計画的な人事配置、報酬の仕組み、福利厚生などによって、人のモチベーションをマネジメントしていく取り組みも、組織

開発の取り組みとして実施されるようになりました。

　アメリカで人的資源管理、人材開発、キャリア開発の考え方が進展して、それらが組織開発に取り込まれたため、組織開発という「風呂敷」はさらに広がっていきました[108]。

　もう1つ、アメリカの組織開発が取り込んだものとして、TQC（総合的品質管理）やQCサークルなどの品質管理の仕組みと活動があります。当時は日本が経済的に非常に強く、「日本から学べ」という時代であったため、日本から逆輸入される形でアメリカに入っていきました。QCサークルは、米国では組織開発の1つの手法として捉えられています。

　振り返ってみると1980年代は、組織開発にとって、どこか「宙ぶらりんの中間管理職」のような時代であったともいえます。

　人間尊重と民主的な価値観に根ざしながら人間的側面に働きかける取り組みも重要だが、戦略、品質管理などの業務手順や仕組み、人事制度など、あれもこれも大事だ、という、風呂敷の中にさまざまなものを含めた状態でした。

　いろいろなアプローチや手法を取り込みながら、ハードな側面（制度や業務手順、構造）を変えたり、新しい手法を取り入れたりしてきた時代だったわけです。組織開発は、さまざまな現実的なニーズに対応して風呂敷を広げていっ

108　人材開発（人的資源開発）は、20世紀中盤の戦中・戦後の工業製品の大量生産に呼応するための工場労働者の確保のために取り組まれた実践であり、当初は「個人レヴェル（の学び）への介入」を対象にしていました。しかし、その後、概念拡張が繰り返され、現在では、人的資源開発とは「個人・チーム・業務プロセス・組織システムの生産性を改善・開発させるプロセス」とされる傾向があります。要するに、人材開発が、組織開発を内包する実践として意味づけられ始めているということです。先ほどの記述と重ね合わせて考えるのであれば、組織開発側からすれば、人材開発はその構成要素の1つであり、人材開発の側から見れば、組織開発もその構成要素の1つということになります。しかし、この相互の「取り込み合戦」ほど不毛なものはありません。大切なことは、不毛な争いを避け、経営・現場の改善のために人事プロセスをいかに最適化し、workさせることができるか、という視点だと思います。
　Swanson, R. A., & Holton III, E. F. (2010). *Foundations of Human Resource Development*. Oakland, CA: Berrett- Koehler.
　中原淳（2015）. HRDとOD 日本労働研究雑誌　2015年4月号（No.657), 48-49.

た結果、人間的側面への着目が薄まり、結果として組織開発としてのアイデンティティを失っていったかのようにも見えます。そのため、「組織開発は雑多すぎる」という批判を浴びることになります[109]。

5 | 組織開発は死んだ!?：1990年代

1990年代は、組織開発にとって苦しい「冬の時代」でした。1980年代に人的資源管理（HRM）の考え方やTQCといわれる品質管理の仕組みなど、多様なものを取り込んだ結果、「組織開発は雑多すぎる」といわれるようになってきたところで、組織開発は次第に色あせていきました。組織開発があらゆるものを「包摂」していくことは、組織開発が、その「境界」と「実態」を失うことにもつながりかねない危険な行為でもあります。組織開発は次第にアイデンティティを喪失し始め、「チェンジ・マネジメント」と呼ばれる変革論の波に完全に飲み込まれていきました。

1980年代以降のアメリカでは、大手コンサルティング会社が、「リエンジニアリング[110]」などの手法を用いて企業の変革を行う際に、「チェンジ・マネジメント」というラベルを用いました（Marshak, 2005）。「チェンジ・マネジメント（変革マネジメント／変革管理）」という言葉は、日本ではいろいろな意味

---

[109] 組織開発が雑多であるという批判は、実は1970年代からありました。1980年代にさらに雑多になったということになります。
Kahn, L. R. (1974). Organization development: Some problems and proposals. *The Journal of Applied Behavioral Science,* 10 (4), 485-502.

[110] 「リエンジニアリング」（または「ビジネスプロセス・リエンジニアリング（BPR）」）とは、企業活動や業務の流れを根本的に見直し、再設計すること。1980年代のアメリカで生まれ、1990年代に発展しました。バランスド・スコアカードなどの手法が用いられます。Marshak（2005）は、これらの手法や「チェンジ・マネジメント」の考え方が経済的な価値観に基づくと位置付け、人間尊重の価値観に基づく組織開発と対比しました。
Marshak, R. J. (2005). Contemporary challenges to the philosophy and practice of organization development. In D. L. Bradford & W. W. Burke (Eds.) *Reinventing organization development: New approaches to change in organizations.* San Francisco, CA: Pfeiffer. pp.19-42.

ジョン・コッター

John P. Kotter　1947年〜
アメリカの経営学者。変革のマネジメント
と企業におけるリーダーシップ論の権威。
ハーバード大学ビジネススクール名誉教授。
「変革の8段階モデル」を提唱したことで
知られている。
主な著作：梅津 祐良（訳）（1991）．変革
するリーダーシップ──競争勝利の推進者
たち── ダイヤモンド社
梅津 祐良（訳）（2002）．企業変革力 日
経BP社

で使われています。ここでは「チェンジ・マネジメント」を、1980年代以降
のアメリカで発展した、トップやコンサルタント主導で組織全体の活動や業務
を根本的に見直して、計画的に変革するアプローチとします。

「チェンジ・マネジメント」では、「バーニング・プラットフォーム」（燃えさ
かる海上石油基地）という言葉がよく用いられます。北海油田にある海上石油
基地で起きた火災で、深い海に飛び込んで助かった人々がいたというエピソー
ドがその由来です。燃えさかる場所にいるような危機感を社員に与え、組織が
変わるためには、社員全員が海に飛び込む覚悟で変革に取り組む必要があるこ
とを意識づけます。そして、段階を踏みながら、全組織的な再設計や変革を計
画的に推進するマネジメント手法です。

　変革を段階的に進めていく、代表的な進め方の1つが、コッターによる8段
階の変革プロセスです（図表41参照）。変革は、社員の危機意識を生み出すこ
とから始まります。そして、パワーをもつリーダーたちから構成される、変革
推進のための連帯チームを築き、そのチームによって優れたビジョンが検討さ
れます。明確にされたビジョンは、社員に周知徹底され、その実現に向けて社

図表41 | コッターの8段階モデル

1. 危機意識を高める
2. 変革推進のための連帯チームを築く
3. ビジョンと戦略を生み出す
4. 変革のためのビジョンを周知徹底する
5. 従業員の自発を促す
6. 短期的成果を実現する
7. 成果を生かして、さらなる変革を推進する
8. 新しい方法を企業文化に定着させる

出典：コッター 梅津祐良訳（2002）p.45[112]

員が行動し、業務の見直しをするように促します。このように、「チェンジ・マネジメント」では、トップやコンサルタント主導での、段階的で徹底した変革推進がなされます。

「チェンジ・マネジメント」は1990年代のアメリカで隆盛を誇りました。マッキンゼーやボストン・コンサルティング・グループといったコンサルティング・ファームが企業に入り込み、大規模に組織を変革していく取り組みを展開していきました。

　このような中、組織開発は苦境に立たされます。アメリカ企業の組織開発部門の中には廃止されるところもあり、内部の組織開発実践者は職を失うか、または、HR部門のHRD（人材開発部門）として配置されるなどが起こりました。外部の組織開発コンサルタントも仕事を得ることが難しくなったという指摘もされています[111]。人間尊重で民主的な価値観を持っていたピュアな組織開発は、

自身のアイデンティティを失いかけ、組織開発の研究者自身も「組織開発は岐路に立っている」と言い、組織開発の外からは「ODは死んだ」とまでいわれました。

1990年代は、組織開発にとって「冬の時代」といってもいい時代ではありましたが、一方で、再評価の流れも出てきていました。それが注目されるにはあと10年の時が必要でしたが、同時期、社会構成主義（286ページ参照）をベースにしたAI（アプリシエイティブ・インクアイアリー）やオープン・スペース・テクノロジーなど、さまざまな新しい組織開発のアプローチが生まれ始めた時代でもありました。組織開発にとっては「苦しい時代」でしたが、一方で、「新たな胎動」が聞こえ始めていたのも、また事実です。社会構成主義に基づく新しい組織開発については、第11章で解説します。端的に申し上げれば、リッカートのような、客観的な測定手段によって、組織の現実を測定できる、という考え方（＝「客観主義」）に異が唱えられ、組織メンバーの当事者たちのつくり出す未来や現実に焦点が当たった組織開発が実践され始めました。

111　Alban, B. (2003)．The future. In M. Wheatley, R. Tannenbaum, P. Y. Griffin, & K. Quade (Eds.) *Organization development at work: Conversations on the values, applications and future of OD*. San Francisco, CA: Pfeiffer. pp.113-136.
Wirtenberg, J., Abrams, L., & Ott, C. (2004)．Assessing the field of organization development. *The Journal of Applied Behavioral Science*, 40 (4)，465-479.
112　コッター, J. P. 梅津祐良（訳）(2002)．企業変革力　日経BP社

第9章
日本における組織開発

❖キーワード
感受性訓練／職場ぐるみ訓練／ファミリー・トレーニング／QCサークル／TQC

1 | Tグループの日本への導入

　さて、今度は目を日本に転じます。

　日本での組織開発は、アメリカから10年ほど遅れるような形で取り入れられ、発展していきました。初めてTグループが日本に導入されたのは、1958年のことです。それは、キリスト教教育世界大会の一環で、アメリカの聖公会の出資によって行われたものでした。当時のアメリカでは、キリスト教の聖公会が牧師の教育を目的としたTグループを、NTLの協力のもとで盛んに行っていました。これを日本でも広めようということで、アメリカやカナダの聖公会に所属するトレーナーたちが来日し、参加者として英語ができる日本人牧師が集められ、2週間のTグループが英語で行われました。

　その後、この第1回のTグループを体験した人たちが、「Tグループを日本でも広めるべきだ」という思いから、立教大学の中にTグループを実施しながら牧師の教育をする場を立ち上げました。それが立教大学キリスト教教育研究所（JICE）です。1960年代に入ってからは、日本語による牧師向けのTグループが始まり、さらには一般の人も参加できるようになって、立教大学JICEは当時、日本でのTグループ実践の中心となっていきました。

　このように、Tグループは当初、キリスト教教育の流れで日本に入ってきた

わけですが、その後、産業能率短期大学がそれとは形式上は似ているものの、異なるものを輸入します。それが「感受性訓練（ST）」です。

感受性訓練は、1963年にUCLA（カリフォルニア大学ロサンゼルス校）のマサリック[113]教授を産業能率短期大学が日本に招聘したことで、ビジネス界に広がっていきました。第6章で紹介したように、STはTグループから派生したものであり、グループでのトレーニングを通して個人の感受性を高める、というコンセプトでアメリカの西海岸を中心に実践されていました。これに対して、Tグループは、あくまでグループ・ダイナミックスを用いて、組織メンバーの関係性を高めることを目的に行われます。しかし、外から見た場合、見た目はそっくりであったため、それらはあまり区別なく普及していきました。

当時、日本のビジネス界は、高度経済成長まっただ中でした。モノをつくれば、とにかく売れた時代。働けば働くほど、儲かった時代であったため、それに符合するような社員の新しいトレーニング手法が求められていたところでした。高度経済成長が進展する中で「会社のために一生懸命、情熱的に働く猛烈社員を育てたい。本音で語り合い、高め合う熱いチームをつくりたい」といったニーズが、当時、大きくなっていました。そこに、多くのアメリカ企業で行われている「社員が劇的に変わる新しいトレーニング」といったふれこみでSTが日本に紹介されました。ここに名だたる大企業が飛びつきます。さらに、ここに新たな企業内教育の市場が生まれたと見た多くの民間教育産業、講師たちが飛びつきました。1968年頃から70年代初めにかけてはSTブームといわれるほど、STは多くの企業で盛んに取り入れられていました。

しかし、すぐに問題が表面化します。これらのワークショップを行う人が提供する教育の質が、高まる市場のニーズに追いつきませんでした。軍隊出身のトレーナーの中には参加者に対して暴力を振るったり、自殺者を出す人が出る

---

113 Fred Massarik（フレッド・マサリック）1926〜2009年
　　カリフォルニア大学ロサンゼルス校（UCLA）にて感受性訓練（ST）の実践、研究を行う。
　　1963年に来日し、日本の産業界にSTを広めた。

など、STはすぐに社会問題を引き起こしました。トレーナーの質の低さが、ただちに問題として顕在化したのです。1972年頃をピークとして、企業でのSTの実践は下火となっていきました。

　当時の日本での組織開発というラベルの使用は、STとともにありました。そして、STは外見上、Tグループにそっくりでした。かくして、STやTグループなどの集中的グループ経験を用いた学習に対する魅力が失われていきます。「STはだめだ、Tグループは危ない」と一気にブームは下火となってしまったのです。

　この時、いったい何が起こっていたのでしょうか。少し詳しく見ていきたいと思います。ここで、この問題を私たちが直視したいのは、これからの日本において、組織開発が健全に発展してほしい、という思いからです。

　読者のみなさんは『心をあやつる男たち』という本をご存じでしょうか[114]。この本は組織開発に興味がある方には、ぜひ読んでいただきたい1冊です。これは1960年代から70年代の日本で行われた、問題のある組織開発、社員研修、トレーニングについて記したノンフィクションです。

　軍隊経験のあるトレーナーが、STの手法を用いて、企業から派遣された参加者たちの自己変容を促す目的で、グループの中でつるし上げたり、自己開示が足りないことを理由に暴力を振るったりするような厳しい研修を開発して実践しました。やがて、その厳しい研修は、「人が変わったようになる」と評判を博します。しかし、研修中、研修後に人格が崩壊したり、精神を病む参加者が現れ、最終的には自殺者まで出てきて、社会的な問題となるまでの経緯が詳しく記されています。

　下記に同書から、当時のSTの様子を引用してみましょう。

114　福本博文（1993）．心をあやつる男たち　文藝春秋

福本博文
心をあやつる男たち
文春文庫

　STを導入する企業の社員たちの間で、その得体の知れぬ訓練は恐怖の的になっていた。暴力を行使するのは、堀田だけではなかった。メンバー同士が殴り合うのも、日常的な光景だった。

　「貴様ぁ！真剣にやっているのか。前に出て、足を半歩ひらけ。いま気合を入れてやるから、歯を食い縛れ！」

　受講者の大半は、戦争を体験している。〈チェンジ〉した古参兵が、初年兵に向かって容赦なく「愛の鞭」をふりかざした。

　「ありがとうございましたぁ！」

　おれも殴ってくれ、という者までがあらわれるのだ。

　（中略）

　「先生に殴ってもらわなければ、恥ずかしくて会社に戻れません。どうか、気合を入れて殴ってください」（福本 1999, pp.115-117.）

　かくしてSTは問題化しました。そして問題化したSTと外見上、区別のつかなかったTグループや組織開発からも、急速に人々の関心が失われていきます。当時、参加者が自殺にまで追い込まれ、社会問題化したことで、「STはだめだ、Tグループは危ない」と、STブームは一気に下火となったわけですが、なぜこのような深刻な事態を引き起こしてしまったのでしょうか。STという手法に問題があったのでしょうか、それともトレーナー、ファシリテーターの資質に問題があったのでしょうか。

　筆者らの考えは、手法に問題があるのではなく、「トレーナー、ファシリテーターの資質」に問題があった、というものです。そして、それは、これまで見てきたように、組織開発の手法が、その起源に集団精神療法を持っていたことの「宿命」のようなものです。組織開発は、経験と見識のあるトレーナー、ファシリテーターのもとでなければ、その質を担保できないのです。

「トレーナー、ファシリテーターの資質」を考える上で、ご紹介したいのが、スタンフォード大学のアーヴィン・ヤーロム[115]の研究です。ここではヤーロムの著した『グループサイコセラピー』から、具体的なデータをご紹介しながら、この問題を考えていきましょう[116]。

　ある実験においてヤーロムは、210名のスタンフォード大学の大学生を集め、無作為に18のグループに分割し、全員に12週間で計30時間のワークショップを受講させました。ワークショップは、Tグループやゲシュタルト療法、ST、サイコドラマなどです。19%はワークショップに参加する以前のミーティング時に脱落してしまったようですが、それ以外の人について、ワークショップの効果はどうだったのでしょうか。研究の知見を見ていきたいと思います。

　まず、上記のワークショップの手法間の効果の差はないということがわかりました。何をやっても効果には、あまり差が見られない、ということです。これらのワークショップは元をたどれば根っこは同じ集団精神療法にあるわけですから、これはある意味当然のことかもしれません。問題はこの後です。研究の結果、参加者の3分の1には肯定的変化が起きた一方で、8%には重大な心理損傷を生み出したことがわかりました。興味深いのは、この重大な心理的損傷がファシリテーターの質によってもたらされたという事実です。

　ヤーロムは、ファシリテーターの役割が4つあると考えました。

①**情緒的刺激**……自己開示を迫る、挑発

②**配慮**……支援、受容、関心、賞賛

③**意味づけ**……説明、解釈、枠組みの提示

④**実行機能**……目標の設定、時間管理

115　Irvin D. Yalom（アーヴィン・ヤーロム）1931年〜
　　アメリカの精神科医。スタンフォード大学名誉教授。実証主義的な立場から、エンカウンターグループやTグループなどの効果性にまつわる研究を精力的に行った。集団精神療法の普及に努める一方で、それがもたらす負の部分についても着目した。
　　ヤーロム, I. D.　中久喜雅文・川室優（監訳）(2012).　グループサイコセラピー──理論と実践──　西村書店

①の「情緒的な刺激」は、自己開示を迫ったり、挑発したり、対決させたりすることです。②の「配慮」は、支援を行う、サポートする、受容する、賞賛するといったこと。③の意味づけは、説明したり、解釈したりすること。④の実行機能は、どうするか決めさせることです。スケジューリングさせたり、アクションプランを立てさせることです。

　ファシリテーターの役割はこれらの４つとすると、実は②と③には肯定的な変化に正の相関がある、つまり、配慮と意味づけにはプラスの効果がある、ということがわかりました。少し拡大解釈すると、相手をサポートして振り返りをさせるようなことは、やはり肯定的な変化につながるということだと思います。一方、①と④は、多すぎても少なすぎても肯定的変化は生まなくなってしまうという結果が出ています。これらの結果からヤーロムは、ファシリテーターは支援と内省促進が最も重要であり、「最もよいファシリテーターとは、情緒的刺激と実行を中程度にし、配慮と意味づけを徹底的に行うリーダー」(Yalom, 1995) という結論を出しています。

　ヤーロムの研究からいえることは、最もよいファシリテーターとは、何か自己開示を無理矢理迫っていったり、無理やりアクションプランを立てさせたりするような人ではないということです。むしろ、参加者に対する配慮を怠らず、意味づけをしたり、振り返りを促したりすることを徹底的に行う人だということです。そういうファシリテーションができなければ効果は生まれないし、下手をすれば８％の重大な心理損傷を生み出してしまうことになりかねないということなのです。組織開発（TグループやST）の効果は、ファシリテーターの行動、ファシリテーターの質に、依存してしまうことがわかりました。

116　Yalom, I. D., & Leszcz, M. (2005). Theory and practice of group psychotherapy. New York: Basic Books.

組織開発の実践者に求められること

　人材不足が深刻化し、人材の多様化が進む今の日本では、組織が機能しない、チームがうまくまとまらないなど組織の問題があちこちで顕在化しつつあり、組織開発に対するニーズは急速に高まっています。日本の組織開発が再び拡大期に入った今、何より重要なのは、組織開発の実践者の質向上であると考えます。すなわち「組織開発実践者の人材開発」こそが急務であるということです。

　筆者たちは、組織開発が人に対して大きな影響を与える可能性があるからこそ、組織開発実践者の人材開発と質を担保することを早急に進めていかなければ、過去、組織開発がたどった悲しい歴史をもう一度たどってしまうことになりかねないのではないか、と危惧しています。

　本書で見るように組織開発のさまざまな手法は、集団精神療法などの心理療法がベースとなっています。そこで、心理療法にはどの程度の効果性があるのかを下記にご紹介しましょう。下記は、心理療法の効果性をメタ分析したりするなどして、総合的に判断した結果の研究知見です。分析から、下記のことがわかりました。

◇心理療法では、20〜40%くらいのケースでは肯定的な変化は起こらない。5〜10%は症状が悪化する[117]。
◇心理療法効果に影響を与えるのは、1）偶然の要因（40%）、2）カウンセラー要因（30%）、3）本人が感じる「希望」（15%）、4）カウンセラーが用いる技法（15%）である[118]。

117　Lambert, M. J., & Ogles, B. M. (2004) The efficacy and effectiveness of psychotherapy. M. J. Lambert (Ed.) *Handbook of psychotherapy and behavior change. 5th ed.* New York: Wiley. pp.139-193.

◇「手法」の違いによる効果の差は非常に少ない。効果は全体の5％以下である[119]。

◇カウンセラー効果（臨床経験、臨床能力）は、手法よりもずっと多くの影響力を持つ。カウンセラー効果が全体的機能水準の改善の28％を説明する[120]。

◇カウンセラーの「促進的対人スキル（相手のメッセージを理解し、共感し、伝え返す能力）が、カウンセリング効果と関係する[121]。

◇カウンセラーの内省能力が高いほど、課題解決が高い[122]。

　これらの知見は、直接的に、組織開発についての効果性を研究したものではありません。しかしながら、心理療法がベースにある組織開発も同様に、ファシリテーターや、トレーナーの質向上、人材開発が極めて大事になってきているように思います。特に、クライアントとカウンセラーがいかなる関係を結ぶことができるのか、いかなる促進的関わりを持つことができるかに、その効果は大きく依存することがわかります[123]。

---

[118] Lambert, M. J. (1992) Psychotherapy outcome research. J. C. Norcorss & M.R. Goldfried (Eds.) *Handbook of psychotherapy integration*. New York: Basic Books. pp.94-129.

[119] Wampold, B. E. (2010). *The basics of psychotherapy*. Washington DC: American Psychological Association.

[120] Orlinsky, D. E., & Ronnestand, M. H. (2005). *How psychotherapists develop*. Washington DC: American Psychological Association.
Nissan-Lie, H.A. et al. (2013). The contribution of the quality of therapists personal lives to the development of working alliance. *Journal of counseling psychology*, 60 (4), 483-495.

[121] Anderson, T. C. et al. (2009). Therapists effect. *Journal of clinical psychology*, 65, 755-768.

[122] Nissan-Lie, H.A. et al. (2013). Psychotherapist's self reproof their interpersonal functioning and difficulties in practice as predictor of patient outcome. *Psychotherapy research*, 23 (1), 86-104.

組織開発の実践家は一朝一夕には育ちません。熟練したファシリテーターの実践を数多く観察したり、熟練したファシリテーターの指導を受けたり、自らTグループなどの研修に参加して体験から学ぶことを通して、その能力を開発し、高めていくことが必要なのではないかと考えます[124]。

123　Norcross, J. C. (2011). *Psychotherapy relationships that work: Evidence-based responsiveness*. New York: Oxford University Press.
124　集中的グループ経験で心的損傷などの被害を出さないためにもう1つ重要なことは、参加者を「見極める」ということです。Tグループやエンカウンターの手法は、そこに参加する人々を選ばなければならない、という議論は、かつてから存在します。例えば、NTLの元会長のブラッドフォードは「気が弱すぎたり、ひどく神経症的であって、起きている時間や休みなしに無理をしているような人々はグループに出てはならない」としています。また、医師であるNTLのポウェル博士は「生活上の危機的な問題を抱えてここにやってくる人は、たださらに多くの問題を抱え込んで帰ることになりやすい」としています。
　　Howard, J. 伊東博（訳）(1977). 可能性をひらく——グループの中の自己変革—— ダイヤモンド社　p.51.

2 | 日本のODブーム

　その後、組織開発は日本でどのような歴史をたどるのでしょうか。

　日本中がSTブームに沸き、しかし、それが社会問題化して冷や水を浴びせられていましたが、それでも、1970年代から80年頃まで、日本では「ODブーム」が起きていました。ODブームのきっかけになったのは、1970年代前半に組織開発に関わる本が何冊か発行されたことでした。

　俵実男氏が1971年に『組織開発』（日本経営出版会）を、産業能率短期大学の幸田一男氏が1972年に『組織開発の理論と実践』（産業能率短期大学出版部）を、梅澤正氏が1974年に『組織開発』（ダイヤモンド社）を出版しました。そして、産業能率短期大学出版部が「ODシリーズ」という翻訳本を6冊出版しました。これは前述した、アメリカで1969年に出版された、「アディソン-ウェスリー組織開発シリーズ」のすべてを訳したものでした。また、当時の組織学会の雑誌『組織科学』が組織開発を特集するなど、組織開発に脚光が当たるようになったのです。

　1977年にダイヤモンド社が発行した『日本型組織開発』という書籍には、当時の日本企業による、数多くの組織開発の事例が紹介されています[125]。この本には、1975年に実施された、関西生産性本部による調査結果も紹介されており、その調査によると、組織開発を実施していると答えたのは491社中271社でした（図表42参照）。今から40年以上前に、なんと約55%の日本企業が組織開発を実施していたというのは驚きです。

　1970年代の日本企業では、当時、組織開発がどのように実践されていたのでしょうか。前述の関西生産性本部による調査では、組織開発を実施している、または、実施したことがあると回答した307社（不明の1社を除く）について、実施している取り組みを尋ねています。この調査結果に対して、梅澤正氏（『日

125　梅澤正（編）（1977）．日本型組織開発——その展開と事例——　ダイヤモンド社

図表42 | 1975年時点での組織開発実施の有無

—S50.10.1 現在—

実施している	271社	(55.2%)
実施したことがある	37社	(7.5%)
実施を計画中	41社	(8.4%)
実施しない	135社	(27.4%)
不明	7社	(1.4%)
回答会社合計	491社	(100%)

本型組織開発』の編者）は、各方法が調査対象者によってどのように区別され
たかの基準が定かではなく、カテゴリーごとに捉えたほうがよいと提言してい
ますので、カテゴリーごとに以下で見ていきましょう。最も多かったのが、「特
定テーマによる職場での小集団活動」（小集団活動=26%、ZDまたはQC=68%）で、
職場グループが品質の向上や安全確保などの特定テーマを設定して話し合いと
活動を行っていくものです。また、「職場ぐるみでの問題の見える化と対話」（職
場開発=13%、職場研修会等の職場ぐるみ訓練=60%）は、職場の問題を調査やKJ
法などを用いた話し合いで洗い出し、解決に向けた計画と実践を行っていくも
のです。他の方法は、ST（14%）、ファミリー・トレーニング（11%）という
結果でした。

　ちなみに、ファミリー・トレーニングとは、Tグループに代表されるラボラ
トリー方式の体験学習のトレーニングが形を変えていったものです。

　職場でのコミュニケーションや人間関係に気づくために、トレーニングとし
て体験学習を用いようとする場合、合宿制のTグループを実施することは業務
を止めることになり、不可能です。そこで、実習を用いて、1回のセッション
が2～3時間で実施可能な体験学習のトレーニングを職場のメンバーで行うの
がファミリー・トレーニング[126]でした。

　次に、1970年代に実施された、組織開発の取り組みについて、4冊の文献（幸

田, 1972; 俵, 1972; 梅澤, 1977; 産業能率短期大学組織開発研究グループ, 1978[127]）に紹介されている29事例から検討してみます。4つの文献に掲載されている、事例企業を図表43に示しました。

　図表43の29事例の中の数社について、梅澤（1977）の整理を参考にしながら、以下でタイプ別に取り組みの実際を紹介していきます。タイプは、①ラボラトリー方式の体験学習を中心とした取り組み、②サーベイ・フィードバックを実施する取り組み、③マネジリアル・グリッドによる取り組み、④職場ぐるみ訓練による取り組み、⑤目標による管理に組織開発を応用する取り組み、⑥特定テーマによる改善活動を中心とした取り組み、です。前述した、関西生産性本部による調査結果をまとめた梅澤（1977）の指摘に対応させると、当時の日本では③と⑥を実施する割合が高かったといえます。

　では、以下ではそれぞれのタイプごとに、具体的な取り組み例を紹介していきます。

①ラボラトリー方式の体験学習を中心とした取り組み

　これは、TグループやSTを実施する、ファミリー・トレーニングを実施する、などが該当します。

　たとえば、富士写真フイルムでは、社内インストラクター（課長クラス）を社外のSTに参加させた後、1969年から管理者（課長層、係長層）に、その後、職場指導員に社内インストラクターがSTを実施しています。また、東京電機では、中堅社員層に対してラボラトリー方式の体験学習（実習課題を用いた構

126　「ファミリー・トレーニング」は職場のメンバーとともにラボラトリー方式の体験学習を行うもの、「職場ぐるみ訓練」は職場の現状での問題を見える化して、どのように解決していくかを話し合い、実践していくもの、と定義がなされています。しかし、各社で使用されていたラベルと取り組み内容はまちまちで、「ファミリー・トレーニング」という名称で、実質的には「職場ぐるみ訓練」がなされていた会社もあります。

127　幸田一男（1972）．組織開発の理論と実践　産業能率短大出版会
　　　俵実男（1972）．組織開発　日本経営出版会
　　　梅澤正（編）（1977）．日本型組織開発──その展開と事例──　ダイヤモンド社
　　　産業能率短期大学組織開発研究グループ（編）（1978）組織開発事例集 産業能率短期大学出版部

文献	事例企業
俵 (1972)	エッソ石油、電電公社、早大生産研究所、沖電気
幸田 (1972)	富士写真フイルム、シェル石油、東芝
梅澤 (1977)	日本電気、大洋漁業、東京電機、ニチイ、大日本塗料、旭化成工業、東京ガス、ブラザー工業、トピー工業、三菱重工業広島造船所、帝国産業
産業能率短期大学組織開発グループ (1978)	ヤマハ発動機、三菱重工・長崎造船所、日本出版販売、千代田生命、松下電器、日本化薬、森永製菓、三菱重工・相模原製作所、サントリー、山梨県庁

成的な体験）による3泊4日の研修を行いました。1968年から1972年の間に課長レヴェルの管理職の80%が参加したとされています。その後、同じ部署や職場で合宿制（2泊3日または1泊2日）のファミリー・トレーニングが行われました。

　用いられていた実習は、「グループの討議と観察（実習「POPO」）」、「コンセンサス実習」などでした。「グループの討議と観察」では、1つのグループが話し合いの参加者として中央に座り、もう1つのグループが観察者として外側に座ります。参加者は、ある課題について話し合いますが、実習のポイントは、話し合われる内容（＝コンテント）ではなく、プロセス、つまり、どのような雰囲気か、どのようにコミュニケーションがなされたか、どのように決定がなされたか、お互いの間にどのような影響があったか、などです。観察者はプロセスに目を向け、観察したプロセスを参加者にフィードバックします。この実習を通して、プロセスに目を向けて気づくトレーニングをしていきます。

「コンセンサス実習」は、ある課題（たとえば、月で宇宙船が壊れた際に重要なものは何か、山で遭難した際にサバイバルするために大切なことは何か、などについて、提示された選択肢の順位づけを行う課題）について、メンバー全員での合意に向けた話し合いをするものです。話し合いの後には、話し合って合意する際にどのようなプロセスが起こっていたかを振り返り用紙に記入します。また、

振り返り用紙に記入したことをグループで共有し、その体験から学んでいきます。ちなみに、これらの実習は、ラボラトリー方式の体験学習として現在でも使われています[128]。

②サーベイ・フィードバックを実施する取り組み

　サーベイ・フィードバックとは、前述したようにリッカートが始めた方法で、質問紙調査やインタビュー調査などを行い、その結果を対象者にフィードバックした後に対象者同士が話し合い、現状についての気づきを高めるものです。事例としては、早稲田大学生産研究所が1963年に月島機械で行った取り組みがあります。それは、管理者に訓練を行う前に、モラール・サーベイを含めた質問紙調査を管理者と従業員に実施し、その後管理者に結果をフィードバックした後、トレーニングを行うというものでした。

　また、東京ガスにおいて、全員参加での職務設計に質問紙調査を実施して、その結果に基づいた提案をきっかけとして職場のメンバー全員が話し合う職場懇談会を行うという取り組みが実施されました。その他にも、質問紙調査（サーベイ）は、組織開発の取り組みのほとんどで他の方法と並行して用いられていることを梅澤（1977）は示唆しています。

③マネジリアル・グリッドによる取り組み

　マネジリアル・グリットに関しては184ページで触れました。マネジリアル・グリットでは、管理者の「人間に対する関心」「業績に対する関心」という、

128　ラボラトリー方式の体験学習を用いた講座は、南山大学人間関係研究センターなどで公開講座として実施されています。ラボラトリー方式の体験学習の考え方は以下の文献に記されています。
　　　津村俊充・山口眞人（編）（2005）．人間関係トレーニング——私を育てる教育への人間学的アプローチ（第2版）——　ナカニシヤ出版
　　　ラボラトリー方式の体験学習の実習は、以下をご参照ください。
　　　・南山大学人間関係研究センター紀要「人間関係研究」の実習集（webからアクセス可）
　　　・津村俊充（2012）．プロセス・エデュケーション——学びを支援するファシリテーションの理論と実際——　金子書房
　　　・星野欣生（2007）．職場の人間関係づくりトレーニング　金子書房　など

両方の関心を高めることから始めて、その後、両方の関心が高い風土を職場や組織につくることを目指します。

　シェル石油では、管理者に対して「グリッド・セミナー」と称する、マネジリアル・グリッドの概念理解と自らのスタイルの分析を行うトレーニングが実施されました。その後、職場チームづくりが実施され、職場の問題について管理者が進行しながら話し合う取り組みが行われました（その後、「職場問題解決会議」という名称の取り組みに移行していったようです）。千代田生命でも、管理者に対してマネジリアル・グリッドのセミナー実施、支社長に対する3泊4日のセミナー実施（職場への適用を学ぶ）、個別対応による職場の問題解決の援助、が行われていました。

④職場ぐるみ訓練による取り組み

　職場の現状について、職場のメンバーで問題を出し合い、そこで共通認識となった問題についてアクションプランを職場のメンバーでともに計画し、実施していくのが、職場ぐるみ訓練の典型的な進め方です。たとえば、大洋漁業では、最初に参加者や管理者に対して事前調査が教育部門のスタッフと外部コンサルタントによって行われ、問題認識を把握しました。次に、職場のメンバーが職場グループのイメージや業務上の問題点を書き出し、それらについて話し合います。時間に余裕があれば、KJ法によってまとめ、共有された問題についてアクションプランを作成していきました。

　他社では、別の方法と職場ぐるみ訓練が組み合わされて実施されています。たとえば、松下電器では、管理者に対するトレーニングと、同じ職場のメンバーとでの1泊2日の職場ぐるみの問題解決討議が行われました。職場ぐるみの問題解決討論は、質問紙調査結果のフィードバックをきっかけとして、職場の問題の掘り起こしを職場のメンバーで行い、重要な問題点を絞って、アクションプランを作成するというものでした。

　ちなみに、シャイン（1969）による「プロセス・コンサルテーション」が翻訳された際に、タイトルが「職場ぐるみ訓練」と訳されました。つまり、職場

で起こっているプロセスに自分たちで気づき、解決策を自ら考えて、実行していく過程が職場ぐるみ訓練なのです。

⑤目標による管理に組織開発を応用する取り組み

日本でSTや組織開発が導入された1つの要因は、その前に導入されていた、目標による管理（MBO）が形骸化し始めたことでした。そのため、目標による管理を強化し、メンバーの意識や行動が変わることを目指して、組織開発の考え方が応用されてきたと考えられます（梅澤, 1977）。

たとえば、電電公社では、職場ぐるみ訓練が行われた後に、組織や職場ごとに、経営成果改善目標と組織効率改善目標を設定して、それらを達成するための話し合いが推進されました。

三菱重工・広島造船所では、BH（Better Hirosen＝広船）運動という名称で、職場ごとでミーティングを行って、業務改善に向けた目標の設定とその実行のための話し合いを行う仕組みと手引きを作成しました。職場での業務改善に向けた小集団活動という意味で、下の⑥にも該当します。また、この取り組みでは、グループミーティングや目標設定のための手引きを作成して、現場で効果的なミーティングが実施されることを推進しました。

⑥特定テーマによる改善活動を中心とした取り組み

これは、業務内の特定のテーマについて職場やチームで話し合い、ZD運動やQC活動[129]などのように業務改善を行っていく取り組みです。三菱重工・長崎造船所では、週末ミーティングとして、毎週末に30〜50分のミーティングが行われました。そこでは、安全や品質について話し合って目標を決め、実践がなされました。また、コストダウンを全社的に目指してQCサークルも含め

---

[129] ZD運動のZDとは、zero defects（無欠陥）のことで、従業員の創意工夫によって、不良品や欠陥をなくすことを目指した運動や活動を指します。QC活動のQCとはquality control（品質管理）であり、品質向上を目指した改善について職場のメンバーで話し合う、自主的な活動で、QCサークルとも呼ばれています。当時は自主的な活動という位置づけで、多くは勤務時間外で実施されていました。

た現場の活動に展開していった、ブラザー工業のABC作戦（All Brother's Challgenge to Cost up）もこのタイプの事例です。

　そして、日本の組織開発は、1980年代にはこの⑥のタイプの取り組みに大きくシフトしていくことになります。1980年代に入ると、組織開発というアンブレラ・ワードは使われなくなり、「QC」「QCサークル」というラベルが使われることになっていきます。

　このように、1970年代には、さまざまなタイプの組織開発の取り組みが行われました。上記では6つのタイプに分けましたが、実際には複数のタイプの取り組みを並行して行われた事例が多いことは言うまでもありません。

　多くの事例で行われていた、1つのパターンは、図表44に示した①−②−④（−③−⑤）、つまり、①管理者に対してSTまたはラボラトリー方式の体験学習を用いた研修（③マネリジアル・グリッドのモデルを導入する場合もあり）を行った後、②職場の現状について調査を行って、④職場づくり訓練として、調査結果もきっかけとしながら、職場の現状についてメンバーと話し合う、そして、場合によっては⑤職場レヴェルで目標を設定して実行する、という流れです。そういう意味では、職場レヴェルの変革を推進するために、管理者にトレーニングを行い、そのトレーニングを職場で実践する形で職場レヴェルに展開していった、という教育的な意味合いも強い取り組みでした。これは、管理者研修と245ページで触れた「職場ぐるみでの問題の見える化と対話」が組み合わされたものです。

　もう1つのパターンが、図表45に示した⑥−⑤であり、⑥特定テーマによる改善活動を職場で行いながら、⑤職場レヴェルでの目標を設定して実行する、というものです。これは、244ページの「特定テーマによる職場での小集団活動」に該当します。

　前者の「管理者研修」と「職場ぐるみでの問題の見える化と対話」との組み合わせと、後者の「特定テーマによる職場での小集団活動」の間には、図表46のような違いがあります。

①STまたはラボラトリー方式の体験学習を用いた研修を管理職に実施

場合によっては

③マネジリアル・グリッドを導入した研修を管理職に実施

②サーベイ・フィードバック
職場の現状について調査が行われ、その結果がフィードバックされる

④職場ぐるみ訓練
調査結果も参考にしながら、職場メンバーと現状での問題を話し合い、アクションプランを考える

場合によっては

⑤目標による管理の応用
職場の目標を設定して実行する

⑥特定テーマによる改善活動
業務上の特定のテーマについて職場やチームで話し合い、改善に取り組む活動

⑤目標による管理の応用
職場での改善目標を設定して、その達成に取り組む

　前者（管理者研修＋職場ぐるみでの問題の見える化と対話）は、シャインが提唱した「プロセス・コンサルテーション」を職場ぐるみで行う取り組みといえます。プロセスに気づき、変えていくことの意義を管理者に教え、その力を高めた上で、職場ぐるみで自分たちのプロセスを診断し、問題を解決していく計画を自ら行っていくものです。つまり、1960年代のアメリカでの組織開発（STやプロセス・コンサルテーション）の影響を強く受けて、日本型として行われた組織開発といえます。

　一方で、後者（特定テーマによる職場での小集団活動）は業務に直結し、目標による管理とも強く結びついたものであり、日本型小集団活動と位置づけられ

	管理者研修 ＋職場ぐるみでの問題の見える化と対話	特定テーマによる職場での小集団活動
焦点づけ	あらゆる問題（業務や人間的側面）	業務上の課題の改善
取り組むテーマや問題	職場における、あらゆる面に目を向けて、問題を発見し、問題や原因を特定する	各職場でテーマを設定、または、全社的なテーマ（コスト削減、品質管理、安全など）
身につく力	職場で起こっているプロセスを診断する力、職場の問題を解決する力	業務や仕事の仕方を改善する力

ます。前者の取り組みは1980年代に入って少なくなり、後者の取り組みが1980年代以降に優勢になっていく、という移行がこの後に起こってきます。

3｜組織開発から小集団活動などへの移行

　1980年代に入ると、国からの後押しもあり、日本科学技術連盟が勧める「QCサークル」が急速に広まります。これは、組織開発の取り組みが、前述した「特定テーマによる職場での小集団活動」に移行していったことになります。業務について話し合いながら、品質向上や業務改善に取り組むという方法は現場にフィットしました。また、QCサークルのための活動ツールが明示され、実施マニュアルとして配布されたことも、QCサークルの広がりを後押ししたと考えられます。さらに、品質向上を全社的に管理する取り組みとして、TQC(total quality control：全社的品質管理) がブームとなりました。

　1970年代に行われた組織開発の1つのパターンであった、「管理者研修＋職場ぐるみでの問題の見える化と対話」が下火になっていった理由として、この方法にはいくつかのステップが必要で、コストがかかることが挙げられます。

また、コミュニケーションや人間関係といった、業務に直結しない、人間的側面の問題も扱うために、すべての管理者や参加者がすぐにその意味を理解するわけでもなく、抵抗にもあいます。そのため、ある意味、本質的で長期的展望に立った推進が必要であり、実施者側に深い理解と強い信念が必要です。

1970年代当時、この取り組みは人事の教育担当者や人材開発部門によって推進されていました。STや職場ぐるみ訓練を通して自らが深く学んだ各社のパイオニアたちは、熱意をもって革新的で試行的な取り組みを実施したと考えられます。日本企業には人事異動があり、異動で新しく加わったスタッフに考え方やノウハウが引き継がれていったことでしょう。しかし、取り組みの開始から10年以上が経過すると、異動によってスタッフが完全に入れ替わってしまい、当初の情熱や問題意識も冷めて、コストと熱意が必要とされる、この取り組みが持続しなくなったと推測できます。異動によって組織開発に携わるようになった新しいスタッフが、社外で組織開発を学ぶ場が当時は少なかったことも影響していたかもしれません。

そして、品質管理と業務改善が中心となる小集団活動に移行していき、日本では1980年代になって、組織開発というラベルが使われなくなっていきました。

その後も日本では、組織開発というラベルは使われませんでしたが、それ以降も、組織開発"的"な活動は行われました。1980年代から1990年代にかけて、CI活動と呼ばれる取り組みが多くの日本企業で取り組まれました。CIとはcorporate identity（コーポレート・アイデンティティ）の略で、企業の存在価値を再定義し、理念や行動指針を企業内外で共有したり、それらを象徴するマークやロゴを策定する取り組みです。このCI活動は、組織の外（市場や顧客）に向けた意味と、組織内（従業員）に向けた意味があります。外向きとしては、社会に企業イメージを発信して、企業イメージを高めたり、他社との差別化をねらいます。内向きとしては、自社の理念や行動指針を組織内に浸透させて、よりよい組織文化を構築することをねらいます。後者（の内向きなねらい）が、組織開発に類する取り組みとして位置づけられます。現在では、広報・広告の

業界で「インナーコミュニケーション（inner Communication：組織内コミュニケーション）」というラベルで実践されています。

　また、1990年代前半には、KI活動という日本生まれの手法が提唱され、その後普及していきます。KI活動は、日本能率協会コンサルティングが開発し推進している手法であり、「知識集約型社員改革（knowledge intensive staff innovation plan）」という名称の略です。主に技術系や開発系のスタッフを対象に、部門や部署で長期的に取り組まれます。話し合われる内容は業務についてで、付箋などを使ってのワイガヤ・ミーティングを定期的に行う、計画を見える化する、部署を越えて部門内で話し合う、などを行っていきます。業務革新とチームづくり（コミュニケーション改善やチームの活性化）を同時に行っていくことが特徴です。このKI活動は、数社で内製化されていて、トヨタ自動車ではTKI、キヤノンではCKI、デンソーではDKIと呼ばれています。この中のキヤノンのCKI活動については、第4部で詳しくご紹介します。

　さらに、1990年代後半から、風土改革（企業風土改革）という名のもとで、組織内の風土を変革する取り組みが実践されています。これも日本生まれの取り組みであり、スコラ・コンサルトが推進しています。風土改革の中心となる場が「オフサイト・ミーティング」と呼ばれる、気軽にまじめな話をする対話の場です。日頃なかなか語ることができない、会社や仕事に対する問題意識を対話することを通して、現状での問題を発見し、その解決を当事者が考えていき実行していきます。

　以上のように、1980年代以降の日本において、CI活動、KI活動、風土改革などの名称のもとで、個別の活動として行われてきました。いずれも組織開発的な取り組みではあるものの、「組織開発」や「OD」と呼ばれることはありませんでした。つまり、日本において組織開発の取り組みがなくなったわけではなく、「組織開発」というアンブレラ・ワードが使われなくなった、といえます。

4 | 大学におけるTグループと組織開発研究

　今度は企業から大学に目を転じます。

　1950年代に日本初のTグループが行われた後、1960年代には、立教大学キリスト教教育研究所（JICE）が日本でのTグループ実践研究の中心的な存在となっていました。1973年には、立教大学のスタッフの力を借りて南山短期大学に人間関係科という学科が設立され、初代学科長にはJICE所員であったリチャード・メリットが就任しました。この学科では、学生たちの感受性を高めて自己成長を促し、人間性豊かな教育をするために、講義は行わず、Tグループやラボラトリー方式の体験学習による授業を必修授業として行うという、ユニークな試みを行っていました。その後、JICEが下火となり、南山短期大学が日本のTグループの中心となっていきました。

　現在では、南山短期大学人間関係科は、南山大学人文学部心理人間学科になっています。現在でも、ラボラトリー方式の体験学習が授業で行われており、学内で行われる授業では、実習を用いた「構成的な体験」が、また、合宿として「非構成的な体験」であるTグループが行われています。しかしながら、南山短期大学や南山大学で行われていたのは、あくまでも学生向け、社会人向けのTグループ実践であり、自己成長のための教育として行われてきました。そのため、組織開発としては位置づけられていませんでした。

　1970年代の日本における組織開発研究の、もう１つの中心地は九州大学でした。リーダーシップをパフォーマンスとメンテナンスの２つの機能の複合として捉えるPM理論で世界的に知られる、九州大学教授の三隅二不二氏が、1967年に集団力学研究所を開設しました。そこでは、企業向けにアクションリサーチやリーダーシップ研修を行うなど、活発に組織開発の研究、実践活動が行われていました。

　九州大学では1960年代にTグループも実施されました。三隅氏は、クルト・レヴィンが提唱したグループ・ダイナミックス（集団力学）を日本に広めた社

会心理学者で、1960年代後半にNTLを訪れて、Tグループに参加しています。九州大学でも数回Tグループが行われ、Tグループの文献も九州大学に関係する研究者たちで翻訳されています[130]。しかし三隅氏は、熟練したトレーナーでなくてはTグループの実施は不可能であり、リスクは高いと判断したようで、Tグループは実施されなくなりました。その後、集団力学研究所ではPMリーダーシップ研修が行われ、その中に体験学習が用いられています。

1980年代に入ると、「組織開発」という言葉が使われることが少なくなり、「組織開発」という言葉が含まれる出版や研究、ビジネス雑誌の特集も減りました。日本の組織開発研究者は、幸田一男氏や梅澤正氏など、ごくごく少数になっていきました。研究者の中には、組織開発はアメリカのような人種が多様で価値観の違いが大きい文化で機能するものであり、同質性の高い日本の文化には組織開発はそぐわない、といった指摘もなされました（稲葉, 1979[131]）。

1980年代は「ジャパン・アズ・ナンバーワン」という時代であり、日本のQCサークルやTQCなどの品質管理の手法がアメリカで導入され、アメリカが日本の品質管理に学ぼうとしていました。1980年代後半は、いわゆる「バブル景気」で、モノをつくれば売れた時代でした。企業の関心は品質管理と人的資源管理、技術開発のマネジメントに焦点づけられ、組織開発は研究のテーマとして注目されることがなくなりました。このように、ごく一部の研究者を除いて、組織開発は日本の研究者に注目されなくなっていきました。

また、研究者による組織開発の推進が日米では大きく異なっていました。

アメリカでは、研究者による組織開発の実践研究が行われ、本の出版や論文の公刊が継続的になされてきました。また、研究者がNTLなどで組織開発のトレーニングを実施するとともに、組織開発の修士課程で組織開発を学ぶ場を提供していました。さらに、OD Networkなどの学会（学習コミュニティ）を設立して、その活動を推進してきました。大学に所属する研究者は、コンサルタ

---

130 ブラッドフォード, L. P.・ギッブ, J. R.・ベネ, K. D.（編）三隅二不二（監訳）(1971). 感受性訓練―Tグループの理論と方法― 日本生産性本部
131 稲葉元吉 (1979). 組織行動論 丸善 pp.279-283.

ントや社内実践者に比べて利害に中立なため、第三者の立場からトレーニング
の実施や学習コミュニティの推進ができます。

　一方で、1980年代以降の日本では、（2010年頃になるまで）組織開発の本の
出版、トレーニングの実施、学習コミュニティの設立がなされていませんでし
た[132]。このように、研究者による推進が日米で異なっており、日本は組織開発
実践者の育成（人材開発）が進みませんでした。

　つまり、かつての日本は、組織開発の研究者の育成（人材開発）に失敗した
といえます。実践者であり研究者である人材が少なく、そのため実践と研究の
リンクもままならず、組織開発にまつわる知識構築、実践の理論化が進まなか
ったのです。

5｜バブル崩壊による組織開発の衰退

　1990年代に入り、お金がお金を呼ぶバブル経済の中で、業績を上げること
がすべて、お金を稼ぐためには何をやってもいいといった拝金主義、売り上げ
至上主義が蔓延しました。

　それが、バブル崩壊により、失った利益を何とか取り戻そうと、ますます業
績第一主義に拍車がかかりました。人への関心が下がり、人間的側面へのマネ
ジメントは注力されず、教育研修費用も削られました。バブル経済崩壊後に続
く、長い冬の時代には、なりふり構わず生き残るためのコストカット、そして
リストラが優先されるような時代でした。さらには成果主義が導入され、IT化
を中心とした業務改革が進む中で、組織の人間的側面に投資をする組織開発は
見向きもされなくなりました。1990年代のアメリカと同様、「組織開発は死ん
だ」といった状況だったわけです。

　バブル崩壊後、リストラや、大企業の倒産など、それまでの日本経済におい

---

[132]　学習コミュニティとしては、産業能率短期大学（後の産業能率大学）の幸田一男氏が、「全国OD
　　　大会」という名前で、組織開発の実践を共有する場を1990年代まで開催していたそうです。現
　　　時点では、詳細を把握できていないため、詳しい記述を差し控えます。

(Photo：Kyodo News)

てありえなかった事態が起きたことで、企業と社員との関係は大きく変わりました。守ってくれると思っていた会社に裏切られたり、信頼していた会社がなくなったり、同僚がライバルになったりするという現状を突きつけられたことで、大きな家族のようであった企業と社員、そして、社員同士の信頼関係はがたがたと崩れていったのです。

6｜組織開発ブーム再燃

　バブル崩壊後、不景気が長く続く中、あまりにもドラスティックな変革が断行されたことで社員が疲弊し、さらに成果主義の導入やIT化が進んだことなどにより、仕事の仕方が個業化していきました。それによって、協働性が失われたり、社員のコミュニケーションが減ったことで信頼関係が損なわれる、といったことが問題視されるようになってきました。

　そうした中、上司と部下のコミュニケーションを何とかしなくては社員がやる気を失ってしまう、または、主体的に考えて動く社員を育成するために、上司と部下とのコミュニケーションを指示命令型から脱却しなければ、といった危機感から、管理職向けにコーチングの研修を行うということがブームになりました。具体的には、2000年頃からマネジャー向けのコーチング研修が流行り始め、2005年頃からはファシリテーション研修を取り入れる企業が増えました。職場やチームを活性化するために、会議でのコミュニケーションの仕方を変えて、会議を活性化することが目指されました。この頃は、コミュニケーションやチームの問題を解決するために、主にマネジャー向けの研修が行われていたということになります。

　2010年代に入ると、コーチング研修やファシリテーション研修では限界があるという認識が持たれるようになりました。例えば、「研修だけでは足りない」「研修での学びが現場で活かされていない」「研修で個人が学んでも、職場や組織が変わっていかない」といった問題意識です。そのような中、組織開発がふたたび脚光を浴び始めました。30年の時を経て、組織開発は、もう一度よみがえったのです。

　2010年以降の日本における組織開発の発展には、めざましいものがあります。日本の組織開発における課題であった、本の出版、ともに学ぶコミュニティの設立と推進、組織開発を学ぶトレーニングの機会についても、2010年以降に充実してきています。

本の出版については、組織開発や組織開発の手法についての著作と翻訳本がかなり出版されています。ともに学ぶコミュニティの設立と推進としては、組織開発を実践者、研究者、経営者がともに学ぶコミュニティである、OD Network Japanが2010年に設立されました。2018年の時点で、OD Network Japanの会員数は約350人です。また、組織開発を学ぶトレーニングの機会も増えています。OD Network Japanや南山大学人間関係研究センターによる講座の他、東京や大阪で組織開発を学ぶ講座がいくつかの団体によって主催されています。

　この後、組織開発はどうなっていくのでしょうか。その未来を決めるのは、本書の読者であるみなさん1人ひとりです。筆者らも、組織開発の発展のため、貢献していきたいと考えています。

第10章
組織開発と「似て非なるもの」の暴走

❖キーワード
自己啓発セミナー／人間性回復運動／欲求5段階説／エサレン研究所

　組織開発の健全な発展のために何が必要なのか、それを考えていくために、あえてここでは、表だってはあまり語られない組織開発がはらむリスク、危険性について、取り上げます。

　組織開発は、非常にパワフルな手法である一方で、用いられ方を間違ってしまうと、大きなリスクや危険を、個人や組織にもたらしてしまいます。いったい組織開発のどこに危険が潜んでいるというのかというと、組織開発が「集団精神療法」の影響を受けて発展してきた、という、この歴史的事実にあります。組織開発をこれから企業で導入する場合には、ぜひ、組織開発をする側のファシリテーターの経験、履歴などを前もってしっかりと調査していただければと思います。組織開発は「何をするか」も重要ですが、「誰とするか」も極めて重要です。

1 | ファシリテーターの質

　組織開発の効果がファシリテーターの質やファシリテーターの行動や振る舞いにかなり依存するということは、実はその初期から認識されていたことでした。1971年にTグループについて書かれた書籍には、こうあります。

「Tグループは、いわば、正常者に対する治療集団の役割を果たす（中略）こ

のことから、さらに重要なひとつの問題がでてくる。それは、トレーナーの集団に対する責任の問題である。（中略）これが治療的なものを目的とするか、あるいはそれを意図的にそれをなさないにしても、現象として同一のものを集団内において生起させてくるとなると、トレーナーの責任は重大である。メンバーの情緒的緊張を高め、いわばパーソナリティの統合をゆさぶって、その再結合をはかるという操作は、おそらく、心理療法の終末操作と同じ手続きを必要とするであろう。（中略）極端な場合には、ある種の心理障害を出現する結果ともなりかねない」（池田 1971, pp.649-650.[133]）

　ここで「Tグループは治療集団の役割を果たす」と書いてあることが示唆的です。これは、本書で繰り返し論じてきたように、組織開発の根っこには集団精神療法があるわけですから、ある意味、当然のことです。第9章でヤーロムの研究に見てきたように「心理療法を行う」ということは、極端な場合、ある種の心理障害が出現する結果を招きかねないということですから、トレーナーはグループに対して大きな責任を負うことになります。そのため、トレーナーの力量はもちろん重要ですが、それ以上に重要なのは、トレーナーの倫理ではないかと思います。

　倫理に関しては、組織開発の専門書では、とても重要視されています。数多くある組織開発の専門書の1つに、アンダーソンの書いた『Organization Development』という本があります[134]。この本で、アンダーソンは、組織開発の定義や手続きなどよりも重要なことは、「Core Values and Ethics of Organization Development」であると書いています（図表47参照）。組織開発を行う上では、価値観、倫理というものを重視しなければならない。それは

133　池田数好(1971)．Tグループと治療集団　L. P. ブラッドフォード・J. R. ギッブ・K. D. ベネ（編）三隅 二不二（翻訳）(1971)．感受性訓練──Tグループの理論と方法──　日本生産性本部　pp.649-650.

134　Anderson, D. L. (2017). *Organization developmenti The process of leading organizational change*. Thousand Oaks, CA: Sage.

組織開発がベースとしている基盤の1つに集団精神療法があるだけに、実践の方法によっては人を苦しめる結果をもたらしかねないということです。

　組織開発を行う上での倫理[135]と価値観というのは、この本によると、下記のようになっています。

　①参加すること:自分たちの未来に参加・関与すること
　②チーム（職場）を重視すること:組織変革は職場から
　③発達・学習を信じること:最も重要な価値観
　④人間を「全人格」で見ること
　・職業（カテゴリー）で見ない／相互尊重／違いを認める
　⑤対話を重んじること
　⑥真摯さ、オープンさ、信頼を重んじること

(Anderson 2017, pp.47-52.)

　1960〜1970年代の日本では、スキルが不足しているだけでなく、組織開発

の中でも、特にSTを行う上での倫理感や価値観に欠けたファシリテーターが行う質の低い実践がはびこり、STの衰退を招きました[136]。

　一般に「量的な拡大」は「質の低下」をもたらす可能性があります。量的な拡大期ほど危ない……つまり、今です。組織の問題を解決する手段として、急に組織開発が脚光を浴びるようになってきた今の状況が一番危ないというわけです。2018年現在──組織開発ブームになっている昨今も、組織開発にはリスクが押し寄せています。そういう意味では、今後は質の高い組織開発実践者（ファシリテーター）を育成するとともに、継続的な学習の機会をつくっていくことが非常に重要だ、ということになろうかと思います。

●組織開発実践者を養成し、継続的な学習の機会をつくることが重要
　①組織開発実践者を養成するための機会（体系的な連続講座や大学院）や質保証の仕組み
　②継続的な教育の機会を提供する仕組み
　③組織開発実践者の相互学習の場やネットワークなどの仕組み
　③倫理や行動準則を整備する仕組み

　ちなみに、実践者の質保証をしていく1つの方法は「資格化」です。組織開発実践者の資格は、日本においても、世界においてもありません。アメリカでは、組織開発のサーティフィケート・プログラムを修了していることや、大学院の修士課程を修了していることを、実践者の質の拠り所として見なしてきました。組織開発では歴史的に資格化を避けてきたところがあります。しかし現在、アメリカのOD Networkでは資格化の動きが本格化しています。日本においても、組織開発実践者の質保証のために、質が担保されない実践者には退出

135　南山大学の土屋耕治氏は、組織開発を行う上での倫理について論文をお書きになっているので、ぜひお読みいただければと思います。組織開発を実践する人の倫理という問題は、組織開発の健全な発展にとって極めて重要なことです。
　　土屋耕治（2015），組織開発の倫理:現状の理解と今後の展開に向けて　ODNJ2015年次大会資料　https://kojitsuchiya.files.wordpress.com/2015/08/150823tsuchiyahandoutweb.pdf

してもらう仕組みとして、資格化が必要なのではないかと議論されています。資格化には、①どの団体が認定して、更新の仕組みを提供するのか（権威の問題）、②組織開発実践者のコンピテンシー（特に関わる力や働きかける力）をどのように評価するのか（評価の問題）、③資格を認定するための教育プログラムをどのように設計して実施するのか（教育と運営の問題）、などを議論していく必要があります。

2｜自己啓発セミナーの暴走

「組織開発に似て非なるもの」として、1970年代〜1980年代に爆発的に広ま

136　組織開発の実践者がいかにあればいいのか、ということを論じるとき、どうしても、私はフロムの「to have」と「to be」の議論を思い起こさないわけにはいきません。

エーリッヒ・フロムは、「to have（もつこと）」と「to be（あること）」という2つの人間の存在様式が、人々の思考、感情、行為の総体に大きな影響を与えることを論じ、このキーワードのもとに、新たな時代を生きる人間像、社会を構想しました。

フロムによれば「to have（もつこと）」とは「所有すること」──すなわち、ある人が「すべての人、すべてのものを自分の私有財産とすること」を意味しています。現代社会は「所有すること」が幅を利かせる社会であることは言うまでもありません。

一方、「to be（あること）」とは、「持つこと」とは対照的に、ただただ「生きていること」であり、「世界に真性に結びついていること」、あるいは「偽りの概観」とは異なり、「物の本性」「真の現実」に言及することを意味します（フロム 1977, p.42）。別の言葉でいえば、「あること」とは、何ものにも執着せず、変化を恐れず、受け入れ、流動し、他者とつながり、成長する態度ともいえるのかもしれません。

学習において「持つこと」と「あること」は、2つの異なる世界を喚起します。持つことを目指す学習者は、与えられた知識の「所有者」になることを目指し、白紙の自己に学んだことを記憶し、固守することを目指します。一方、「あること」を目指す学習者は、ある関心のもとで話に耳を傾け、受け入れ、反応します（フロム 1977, p.52）。

おおよそ教育とは、一般的に「人々が知識を所有として持つように訓練することに努め、その知識は、彼らがのちに持つであろう財産あるいは社会的威信の量とだいたい比例する」ようになっています（フロム 1977, p.67）。しかし、「持つこと」の割に、私たちは「あること」を教えられてはいません。

組織開発の担当者の資質を論じる上でも、「持つこと」はいくらでも教えられます。しかし、「あること」やそれにまつわる信念は、なかなか取り扱えるものではありません。しかし、後者は実施される組織開発の効果性に少なくない影響を与えうると思います。

フロム, E. 佐野哲郎（訳）（1977）. 生きるということ　紀伊國屋書店

アブラハム・マズロー

Abraham H. Maslow　1908〜1970年

アメリカの心理学者。人間性心理学の生み
の親。フロイトの影響が強かった当時の心
理学に異を唱え、人間の「自己実現」をト
ップに据えた階層的な動機論などを提唱し
た。エサレンに滞在したこともあり、同施
設の思想的支柱となった。
主な著書：マズロー, A. H. 小口忠彦（訳）
(1987) 人間性の心理学——モチベーショ
ンとパーソナリティ——　産能大学出版部

ったものに、「自己啓発セミナー」があることは周知の事実です。ここでは、
その流れを把握していきましょう。自己啓発セミナーの思想的基盤は、実は意
外な研究者から出てきます。アブラハム・マズローです。おそらく、人事を長
く担当されている方でしたら、マズローの名は聞いたことがあるかと思います。

　1960年代、心理学者のマズローは人間性心理学という新たな学問体系を主
張します。人間性心理学とは、主体性・創造性・自己実現といった人間の精神
活動のポジティブな側面を強調した心理学の学派を意味します。

　マズローという心理学者は、端的にいうと、「反フロイト」の考え方を持っ
ている研究者でした。先にフロイトの部分で述べましたように、フロイトは「人
間というのは、何か意識の下に抑圧されたもの、ネガティブなものを持ってい
て、それが病理になっているのだ」という人間観を持っていました。

　マズローの人間観は、人間は抑圧されたものから動かされるような存在では
なく、もともと自己実現（self-actualization）に向かって成長しようとする存
在である、というものです[137]。彼は、その前提に立ち、有名な「欲求5段階説」

名称	概要
生理的欲求	ホメオスタシス（身体の自動調節的機能）による水分や酸素、栄養素への欲求、体内の欠乏による空腹を満たす欲求（空腹、のどの渇き、性への欲求）
安全の欲求	安全、安定、依存、保護、恐怖・不安・混乱からの自由、構造・秩序・法・制限を求める欲求
所属と愛の欲求	家族、友人、恋人、集団との接触、親密さ、所属感への欲求（疎外感、孤独感、孤立感を克服したいという欲求）
承認の欲求	自己に対する高い評価、自尊心、他者からの承認に対する欲求（強さや自信に対する願望と、他者による評判や信望、評価などに対する願望）
自己実現の欲求	人の自己充足への願望（その人が潜在的にもっているものを実現しようとする傾向、より一層自分自身であろうとし、なりうるものになろうとする願望）

出典：マズロー（小口訳 1987）pp.56-72, p.146に基づいて筆者が作成
（マズローは欲求の5段階について図示していないため、本書でも表で示しました）
マズロー, A. H. 小口忠彦（訳）(1987). 人間性の心理学―モチベーションとパーソナリティ― 産能大学出版部

を唱えました（図表48参照）。欲求5段階説は、たいていの人的資源管理や組織行動論の教科書に紹介されていることと思います。

　図表48に見るように、マズローは人間の持つ欲求のうち、最も高次なものに「自己実現の欲求」を置きました。そして、この自己実現という概念や価値観は、当時の人々の心を捉えました。

　当時はベトナムの反戦運動や公民権運動など、体制による抑圧に対する反発

137　マズローは、この自己実現を目指す人間を探究する心理学として、人間性心理学というものを打ち立てました。人間性心理学とは、従来の心理学が、人間のネガティブな側面に注目していたのとは異なり、人間の主体性や自己実現などのポジティブな部分に焦点化して、人間理解を進めようとしました。マズローは、当時の心理学を支配していたフロイトの考え方に挑戦を仕掛けました。
　「行動主義を批判するときと同じように、人間性は前進的、目的的なものだという見解を掲げてフロイトに攻撃を加える。彼らは、人間が、自分の存在を形成し、方向づけ、それに責任をとることができる、という能力に信頼をおいたのである。（中略）人間性の内面の核心が内的および外的な支配から解放され、十分な表現を許されるときにのみ、人間は十分に機能（full functioning）し、そして自己を実現する（self-actualization）ことができるのだ、と彼らは考えた」（デカーヴァロー, 1994, pp.15-16.）
　デカーヴァロー, R. J. 伊東博（訳）(1994). ヒューマニスティック心理学入門──マズローとロジャーズ── 新水社

が若者に渦巻いていて、人間性の回復といったことが課題になっていた時代でした。ここに人間性心理学を思想的基盤として「人間性回復運動（human potential movement）」が生まれてきます。

　人間性回復運動とは、人間は内なる潜在的な能力を持っているものだから、それをどんどん解放していこう、という当時のムーブメントです[138]。その内なる潜在能力を解放していくときに必要な道具立て、手段として注目されたのが「集団精神療法」であり、Tグループ（主にST）やゲシュタルト療法など集団精神療法を応用して開発された「ワークショップ」でした[139]。

　こうして、人間性回復運動が盛り上がる中、カリフォルニアのビックサーという場所に「エサレン研究所」という民間の研究所が立ち上がりました。ここではさまざまな人が訪れ、日夜、潜在的な能力を解放するためのテクニックが研究されていました。エサレンは、当時「調合室」といわれ、さまざまな心理療法を調合して、多様なワークショップを生み出していきました[140]。

　『エスリンとアメリカの覚醒』という、エサレン研究所と人間性回復運動につ

138　ハーバード大学のロバート・ベラーによれば、アメリカ人のメンタリティの中に最も深く刻み込まれているものが「個人主義」です。しかし、一様に見える個人主義も、その内実は多様です。アメリカ社会に伝統的に位置づく伝統的な個人主義――「社会とは諸個人が、ただ自己利益を増大させるためだけに加入する契約により生じるのだとする（下記書籍のp.393）」――「功利的個人主義（utilitarian indivisualism）」は、時代が経つにつれ、相対化され始めます。「個人とは経済人である」とされる前提に、人々の疑義が集まるのです。
　　　対して、登場するのが「表現的個人主義（Expressive Indivisualism）」です。「表現的個人主義」は、「すべての個人は感情と直感の独特の核をもっており、個性実現のためには、こうした核が展開あるいは表現されなければならない」（下記書籍のp.394）と主張します。そして、ベラーが明らかにしたように、表現的個人主義は、1960年代に台頭した人間性回復運動、さらには、その延長上にあるセラピー文化と共振して、アメリカ人に広く浸透していくことになります。
　　　ベラー, R. N. 他 島薗進・中村圭志（訳）（1991）. 心の習慣――アメリカ個人主義のゆくえ ―― みすず書房
139　人間性回復の手段として当時注目されていたのは、LSD（薬物）でした。また、この運動に、アップル創業者のスティーブ・ジョブズは大きな影響を受けていました。彼が開発したコンピュータ、マッキントッシュは、人々を管理することに開発された「メインフレーム」による支配に抵抗し、コンピュータを個人の能力の解放の手段としていました。ワークショップ、組織開発、マッキントッシュといった人工物は、このような時代の思想――対抗文化から生まれたものとも解釈できます。

いて書かれた本があります[141]（書籍タイトルでは「エスリン」と表記されていますが、ここでは一般的な名称である「エサレン」と表記します）。この本によると、エサレン研究所があった場所は、もともと単なる温泉地だったそうです。ここにスタンフォード大学出身のリチャード・プライスとマイケル・マーフィーの2人がやってきて、私設の研究所を建てました。

　当時は、ベトナム戦争もあり、体制に抑圧され、若者たちは怒っていました。人間というのは単なる歯車のような存在ではない、と。

　そこで、温泉地であるエサレンで、人間の内なる可能性など、人間の内面に持っているものを解放していくようなワークショップをつくれないかと考えたのです。

　ワークショップの「調合室」と化したエサレンは、恐ろしいスピードで変容を遂げていきます。エサレンのセミナーには、全国的に指導的な立場にある学者、理論家、心理療法家、哲学者が訪れ、さまざまな心理療法や身体開発が行われていきました。

　エサレンでのワークショップが新たに「調合」されるときには、既存のワークショップのエッセンス──すなわちTグループやゲシュタルト療法などの集

140　エサレンは、この時代、スピリチュアルなコロニーであったということが多くの文献から明らかになっています。たとえば、ハワードは、このように記しています。
　　「（エサレンの）専任スタッフは、入れ替わり立ち替わりやってくる参加者たちに、『人間であるとはどういうことなのか』を知らせるための『非言語的・感覚的経験の用具一式』を準備してあるのだと書かれていた（ママ）。ある人はエサレンを『ひとつの精神的なコロニーであり、ひとつのチャンスであり、一つのシンボル』なのだと呼んでいた」
　　ハワード，J. 伊東博（訳）（1977）．可能性をひらく──グループの中の自己変革──ダイヤモンド社　p.13.

141　アンダーソン，W. T. 伊東博（訳）（1998）．エスリンとアメリカの覚醒──人間の可能性への挑戦──　誠信書房

団精神療法が混ぜられていきました。かくして、調合室と化したエサレンからは、「効果のあるワークショップ」だけでなく「問題のあるワークショップ」も生まれてきました[142]。"効果のありそうなもの"を次から次へと調合していったので、いいものも出てくれば、だめなものも出てきます。とりわけ、商業主義やネットワークビジネスの手法を組み入れられたワークショップの中には、倫理的に問題を抱えたものが少なくありませんでした。

　その中には、「組織開発」やTグループと見た目は似ているようで、中身は単なる「自己啓発セミナー」のようなものも生み出されました。

　これは決して、エサレン自体が悪いわけではなく、当然、調合されたTグループが悪いわけでもありません。その中にいた若干名の人たちが、そこで"調合"された手法にネットワークビジネスの手法を加味して「自己啓発セミナー」

142　この当時生まれた集中的グループ経験に、ジョージ・バックによって創始された「マラソングループ」がありました。マラソングループは、3日から4日間、まったく中断されることなく継続される長時間のグループです。時間が長くなり、睡眠時間が抑制され、疲労がたまれば、相互に情動を表出することはより行われることになります。このようなプロセスの中で「社会的仮面(social mask)」を抑制することが目指され、そこで相互にフィードバックがなされます。
　バック, G. (1976). マラソン・グループ――親密な人間関係の深い関係――シロカ, R. W.・シロカ, E. K.・シュロッス, G. A. (編) 伊東博・中野良顕 (訳) (1976). グループエンカウンター入門　誠信書房　pp.195-208.

　なお、マラソングループの発展系として、ビンドリムによって創始されたのが「ヌードマラソン」です。(写真5および6参照) このヌードマラソンは、マラソングループによって自己表出を始めた参加者の多くが、ときに衣服を脱いでしまう、という経験から生まれたといいます。ヌードになることによって、マラソンのグループの相互作用が明らかに促進されるのだとされました。あるマラソングループによれば「お互いに情緒をひらき、純粋に透明になる効果」が、20人のうち17名に確認されたといいます。
　しかし、ヌードマラソンは、ハワードによって報告され、ライフ誌にセンセーショナルにとりあげられました。倫理的課題、ファシリテーターのあり方などについて激しい論争を生み出しました。

　ビンドリム, P. (1976). ヌード・マラソンについての報告 シロカ, R. W.・シロカ, E. K.・シュロッス, G. A. 伊東博・中野良顕 (訳) (1976). グループエンカウンター入門　誠信書房　pp.224-245.
　Howard, J. (1968). Inhibitations thrown to the gentle winds : A new movement to unlock the potential of what people could be - But are't. *Life*, 65 (2), 48-65.

(Photo/The LIFE Picture Collection/Getty Images)

(Photo/The LIFE Picture Collection/Getty Images)

として仕立て上げ、商品化し、普及させていったということです。

　当時の文献を見ていくと、エサレンで生まれた自己啓発セミナーまがいのワークショップについて、下記のような記述が見て取れます。

「エストが姿を現したときから、ヒューマン・ポテンシャル運動は前とは同じものではなくなってしまった。エアハルト（自己啓発セミナーの創始者）は、ヒューマン・ポテンシャル運動をアメリカナイズしたのだ。……（エアハルトは）はじめは車のセールスマン、後には通信教育の訪問セールスマンであり……明らかに彼はセールスの鬼であった。長じてセールスマン・トレーナーの鬼になった。……彼はゲシュタルト療法の本も読み何度かエスリンにも行き、フリッツに会い、……ワークショップもやった。「エアハルトセミナーズ・トレーニング」は花火のように打ち上げられ、またたく間に、ウェルナー・エアハルトは、全くの無名から華々しい地位に駆け登っていった。

（中略）

　エスリンは競争しようともしなかった。／たとえばワークショップリーダーたちに、競合する組織で働くのを制約するとか、勝手にプログラムを作るのを禁止するとか、そうした努力は何もしなかった。

　ヒューマンポテンシャル運動……についての報告は、批判的なものが多くなり、さらには嘲笑的にさえなってきた」

（アンダーソン 1998, pp.249-273[143]）

　上の記述にある「エスト」というのは、1970年代に全米で流行した自己啓発セミナー会社です。上記に示すような自己啓発セミナーは、集団精神療法にセールストレーニングが「調合」されて誕生しました。

　自己啓発セミナーの特徴は、次のようになります。

143　アンダーソン, W. T. 伊東博（訳）（1998）．エスリンとアメリカの覚醒——人間の可能性への挑戦——　誠信書房

◇自己啓発セミナーの特徴

1．3日間から5日間の個人向けの有料セミナー・ワークショップを取ることが多い。

2．Tグループやゲシュタルト療法など、エサレンで開発されたワークショップが「調合」されている。こうしたベースにネットワークビジネスの訪問販売員向けトレーニングを「接合」してカリキュラム化されている。

3．カリキュラムは3段階にわかれていることが多い

第1段階：（ベーシック）：自己を知ることを目的とする場合が多い。

第2段階：（アドバンス）：自分の殻を破ると称して、コンフォートゾーンを超える挑戦を課す場合が多い。

第3段階：（エンロール）：自分の殻を破って、他者を高額セミナーに勧誘することを目指す場合が多い。

4．自己啓発セミナーのルール

1．インフォームドコンセントがない。

2．途中退出ができない。

3．人生のすべての責任は、すべて「自己」にあるとされる。

4．人はみな自分の内側に「成長の源泉」をもつとされる。

5．意識こそが現実をつくるので、意識を変革することが求められる。

6．「今ーここ」で起こったことが「すべて」であるとされる。

7．あなたが変わるために「他者」は存在するとされる。

（小池, 2007に筆者加筆・修正）[144]

　自己啓発セミナーの特徴はだいたいこのようになっていますが、いかがでしょうか。ここだけの記述を見ても、「自己を知る」「〈今ーここ〉で起こったこと」などの言葉に、Tグループや感受性訓練との類似性が見て取れます。というのも、

---

[144] 小池靖（2007）．セラピー文化の社会学——ネットワークビジネス・自己啓発・トラウマ——　勁草書房

先ほどから申し上げているとおり、これらはルーツが同じであり、両者ともに集団精神療法のエッセンスが活かされているからです。

　かくして自己啓発セミナーは、最初はアメリカ、そして1980年代の日本にも広く普及していきました。

　当時、Tグループの実践者たちは、このことに非常に心を悩ませていました。日本のTグループ実践者のパイオニアである、元南山短期大学教授の中堀仁四郎氏は当時、次のように述べています。

「手法的にはグループを用いた種々のセミナーが盛んに行われているが、問題のあるものも多いときく。（中略）最近、Tグループではないが問題のあるセミナーがあちこちで行われている（中略）今、なんらかの倫理基準を考えることが必要であるのかもしれない。（中略）Tグループでは、民主主義と人間尊重、集団と個人の実現を促進することがその倫理の基本となる」

（中堀, 1990, pp.36-37[145]）

　中堀氏はここで、Tグループは本来、民主主義と人間尊重、集団と個人の実現を促進する、ということがその倫理の中心になっているのに、問題のある自己啓発セミナーと「十把一からげ」に扱われるようになってしまったということを嘆いています[146]。

　最近では少なくなりましたが、一昔前は、「組織開発＝ST」と捉える方々や、「組織開発≒自己啓発セミナー」と捉える人事担当者も少なくありませんでした。そして、そうした人事担当者は、組織開発という言葉を聞くと、「寒気がする」「怪しげなイメージ」と言っていました。これは、「組織開発と似て非なるもの」がある時期に行われた影響であると考えられます。

145　中堀仁四郎（1990）．Tグループの倫理　人間関係（南山短期大学人間関係研究センター紀要），
　　7,. 35-48.

1980年代以降、日本では組織開発という言葉が使われなくなり、組織開発は下火になりました。そして、1980年代後半から1990年代に自己開発セミナーが日本で流行し、「マインドコントロール」がマスコミで取り上げられました。この時代、組織開発が怪しげなマインドコントロールと同種のものであると一部の人々に捉えられ、一緒くたにされたきらいがあります。

　そして、ちょっとした組織開発ブームのような状況にある今、私たちは同じ道を進むことのないよう、注意して歩みたいものです。

---

146 STに対しては、その活動の賞賛とともに、多くの識者によって、その後、さまざまな批判が展開されてきました。典型的なものとしては、1) 明確な構造がない相互作用のためにメンバーを極度の緊張に陥れてしまい、ときに破壊的な経験を生み出してしまうこと(Greeting 1964)、2) 人間関係などの情動的なものを重視しすぎるゆえに、個人の分析、判断、意志決定といった個人の役割や責任が無視される傾向があること（McNair 1957）、3) トレーニングにおいて学習した成果を職場に転移させることが極めて難しいこと（Drotning 1966）などがあります。
そのすべてを解決する方法はいまだありません。しかし、参加者が破壊的な経験を避け、よりよく学ぶことができるようにするためには、1) 異常に傷つきやすい人や他者に敵意を持つ人を参加者として選抜しないこと（選抜の工夫）、2) 専門的トレーナーの資質向上とスタッフトレーニングを充実させること（組織開発実践者の人材開発）、3) 組織開発を実施する際の人々の相互作用の過程を分析する研究を増やし、実践に還元すること（科学的探究の充実）が必要でしょう（Greeting 1964）。
Greeting, T. C. (1964). Sensitivity training: Cult or contribution? *Personality*, 41 (3), 18-25.
McNair, M. P. (1957). What price human relations? *Harvard Business Review*, 35 (2), 15-39.
Drotning, J. E. (1966). Sensitivity training: Some critical questions. *Personnel Journal*, 45 (10), 604-606.

第11章
組織開発の復活
組織開発の見直しと対話型組織開発の広がり

❖キーワード
対話型組織開発／AI（アプリシエイティブ・インクアイアリー）／社会構成主義／ホールシステム・アプローチ／オープン・スペース・テクノロジー／ワールド・カフェ

　1990年代のアメリカでは「ODは死んだ」といわれ、多くの企業で組織開発部門も縮小されました。一方で、1990年代には2000年以降に脚光を浴びるようになる、さまざまな新しいアプローチが生まれています。ここでは、2000年から現在（2018年）までの組織開発について見ていきます。

1｜組織開発の見直し

　2000年代の組織開発の動きとして挙げられるのは大きく２つあります。１つは「組織開発の見直し」であり、もう１つは、「対話型組織開発の広がり」です。

　まず、１つ目の、組織開発の見直しの動きから見ていきましょう。

　組織開発を専門としない研究者からの、組織開発は雑多だ、不要であるといった批判に対して、2000年代に入り、組織開発の実践者や研究者たちによって、「組織開発とは何か」、「組織開発らしさとは何か」といった議論がなされるようになりました。

　組織開発研究者による、「組織開発らしさにと

ロバート・マーシャク

Robert J. Marshak

アメリカの組織開発研究者および実践者。アメリカン大学で組織開発を教える。若い頃に韓国で仕事をした経験があり、東洋の思想や変革論にも関心を持つ。アメリカODネットワークの生涯功労賞の受賞者。

主な著書：Bushe, G. R., & Marshak, R. J. (2015). *Dialogic organization development: The theory and practice of transformational change.* Oakland, CA:, Berrett Koehler.

は何か」という問いに対する答えの1つが、NTL Instituteから2006年に出版された「NTL組織開発と変革のハンドブック」の中にあります。その第1章[147]で、NTLメンバーであるマーシャクが、「組織開発は価値観ベースの実践である」ということを明確に述べています。

マーシャクによる、組織開発は価値観ベースの実践である、という主張は、組織開発であるものと、そうでないものを、手法によって区別できるものではない、ということを意味しています。例えば、チーム・ビルディングは組織開発であり、目標による管理は組織開発ではない、といった単純な議論はできない、ということです。実施する手法や取り組み、働きかけのベースに、組織開発で重視している価値観があるかどうかがポイントとなる、ということです。

マーシャクが挙げる組織開発の価値観は以下の4つ、「①人間尊重の価値観」「②民主的な価値観」「③クライアント中心の価値観」「④社会・生命的システ

147　Marshak, R. J. (2006). Organization development as a profession and a field. In B. B. Jones & M. Brazzel (Eds.) *The NTL handbook of organization development and change.* San Francisco, CA: Pfeiffer. pp.13-27.

ム指向の価値観」でした。

①人間尊重の価値観

　マーシャクは「ヒューマニスティックな哲学（humanistic philosophy）」という言葉を用いています。人間は基本的に善であり、適切な場が与えられれば、自律的かつ主体的にその人が持つ力を発揮すると捉えます。組織の中で差別や抑圧がなされるべきではないと考え、組織の人間的側面に常に目を向けていきます。マクレガーが提唱したY理論も人間尊重の価値観の表れです。

②民主的な価値観

　マーシャクは「民主的な原理（democratic principles）」という言葉を用いています。物事を決定する際には、それに関連する、できる限り多くの人が参加し関与したほうが決定の質が高まり、決定が実行されると捉える考え方です。この価値観にはクルト・レヴィンが大きく影響しています。レヴィンは第2次世界大戦中にドイツからアメリカに亡命しました。その経験に根ざして、彼は独裁ではなく、民主的であることを重視していました。例えば、彼の授業はカフェで学生が自由に対話するというものでした。また、Tグループが誕生するきっかけとなった、参加者がスタッフ・ミーティングに参加を申し出た際に、クルト・レヴィンが彼らを受け入れたエピソード（135ページ参照）にも、彼の民主的な価値観が表れています。

③クライアント中心の価値観

　マーシャクは「クライアント中心のコンサルティング（client-centered consulting）」という言葉を用いています。コンサルティングという言葉が用いられていますが、コンサルタントとクライアントという関係についてだけ言及しているのではありません。組織開発は、組織開発実践者が中心となって取り組みが行われるのではなく、クライアントである当事者が中心となって取り組まれることが重要だとする考え方です。クライアント・システムが自ら変わっ

ていく過程を、組織開発実践者はパートナーとして支援していきます。

④社会・生命的システム指向の価値観

　マーシャクは「社会・生命的システム指向（social-ecological system orientation)」という言葉を用いています。少しわかりにくい表現ですが、要するに、組織を機械として見ることはせず、組織は有機的な生命体システムであると捉える考え方です。そして、自分の会社の利益だけを追求すればよいと考えるのではなく、地球全体が社会システムであり、グローバル社会や地球環境との共存を目指すことが大切だという価値観です。

　「組織開発らしさは上記の4つの価値観にある」、というマーシャクの主張は、「科学的管理法のベースになる機械的組織論の対極に組織開発がある」、ということを改めて認識させてくれます。また、マーシャクの「組織開発は価値観ベースの実践である」という言葉は、組織開発の手法を実践しさえすれば組織開発実践者である、とはいえないこと、つまり、組織開発の根底にある価値観を体現することで、初めて組織開発実践者といえる、ということを表しています。

　マーシャクの提言は、組織開発らしさをソフトに見直すものでした。一方で、組織開発の内側から、挑戦的かつ批判的に組織開発を再考する動きもありまし

た。それは、組織開発の業界に激震が走った「問題作」の出版でした。タイトルは『組織開発の再発明』[148]。2005年に出版された本なのですが、編著者はリピットらとともにNTLを創設したブラッドフォードの息子で、スタンフォード大学のデイヴィット・ブラッドフォード[149]と、組織開発の重鎮で「組織開発教科書」の著者でもあるコロンビア大学教授のウォーナー・バーク[150]です。

　組織開発の分野でも中心的な大物２人で編著したこの本は、「組織開発が現代においてもまだ価

値を持つものであるならば、なぜ今、無視されていたり、周辺的な存在として扱われているのか」という批判的な問いに対して、さまざまな人たちの論文を載せたものです。つまりは「組織開発は本当に死んだのか」を、組織開発の内部者が徹底的に内省し見直そうとした、そういう本です。中には、『ビジョナリー・カンパニー』の共著者だったジェリー・ポラスに、「1960年代には盛んに組織開発をやっていたのに、なぜ組織開発から離れたのか」とインタビューをしているなど、かなり踏み込んだ内容になっています。

この本では「組織開発とは何か」という問いについて、「組織開発は人間的側面に働きかけるだけではなく、組織の諸次元（戦略、構造、報酬システムなどを含む）の一致性を高めるものである」と再定義しています。彼らがこの本の中で提唱した、組織開発の定義は以下の通りです。

組織開発とは、(1)主に人間尊重の価値観体系、(2)行動科学の応用、(3)オープンシステム理論に、基づいて、外的環境・ミッション・ストラテジー・リーダーシップ・文化・構造・情報と報酬システム・仕事の方針や進め方、などの組織のさまざまな次元間の一致性を高めることによって、全体的な組織の効果性を高めることを目指した、計画的な変革の体系的なプロセスである。

(Bradford & Burke　2005, p.12)

つまり、人や関係性などの人間的な側面だけに働きかけるのではなく、戦略や構造、制度などの組織のハードな側面も含めた、いろいろな次元の一致性を

148　Bradford, D. L., & Burke, W. W. (Eds.) (2005). *Reinventing organization development: new approaches to change in organizations.* San Francisco, CA: Pfeiffer.

149　David L. Bradford（デイヴィッド・ブラッドフォード）スタンフォード大学名誉教授。組織行動論および組織開発の研究者。NTLの創始者の1人である、リーランド・ブラッドフォードの息子。主著書：(2010). 高嶋成豪、高嶋薫（訳）POWER UP——責任共有のリーダーシップ——　税務経理協会

150　W. Warner Burke（ウォーナー・バーク）アメリカの組織開発研究者。コロンビア大学教授。組織開発に関する多くの書籍や論文を公刊している。日本にも招聘されている。主著書：(1982). 吉田哲子（訳）組織開発教科書——その理念と実践——　プレジデント社

高めていくことが重要である、ということを組織開発の定義に彼らは含めました。例えば、人事制度や報酬制度と働く人のマインドの一致性を高めたり、戦略と人々の気持ちやチーム意識の一致性を高めていくなど、人と人との関係性やヒューマンプロセスだけではなく、ハードな側面への働きかけも大事にするのが組織開発である、といった定義です。

　この再定義は、人間尊重の価値観などに基づいていることは、マーシャクの提言と共通しています。そして、組織の諸次元の一致性を高めていくという部分は、1960年代終盤から1970年代に示された、組織開発の古典的な定義（ベックハード　1969の「組織のプロセスに対する計画的な介入」や、バークとホーンスタイン　1972の「組織文化の変革」などの定義）に比べて、組織開発自体の範囲をかなり広く取っています。つまり、いわゆる「風呂敷」をもってして、より多くのものを包み込もうとしているのです。

　この本の最後の章では、組織開発の実践者はビジネス視点を持っているか、人間尊重や民主的な価値観を強調しすぎていないか、ヒューマンプロセスを重視しすぎていないか、技術や構造との統合を意識しているか、などと問いかけています。例えば、人間尊重の価値観は重要だが、それに固執しすぎていて弊害はないだろうか、と問いかけています。最後は、今までの組織開発の歴史や実績に安住せず、実践者は問い続けてチャレンジし、新たな実践と再発明をしていかないと組織開発の未来は暗い、という言葉で結ばれています。かなり厳しい言葉ではありますが、真摯に受け止める必要がある問いかけだと思います。

2 | 強みに着目する組織開発：AI

　2000年代は、このように「組織開発らしさの見直し」がなされた時代でした。この見直しの動きは、組織開発実践者に必要な力は何かというテーマも含みながら、関係者の中に大きな議論を引き起こしつつ、今も続いています。そして、これと同時に起こってきたのは、新たな組織開発の誕生、「組織開発復活ののろし」です。2000年代に入り、「社会構成主義の考え方に基づく新しい組織開

ディヴィッド・クーパーライダー

David Cooperrider　1954年〜

アメリカの組織開発研究者および実践者。ケース・ウェスタン・リザーブ大学教授。1987年にスリバストバとともに発表した論文「組織の日常におけるアプリシエイティブ・インクアイアリー」でAI（アプリシエイティブ・インクアイアリー）の考え方を初めて提唱した。

主な著書：Cooperrider, D.L. & Srivastva, S. (1987). Appreciative inquiry in organizational life. In Woodman, R. W. & Pasmore, W.A. (Eds.) *Research In organizational change and development*, Vol. 1. Stamford, CT: JAI Press. pp.129-169. Cooperrider, D. L.,& Whitney, D. (2005). *Appreciative inquiry: A positive revolution in change*. San Francisco, CA: Berrett-Koehler. （クーパーライダー，D・ウイットニー，D. 市瀬博基（訳）(2006). AI「最高の瞬間」を引き出す組織開発　PHP研究所）

発」が生まれ、組織開発はふたたび奇跡の復活を遂げることになるのです（社会構成主義については286ページからのコラムを参照）。

　そのきっかけの1つとなったのが、組織開発の救世主ともいうべきディヴィッド・クーパーライダーによる、AI（アプリシエイティブ・インクアイアリー：以下AI）の登場です。

　AIは、1980年代初頭、組織開発研究で有名なケース・ウェスタン・リザーブ大学院の博士課程であったクーパーライダーが、クリーブランド・クリニッ

クの組織変革に従事したときに試行錯誤のうえ開発したもので、1987年に「Appriciative inquiry in organizational life」という論文を公表することで知られるようになりました。しかし、組織開発の手法として広く認知され、実践されるようになったのは2000年代に入ってからのことです。

　AIの開発者、クーパーライダーを「組織開発の救世主」と書きましたが、彼は少々変わった組織開発を始めました。何が違っていたのでしょうか。違いは下記の2点、すなわち「強みを見える化する」ことと「反客観主義」に特徴づけられます。

　クーパーライダーが行った「少々風変わりな組織開発」の第1の工夫は、それが「強みを見える化する」という点です。

　従来の組織変革は、「組織の欠陥」を何らかの手段で「見える化」して、それらについて関係者が対話するのを促し、解決するというものでした。氷山の下に隠れていた、問題の本質的な部分を見える化するわけですが、それをやっていると、参加者は微妙な立場に置かれてしまうのも事実です。なぜかといえば、氷山の下にあるものは、他ならぬ自分たちが生み出した結果でもあるからです。誰しも自分の失敗と向き合うのは嫌ですし、どうしても言い逃れをしたくなります。「発言が出ない会議」が問題になっていたとすれば、発言をしなかった自分も悪いということになります。すると、どうしても、「自分だけは仕方なかった」などと言って、責任を取ろうとしない人が出てきて、いつまでも問題が解決しないということがあります。つまり、従来の組織開発が持っていた「見える化」という手法は、組織メンバーの間に「自己防衛ルーチン」を駆動してしまいがちです。「自己防衛ルーチン」にとらわれたメンバーは、組織の問題を隠蔽するようになるでしょう。なぜなら、問題を抱えているのは、「他人」ではなく、「自分自身」でもあるからです。

　組織開発の持つ、この脆弱性に対して、クーパーライダーは、欠陥を発見して見える化するのではなく、最初から自分たちが気づいていないよいところや強みを見える化し、ベストな状況の方をみんなで描き、それをもとに対話すれ

ばいい、と考えました[151]。具体的な手続きとしては、詳しくは後述しますが、AIではメンバー全員が各自の強みを語り合い、自分と組織の未来を明るく対比するといったことが行われます。

クーパーライダーの工夫の第2点目は、「反客観主義」です。客観主義とは、「世界には、個人の主観とは別に事物・道理・意味が存在する」という考え方です[152]。それまで支配的だった組織開発、すなわち診断型組織開発では、個人の主観とは切り離して、物事を把握するための手続きとして、科学的で客観的な手法が重視されました。しかし、クーパーライダーはこれに異を唱えます。

むしろ、組織開発には「当事者の主観」を駆使することが重要であることを主張したのです。彼は、科学的に合理的な手法ではなく、当事者の主観を重視することで、「組織が持つ強み」は発見でき、また、それらを交換することで未来の現実を創り上げることができる、ということを主張しました。クーパーライダーの創始した新たな組織開発——アプリシエイティブ・インクアイアリーは、「意味というのは当事者同士の主観をもって発見可能であり、また、コミュニケーションを通じて認識はつくり上げられる」とする「社会構成主義」の考え方に立脚するものでした。

---

151 ポジティブな側面に着目したAIは、しばしば1990年代にマーティン・セリグマン、チクセントミハイらによって創設され広まったポジティブ心理学の言説とともに語られます。しかし、AI自体は1980年代から行われており、直接的な影響を受けているということはないようです。ただし、1990年代以降は、ポジティブ心理学、それによる影響を受けたポジティブ組織論が、組織行動論において台頭し、その後の組織開発にも強い影響を与えます。ポジティブ組織論とは、キャメロン、ルーサンズらよって自己効力、希望、楽観主義、レジリエンスを感じる組織のあり方について研究する研究の潮流です。その後のAIは、これらの両研究の潮流に乗り、解釈され始めていきます。

152 客観主義は「事物には容易に変化しがたい普遍的な原理原則がある」という本質主義と共振しやすい特質を持っています。そして、近代科学は、この客観主義と本質主義を礎として発展してきました。
近代科学は、数学者であったルネ・デカルトが、「我考える、ゆえに我あり」として、人間個人に駆動する「理性」の力を高らかに宣言したところから始まります。デカルトは、それまで王族教会などによって因習・迷信が生み出され、それらによる人々が支配した時代に異を唱え、個人の理性により「蒙」を「啓く」という啓蒙主義の基盤をつくり出しました。これがベースになって近代科学が発展していきます。

コラム● 社会構成主義とは何か

　AIは、後述する、対話型組織開発と呼ばれるアプローチの1つです。対話型組織開発のベースには、社会構成主義の考え方があります。社会構成主義とは、「words create world（言葉が世界をつくる）」という言葉で示されるように、人々にとっての現実はその場で語られる言葉によって構成される、という考え方です。例えば、「うちは風通しの悪い職場でね」などと言うことがあります。しかし、実際には「風通しが悪い職場」という真実がそこにあるわけではありません。「うちの職場ってなかなか物が言えないね」「みんなどこか遠慮しているよね」といったことが語られることによって、人々の認識の中に構成されるのが「風通しの悪い職場」です。このように社会構成主義では、そこに存在する現実ですらも、人々によって語られ、意味づけられることで、人々にとって現実として知覚されることを主張します。

　これは、「我思う、ゆえに我あり」と唱え、近代哲学の祖とされるデカルトとは真逆の考え方になります。近代の知、科学の知というものは、簡単に言うと「客観主義」であり「本質主義」です。「世界は個人の経験とか、個人の主観とは別に、事物や道理が存在する。そして、事物には容易に変化しがたい原理原則がある。それを明らかにすることこそ科学的な手法だ」という考え方を色濃く持っているのです。

　客観主義に基づいた組織診断アセスメントは、この考え方に基づいて行われています。チームの課題を、本人の主観とは別に、科学的だといわれる方法で見える化していき、その結果に基づいて話し合いをしていきます。

　一方、AIに代表されるような対話型組織開発では、こうした科学的な手法を使いません。「当事者同士の意味づけが当事者たちの未来をつくっていくものだから、当事者同士が話し合い、意味づけできる場をつくらなく

てはならない」と、対話を通して見える化していきます。これは、それぞれが持っている認識を互いに共有し合えれば、チームが目指すもの、組織が目指すものはおのずと見つかるはずだ、という考え方に立っています。これこそが「社会構成主義」です。

　社会構成主義とは、物事の意味や未来の構造というのは、科学的な手法によって顕在化した客観的な事実によってつくられるのではなく、当事者同士たちのコミュニケーションをする中で社会的につくられるのだという考え方です。今、私たちはこのことを当然のことのように思うかもしれません。ですが、社会構成主義という考え方が生まれる100年前には、誰もそんなことは考えなかったのです。「科学的じゃない人たちが、本人の主観だけで話し合ったって、そこに真実なんてあるはずないし、目指すものが生まれるはずがない」という考え方が普通だったのです。今では誰もが、「コミュニケーションは大切。コラボレーションも大事」などと言いますが、こうした考え方はわずか100年前にはなかったものなのです。

繰り返しになりますが、この「社会構成主義」考え方の対極にあるのは、科学的な方法で、客観的に組織に隠されている悪いもの、課題を見える化し、それを対話によって解決しようという客観主義に立つ組織開発です。こうした組織開発のことを「診断型組織開発」と呼ぶことがあります。診断型組織開発とは「世界には真実があり、それは科学的な手法で明らかにできるものだ」という客観主義、本質主義の考え方に立脚しています。

◇AIの進め方

　ここで、AIの進め方を説明していきます。AIは「ディスカバリー（discovery：強みの発見）」、「ドリーム（dream：理想の状態）」、「デザイン（design：目指す状態の明確化）」、「ディステニー（destiny：定着化）」というステップで進めます。すべてDで始まるので、「４D（フォーディー）」サイクルと呼ばれています。

　まずは参加メンバーが１つの場に集まります。２日間で行われる場合、１日で行われる場合、数回に分けて半日ずつ行われる場合があります。最初に、この集まりで対話を行っていくテーマが紹介されます。また、AIの考え方や進め方について説明がなされます。

　次に、ペアになってハイポイント・インタビューという、互いに「最高の瞬間」を聞き合い、共有します。その人のいいところや、チームや組織の強みをインタビューで引き出していきます。その後は、チームや組織のいいところや、強みをグループや参加者全員で話していきます。個人や組織の強みや活き活きとするための秘訣（スイッチ）を探究していくというわけです。ここまでが「ディスカバリー（強みの発見）」です。お互いのよいところに目を向けたことで気持ちは高まります。

　そして、組織の理想の姿を考えて、寸劇や制作物で表現していきます。これは「ドリーム（理想の状態）」のステップです。気持ちは高まりますが、AIのねらいは気持ちをアゲることではありません。社会構成主義で想定されている「言葉は世界を創る」、つまり、語られる言葉が変わること、人々の見方や視点が変わること、ともに目指す未来が変わることがねらいです。次のステップで

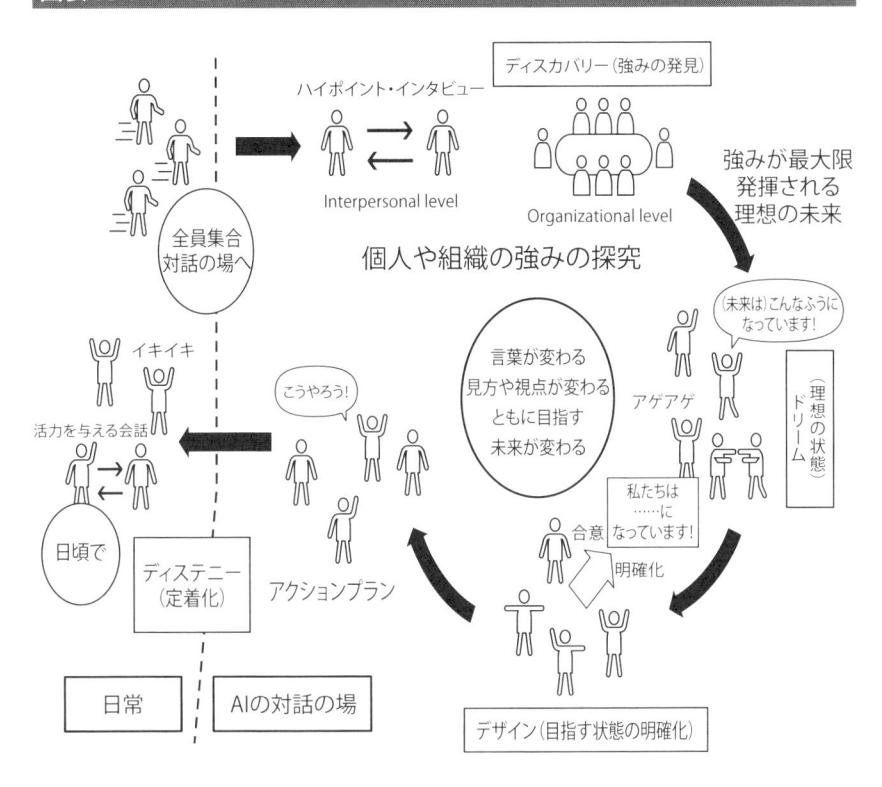

ある「デザイン（目指す状態の明確化）」では、「ドリーム」で表現した理想的な未来の状態が合意され、活き活きとした言葉を用いた文章にしていきます。ともに目指す共通の方向性が声明文として明確になりました。さらに、「ディステニー（定着化）」として、今後取り組んでいくアクションプランを考えていきます。

ここまでが対話の場としてのAIです。しかし、始まりと終わりがある対話の場でAIが終わるのではありません。「ディステニー（定着化）」のためには、計画された取り組みが持続的に実行されること、そして、人々の日頃の会話や視点が変わることが重要です。日頃から、強みの探究と潜在力の発揮がなされ

ることが、チームや組織の転換的な変化につながっていきます。

　かくして組織のポジティブな側面に着目した新たな手法が、1990年代から2000年代にかけて広がり、組織開発が息を吹き返すきっかけになっていきました。

3｜ホールシステム・アプローチの広がり

　2000年代に入ってからはAIだけでなく、フューチャーサーチや、オープン・スペース・テクノロジー、ワールド・カフェなど、ホールシステム・アプローチ[153]と呼ばれるさまざまな対話の手法が同時多発的に広がりました。これらは、組織開発の「風呂敷」に広く包摂されることがありますが、もともとの出自は、組織開発の発展の歴史とは異なるところにあります。

　例えば、フューチャーサーチは、イギリスのタヴィストック研究所で開発された「サーチ・カンファレンス」と、NTLメンバーであったリピットらによる「コミュニティ・フューチャー・カンファレンス」をもとに開発されたものです。利害の異なる関係者が一堂に会し、過去や現在について対話することを通して協力関係を築き、ともに目指す未来の姿を描く、といった手法です。

　一方、オープン・スペース・テクノロジーは、関係者を一堂に集め、参加者が解決したい課題や議論したい話題を自ら提案、企画し、自主的に話し合いを進めていく、というもので、参加者の当事者意識を高めることで、納得のいく合意形成を目指す手法です。

　ワールド・カフェは、リラックスしたゆるやかな会話のほうがしばしば生産的であるという事実にヒントを得て開発された、対話の手法です。小グループでの対話を3ラウンド行い、ラウンドごとにグループメンバーを入れ替えることに特徴があります。

153　ホールシステムとは、全体システムという意味で、組織内外の関係者（企業ならば、役員、マネジャー、従業員、取引先、納入業者、顧客など）を対象にすることを指します。

以下に、それぞれの概要、一般的な進め方などを紹介します（各手法ともに、さまざまな実践法が存在します。ここでは、最も一般的なものを紹介します。各手法の詳細は、それぞれの専門書をご覧ください）。

◇フューチャーサーチ

　組織開発の実践者マーヴィン・ワイスボードと、かつて教師であり臨床心理師であったサンドラ・ジャノフ[154]が1987年に提唱し、1995年に体系化して公表しました。組織内外の関係者を一堂に集めて、対話の部屋の中に全体システムをつくることに特徴があります。典型的には、8種類の関係者が8人ずつで、計64人で実施していきます。対話は、関係者ごとの小グループ（関係者グループ）で、異なる関係者から成る小グループ（混合グループ）で、そして、全参加者で行われます。また、対象となる組織やコミュニティの過去、現在、未来に光を当てながら、対話を行っていきます。オリジナルは2.5日で行われます。

　まず、参加者は過去に目を向けて、過去（30年ほど前）から現在にかけて、個人のレヴェルで、その組織のレヴェルで、そしてグローバルで何が起こっていたかを大きな年表に各々書いていきます。次に、過去から現在にかけてどのような変化が起こっていたかを混合グループで話し合い、全体に共有します。

　次に、現在に目を向けていきます。全員が話せるように集まります。そして、現在、その組織の中で何が起こっているのか、どのような傾向があるのかを参加者で挙げていきます。ファシリテーターは挙げられた傾向を大きなマインドマップに書いていきます（オリジナルではここで1日目が終わります）。次に、関係者グループで集まり、自分たちの現状について考えるとともに、自分たちの今について誇りに思うこと、できていなくて申し訳なく思うことについて対話していきます（このアクティビティは「プラウド＆ソーリー」と呼ばれています）。

　さらに、未来に目を向けていきます。数年後の組織の理想的な状態を混合グ

154　ワイスボード, M. R.・ジャノフ, S. 香取　一昭・ヒューマンバリュー（訳）（2009）．フューチャーサーチ——利害を越えた対話から、みんなが望む未来を創り出すファシリテーション手法——ヒューマンバリュー

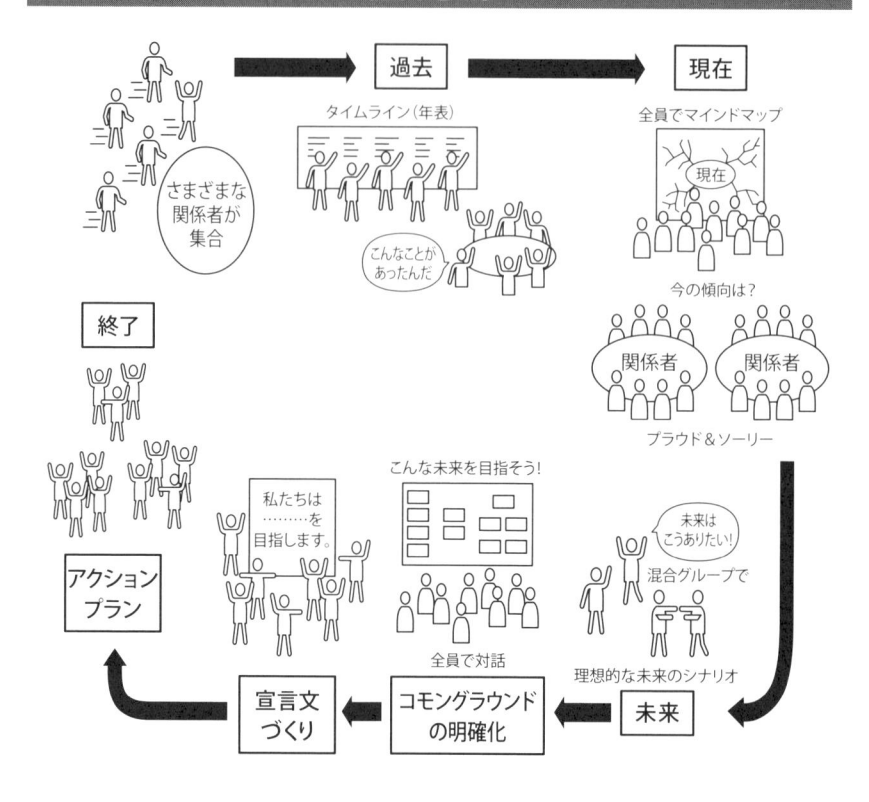

ループで話し合い、寸劇などで表現します。何年後の未来にするかはファシリテーターによって設定されますが、5年後、10年後、20年後などと設定されます。この「理想的な未来のシナリオ」のアクティビティが終了したら、全員が望んでいる未来の状態を小グループでリスト化します。そのリストを2つの小グループで比較し、共通するものを壁に貼ります（オリジナルではここで2日目が終わります）。

　そして、コモングラウンドの明確化に進みます。コモングラウンドとは、全員で共通に目指す状態であり、複数の宣言文として表されます。まずは、ともに目指す状態のリストを全員で分類しながら、合意可能なともに目指す状態に

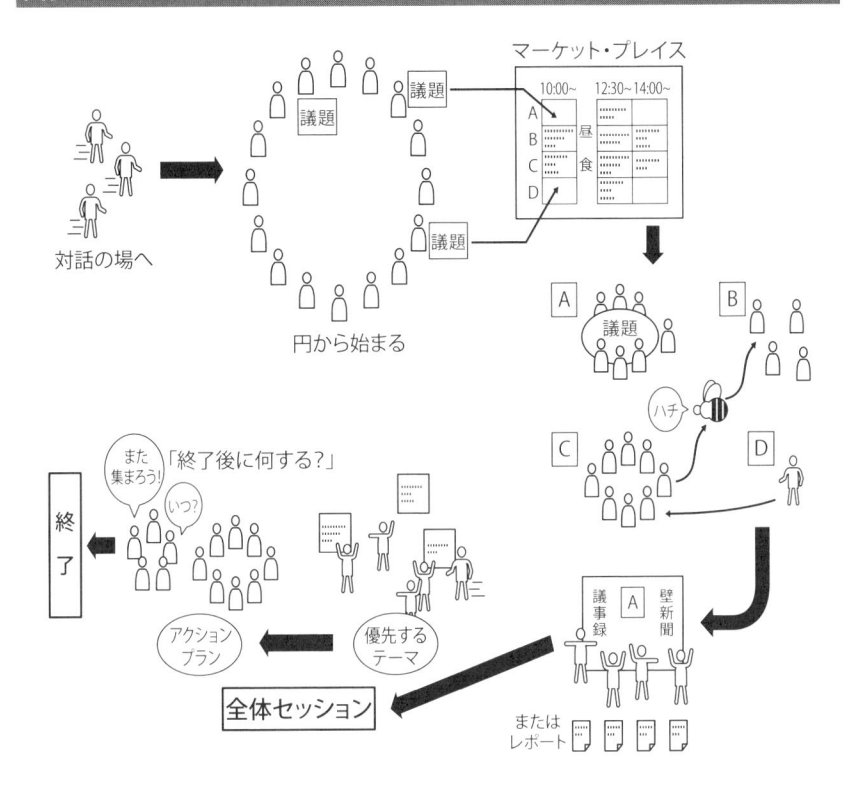

ついて全員で対話をします。この対話がフューチャーサーチの肝です。そして、合意されたリストの1つのまとまりを1つのコモングラウンドとして、宣言文として明文化します。さらに、各コモングラウンドに自発的に集まり、集まった人たちでアクションプランを考え、全体に発表します。ここで2.5日のフューチャーサーチは終了し、その後にアクションプランが実行されることで組織の変化が起こります。

◇オープン・スペース・テクノロジー

オープン・スペース・テクノロジーは、組織コンサルタントのハリソン・オ

ーウェンによって、1985年に提唱された対話の手法です。1983年に彼が運営した国際会議で、参加者が最も有意義だったと言っていたのがコーヒーブレイクだったという経験から、コーヒーブレイクのような協働と刺激が得られるような自然なパワーが生まれる対話の場を考え出しました。

オープン・スペース・テクノロジーでは、参加者が円になることから始まります。対話のテーマに関連して、話したいという意思を持つ参加者から議題が出されます。出された議題は、時間帯と場所（部屋）が記された表（マーケット・プレイスと呼ばれます）に貼り出されます。それによって、どの時間帯にどの場所でどのような議題で対話がなされているかがわかるようになっています。

オープン・スペース・テクノロジーの特徴は、自分の足で動くこと、貢献できないと思ったらセッションの途中であっても他の議題に移動してかまわないこと、です。他の参加者が集まらなかったら自然に終わり、また、時間が終了する前に対話が終われば、そのセッションは自然に終わります。ここには自己組織化の原理が貫かれています。各セッションで話されたことは、議題を出した人を中心に議事録が作成され、壁新聞の形で掲示されるか、レポートとして配布されるなどして、全体に共有されます。

最後に全体セッションが行われます。全体セッションでは、優先するテーマについて投票がなされ、絞られたテーマについてアクションプランを話し合う、短い対話の時間が持たれます。そして、クロージングとなります。

◇ワールド・カフェ

ワールド・カフェは、アニータ・ブラウンとデイヴィッド・アイザックスによって1995年に提唱されました。自宅でリラックスできる空間で行った話し合いが非常に創造的な対話になったという経験を2人はしました。そして、オープンで自由なカフェのような空間で知識や知恵が創発されるという考えに基づいて、この手法は編み出されています。

ワールド・カフェでは、参加者が小グループに分かれ、テーブルに座ります。小グループは4名の場合が多く、各テーブルには模造紙とマーカーが準備され

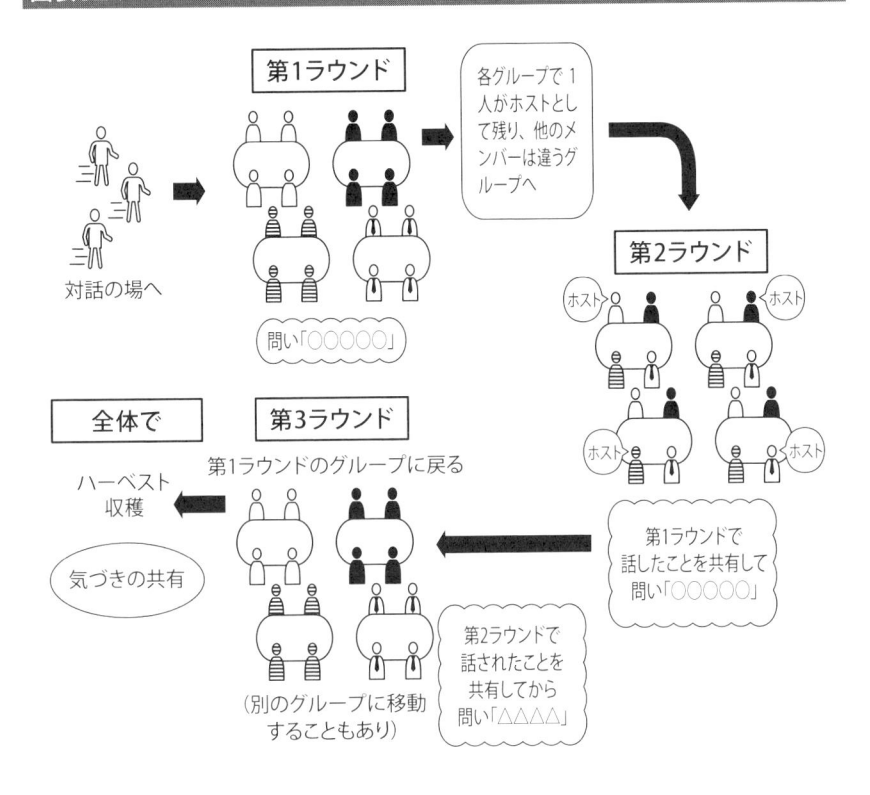

図表52｜ワールド・カフェの一般的な進め方

第1ラウンド

各グループで1人がホストとして残り、他のメンバーは違うグループへ

対話の場へ

問い「〇〇〇〇〇」

第2ラウンド

ホスト　ホスト

ホスト　ホスト

第1ラウンドで話したことを共有して問い「〇〇〇〇〇」

全体で

ハーベスト収穫

気づきの共有

第3ラウンド

第1ラウンドのグループに戻る

（別のグループに移動することもあり）

第2ラウンドで話されたことを共有してから問い「△△△△」

ています。最初に、この企画の趣旨、ワールド・カフェの概要と対話の留意点（エチケット）が説明されます。そして、第1ラウンドの問いが発表されます。参加者は各テーブルでこの問いに対して自由に話し合い、出されたアイデアや考えが模造紙に書かれていきます。

　ワールド・カフェでは、どのような問いを立てるのかが重視されます。問いが対話を通した探究や学習の深まりを左右すると考えられています。通常、3つのラウンドが行われますが、1つの問いについてすべてのラウンドで対話する場合、各ラウンドで1つの問いが設定され、ラウンドを重ねるとともに対話が深められる場合があります。

第1ラウンドの時間が終了すると、第2ラウンドでそのテーブルに残るホストを1人決めます。そして、ホスト以外の参加者は他のテーブルに移動します。その際、第1ラウンドで同じテーブルにいた人は、違うテーブルに座るようにします。これは「他花受粉」と呼ばれ、みつばちが花から花へと花粉を持っていくように、他のテーブルにアイデアや気づきを持っていきます。移動後に、第2ラウンドの対話が始まる前に、まずホストが第1ラウンドで話されたことについて、模造紙に書かれたことを紹介していきます。次に、他のテーブルから来たメンバーが、それぞれのテーブルで話されたことを紹介します。

　第2ラウンドの対話に移ります。各ラウンドで問いが設定されている場合は、第2ラウンドの問いが発表され、その問いについて小グループで対話をしていきます。第2ラウンドの終了後、参加者はテーブルの移動をしますが、基本形は元のテーブルに戻ります。設計によっては、テーブルに残るホストを決めた上で、さらに異なるテーブルに移動する場合もあります。

　第3ラウンド終了後に、3つのラウンドを通して考えたことや気づきを全体で共有します。これは「ハーベスト（収穫）」と呼ばれ、対話を通して得たことを参加者全員で共有していきます。そして、ワールド・カフェは終了となります。

　ちなみにワールド・カフェは、もともと組織開発の手法として設計されたものではありません。そのため、ワールド・カフェの対話イベントを1回実施しただけでは、組織開発の一連の流れを推進し完了することはできません。組織開発の取り組みとしてワールド・カフェを導入する場合は特に、ワールド・カフェの場と日常の業務をどのようにつなげていくか、1回きりの対話イベントとせず、複数の対話の場をどのように設計していくか、という戦略的なデザインが必要とされます。

　これらの手法に共通しているのが、「ホールシステム」での変革を目指すという考え方です。それまでのグループやチームに対する実践では、多くても数十人単位のグループへの働きかけでしたが、これらの対話の手法では「さまざまな関係者の全体」を対象にした組織開発を試みることが可能になります。

	非構造的 ←————————————→ 構造的			
手法	オープン・スペース・テクノロジー	ワールド・カフェ	AI (アプリシエイティブ・インクワイアリー)	フューチャーサーチ
適用できるシステムのレヴェル	大きめのチーム 部署・部門間 組織 ホールシステム	チーム 部署・部門間 組織 ホールシステム	チーム 部署・部門間 組織 ホールシステム	ホールシステム
人数	何人でも可能	12人以上、多人数でも可能(ハーベストが実施可能な人数)	多人数でも可能	基本形は64人
時間	半日～3日	2～3時間	4Dサイクルを回すためには1～2日	2.5日
組織開発の手法としての設計	対話の手法、組織開発として用いるためには設計が必要	対話の手法、組織開発として用いるためには設計が必要	組織開発の手法、4Dサイクルに組織開発のステップが内包	組織開発の手法、組織開発の一連のステップを内包
ホールシステムへの適用	構造がゆるやかなのでホールシステムにも適している	ホールシステム・アプローチとして開発されていない。設計と問いに工夫が必要	ホールシステム・アプローチとして開発されたのではないが、AIサミットとして実施ができる	ホールシステム・アプローチとして開発され、適している

　以上、2000年代に広まった組織開発の手法の一端をご紹介してきました。それぞれの手法は独自に開発され、発展してきたものです。4つの手法すべてが組織開発のアプローチとして生まれてきたわけではありません。また、ホールシステム・アプローチとして開発されたわけでもありません。

　4つの手法の違いを図表53にまとめました。それぞれの手法を学びたい方は、その体験ができるワークショップに参加して学びを深めてください。体験したことがないものは実践できませんし、本で読むだけでは実施できません。まず

は、自らが体験することから学びが始まります。

　これまで見てきたように、AI、フューチャーサーチ、オープン・スペース・テクノロジー、ワールド・カフェはすべて対話の手法です。そして、これらの手法すべては、従来型の組織開発で行われてきた、データ収集をして診断し、結果をフィードバックするというフェイズがありません。

　こうした中、1990年代以降に発展してきた比較的新しい手法と、従来からの組織開発の手法を整理して体系化する考え方が提唱されました。以下では、その考え方について検討していきます。

4 | 対話型組織開発というコンセプトの出現

　組織開発を見直す試みとして、2009年にインパクトのある論文が出されました。「組織開発を見直す――実践のパターンの診断型／対話型という前提[155]」というタイトルで、論文の著者はジャーヴァス・ブッシュとロバート・マーシャクです。マーシャクは先ほどご紹介した、NTL発行の組織開発ハンドブックの著者でもあります。そして2015年には、『対話型組織開発』[156]という400ページ以上ある本が出版されました。さまざまな著者によって書かれた本で、対話型組織開発と呼ばれているものの理論とさまざまな実践を集めた本になっています。

　彼らは、従来型の組織開発に「診断型組織開発」、比較的新しい取り組みに「対話型組織開発」というラベルをつけました。従来型の組織開発の手法と、

155　Bushe, G. R., & Marshak, R. J., (2009)．Revisioning organization development : Diagnostic and dialogic premises and patterns of practice. *Journal of Applied Behavioral Science*, 45, 348-368.

156　Bushe, G. R., & Marshak, R. J. (Eds.) (2015)．Dialogic organization development: The theory and practice of transformational change. Oakland, CA: Berrett-Koehler.（ブッシュ, G. R.・マーシャク, R. J. 中村和彦（訳）(2018)．対話型組織開発――その理論的系譜と実践―― 英治出版）

1990年代以降に出てきた新しい手法を比較すると、アプローチ方法や根底にある考え方に違いがあり、それらを2つに分類して、ラベルをつけて整理したものです。

診断型組織開発は、最初に何を目指すかを合意し、次にデータ収集を行い、分析してその結果を関係者にフィードバックしていきます。フィードバックをきっかけとして関係者が対話を行い、現状での課題を共通に認識した上でアクション計画をする、といった流れです。診断型組織開発の典型的な進め方として、ブッシュとマーシャクが挙げたのが、本書214ページで紹介した、「OD Map」の進め方です。これは、本書でも触れたように、1970年代に体系化された、伝統的な組織開発の進め方です。

一方、対話型組織開発といわれているものには、診断のフェイズがなく、基本的にはまず、対話の場をデザインするためのコアチームをつくり、そのコアチームで対話の場を計画します。そして、関係者が一堂に会して対話が行われ、現状について語り合うことで見える化をして、共通に目指す将来を合意し、未来に向けた行動計画をしていきます。例えば、AI（アプリシエイティブ・インクアイアリー）であれば、強みに光を当てながら現状の見える化をしていきます。

ブッシュとマーシャク（2015）は、対話型組織開発として、本書で紹介したAI、フューチャーサーチ、ワールド・カフェ、オープン・スペース・テクノロジーなど、40の手法を挙げています。

ブッシュとマーシャク（2009）は、従来型の組織開発のモデル（例えば「OD Map」）では説明することができない、最近開発されて実践されている手法について、別のタイプのものとして位置づけることで説明がしやすくなると考え

ジャーヴァス・ブッシュ

Gervase R. Bushe　1955年～

カナダの組織開発研究者および実践者。サイモン・フレーザー大学教授。AIを中心とした対話型組織開発の研究と実践を行う。彼の著書『Clear leadership』は6か国語に訳されている。

主な著書：Bushe, G. R. (2009). Clear leadership: Sustaining real partnership and collaboration at work. 2nd ed. Boston, MA: Davies-Black.

ました。そして、従来型の診断を伴う進め方を「診断型組織開発」、最近広がっている、診断のフェイズを伴わない組織開発の進め方を「対話型組織開発」と捉えることを主張しました。

　このように、診断型組織開発と対話型組織開発の2つのアプローチは、診断というフェイズがあるかないかという進め方の違いがあります。ですが、それは本質的な違いではなく、違うのは両アプローチのマインドセットである、とブッシュとマーシャク（2015）は主張しています。

　診断型には対話がない、対話型には対話がある、と捉えている方もいるようですが、それは違います。対話がない組織開発はありません。診断型組織開発では、データの分析結果についてフィードバックが行われた後に、当事者（関係者）での対話がなされます。また、一部の本では、シャインの3つのモード（198ページ参照）との関連で、診断型組織開発は「医師－患者モデル」、対話型組織開発は「プロセス・コンサルテーション・モデル」と記述されていますが、それも誤解です。診断型組織開発の進め方の源は、本書第7章で紹介したように、1969年にシャインが提唱したプロセス・コンサルテーションの進め

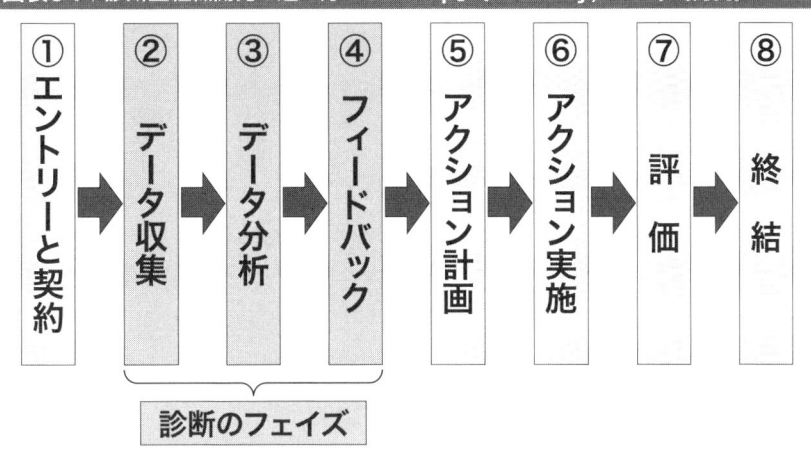

図表54｜診断型組織開発の進め方：「OD Map」（Tschudy,2006）（再掲）

① エントリーと契約 → ② データ収集 → ③ データ分析 → ④ フィードバック → ⑤ アクション計画 → ⑥ アクション実施 → ⑦ 評価 → ⑧ 終結

②〜④：診断のフェイズ

方であり、診断型組織開発の支援はプロセス・コンサルテーション・モードによってなされると筆者は考えています。

では、「マインドセットが違う」というのはどういうことでしょうか。彼らが対話型組織開発とカテゴリー化しラベルづけした、比較的新しく登場してきた組織開発の手法のベースには、社会構成主義、対話の解釈主義、複雑系科学といったポストモダンの思想がマインドセットとして息づいています。診断型組織開発と対話型組織開発のマインドセットがどのように異なるのかを以下で図表とともに説明していきます。

診断型組織開発は、第7章ですでに紹介したように、図表54のように進めていきます。

ブッシュとマーシャクは、この診断型組織開発の進め方には、組織の現状は調査によって客観的に測定できるという前提と、現状からありたい姿に向けた期間限定的な「プランド・チェンジ」であるという前提があると指摘しました。これらは、レヴィンによる3大発明、すなわち、アクションリサーチ、組織変革の3段階モデル、グループと組織のダイナミックス研究の基盤、が源になって形成されたパラダイムです。

	診断型組織開発	対話型組織開発
影響を受けたもの	客観主義 実証主義 モダニズムの哲学*	社会構成主義 複雑系科学* ポストモダニズムの哲学*
組織の見方	組織は生命体システムである	組織は意味を形成するネットワークである
存在論と認識論	現実は客観的事実である。 現実は1つである 現実は合理的で分析的な方法を用いて発見することができる	現実は社会的に構成される 複数の現実が存在する 現実はやりとりによって変わり、権力の影響により、優勢的な現実が構成される
変革の構成	有効なデータを収集することで真因を見出し、問題解決をすることが変革につながる 変革はブランド・チェンジである 変革は期間限定的で、一方向的	対話の場とプロセスをつくることが変革につながる 変革は自己組織化*を通して起こる 変革は継続的で循環的
変革の焦点	人々の行動を変えることを重視する	人々のマインドセットや考え方（意味づけの仕方）を変えることを重視する

ブッシュ・マーシャク (2015 中村訳 2018) p.51 に基づいて筆者が作表

図表55の用語解説
・モダニズム／ポストモダニズムの哲学：モダニズムとは、絶対的真理があることを前提とし、理性によって世の中がよくなるという考え方。デカルトはモダニズムの哲学に含まれる。ポストモダニズムとは、モダニズムの後に現れた哲学や思想。真理は相対的だと捉え、合理的な考え方を批判するもので、ガーゲンによる社会構成主義はポストモダンに含まれる。
・複雑系科学：複雑系とは、複雑なシステム（complex system）のこと。システム内の諸要素が複雑に関わり合いながら、全体として何らかのパターンが生起することがあり、複雑系科学では、このようなシステム内の諸要素の複雑な相互作用から、一定のパターンや秩序を見出そうとする。
・自己組織化：複雑性科学の考え方の1つで、何らかのパターンが自然に創発され、立ち現れてくること。

　それに対して、対話型組織開発は、それらの前提が異なっていると彼らは主張します。ブッシュとマーシャクが主張している、両者の前提の違いを図表55に示しました。

　対話型組織開発は、社会構成主義に基づいており、現実は客観的な調査によって捉えられるわけではないという前提があります。組織の変化は、レヴィンが想定する3段階（解凍－変化－再凍結）ではなく、対話を通して、お互いが話す言葉や意味づけの仕方が変わることだと捉えています。ちょっと難しい表現をすると、対話を通して人々が現状について認識している現実に変化が起き、それまでの会話での主要な語られ方（核となるナラティブ）が変化することが、

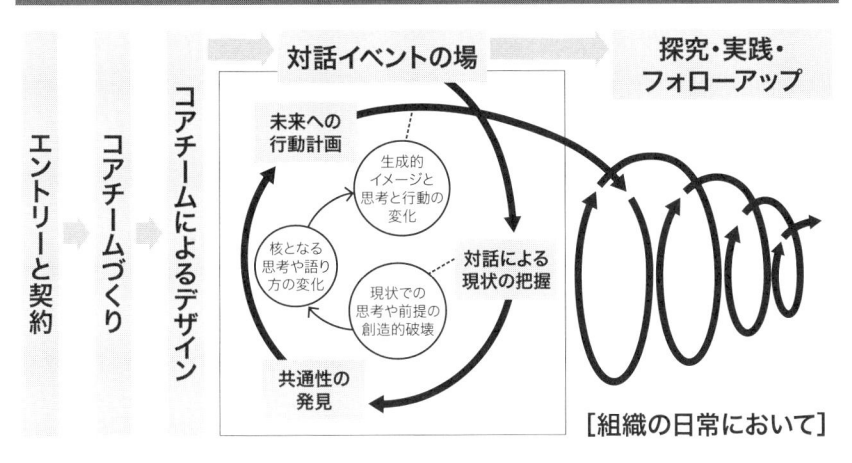

図表56 | 対話型組織開発の進め方

組織の変化であるという前提に立っています。簡単な例で言えば、「仕事はつらい」「何のために仕事をしているのか、わからない」と語られている会話が、「仕事は（大変なこともあるけど）充実している」「お客様のためにやり遂げよう」と語られるようになるという変化が、組織の変化である、と捉えます。そのためには、私たちが当たり前と捉えている、言葉や語り方、現状の認識や意味づけについて、異なる見方を出し合う対話を行うことで、創造的破壊が起きることが重要だとします。

　図表56には対話型組織開発の基本的な進め方を図示しました。

　診断型組織開発では、レヴィンの3段階モデルや「プランド・チェンジ」のモデルが想定するように、現状からありたい状態に向けての期間限定的な変革と捉えています。それに対して、対話型組織開発は継続的で循環的なものだと捉えています。それは、現在の環境が予測不可能で変化が大きいために、管理された計画的な変革では環境に変化に適応するのは難しく、対話を通して創発が起こる、自己組織化された変革が必要であるという前提に立っています。

創造的破壊と語り方の変化

　対話型組織開発では、それまでの会話での言葉や語り方に変化が起きることを重視しています。また図表56には、「現状での思考や前提の創造的破壊」が起こることで「核となる思考や語り方の変化」が起きることを示しています。「創造的破壊」という言葉は、筆者（中村）が「対話型組織開発」の翻訳の際に、disruptionの訳語として用いたものです。

　disruptionについて簡単に説明していきましょう。私たちは、当たり前だと考えていることや日頃から語っている言葉(＝「核となる思考や語り方」)があります。例えば、働き方改革が導入される前は、多くの人々が「定時に帰宅するのは恥ずかしい」と考えていて、そのように語ることが多かったと思われます。その後、働き方改革が推奨されることで、定時に帰宅することに対する考え方や前提に揺らぎが起こり、「定時に帰宅するのは恥ずかしい」という言葉が以前のように話されなくなりました。そして、新しい言葉、例えば「早く帰りましょう」「効率的に仕事をして定時に帰るのはカッコいい」などというフレーズが語られるようになってきました。このように、従来の思考や前提、会話の中での言葉や語り方に揺らぎが起こり、それまでの考え方や言葉に対して疑問を持ち、新しい意味づけがなされることがdisruption（創造的破壊[157]）です。

　図表56にある、「現状での思考や前提の創造的破壊」が起こることで「核となる思考や語り方の変化」が起きる事例について以下で紹介していきます。企業内の組織開発実践者を養成するために、企業数社の社員を対象に実施している、組織開発の連続講座での経験です。受講者の皆さんは、会社をよくしたいという想いを持った人々でしたが、多くの方が「会社から

---

[157]　「創造的破壊」は、経済学者ヨーゼフ・シュンペーターによる用語で、イノベーションによって古い体制が破壊され、新しい経済発展が生じるという考え方。

行ってこい」と指示されての参加で、組織開発を学ぶのも初めてという方が多いという状況でした。講座が始まった当初は、組織開発を学ぶというスタイルで、受け身的な方もいらっしゃいました。

　講座の中で、対話型組織開発の1つの手法であるAI(アプリシエイティブ・インクアイアリー) が2日間にわたって行われました。AIは、私たち「ラーニング・コミュニティ (ともに学ぶグループ) の強みを探究して、目指す姿を明確にする」ことをねらいとして実施されました。その中で、私たちが将来、どのような状態を目指していくか (4Dサイクルのドリーム) について対話をしていたときに、あるメンバーが「経営学者のY先生が"Only crazy people can change the world."と言っている。私たちも自分たちの組織を変えるには、もっとクレイジーになる必要がある」と発言しました。参加者の皆さんは「いいね！」と賛同し、私たちラーニング・コミュニティの目指す姿のイメージ、および、私たちの愛称が「ODクレイジー」になりました。この「ODクレイジー」という言葉は、その後の私たちの会話を変えていきました。講座でまじめに学ぶ受講者の意識から、クレイジーに学んで実践するという意識への変化、受講者が組織開発の取り組みを自社で実践したことに対して「クレイジーしていますね！」という言葉が使われて肯定的なフィードバックがなされていったことなど、私たちが語る言葉と思考、そして行動を変化させていきました。

つまり、ブッシュとマーシャクによる、診断型組織開発と対話型組織開発という2つのラベルは、単に診断というフェイズがあるか、ないかで分類したものではありません。レヴィンによる発明を引き継いで発展してきた組織開発(=診断型組織開発) に、大きなパラダイム・シフトが起こり (ある意味の「創造的破壊」が起こり)、従来の前提とは異なる前提を持つ組織開発(=対話型組織開発) が立ち現れてきている、ということを意味しています。客観主義から社会構成主義へ、期間限定的で一方向的な変革から継続的で循環的な変革へ、人々の行

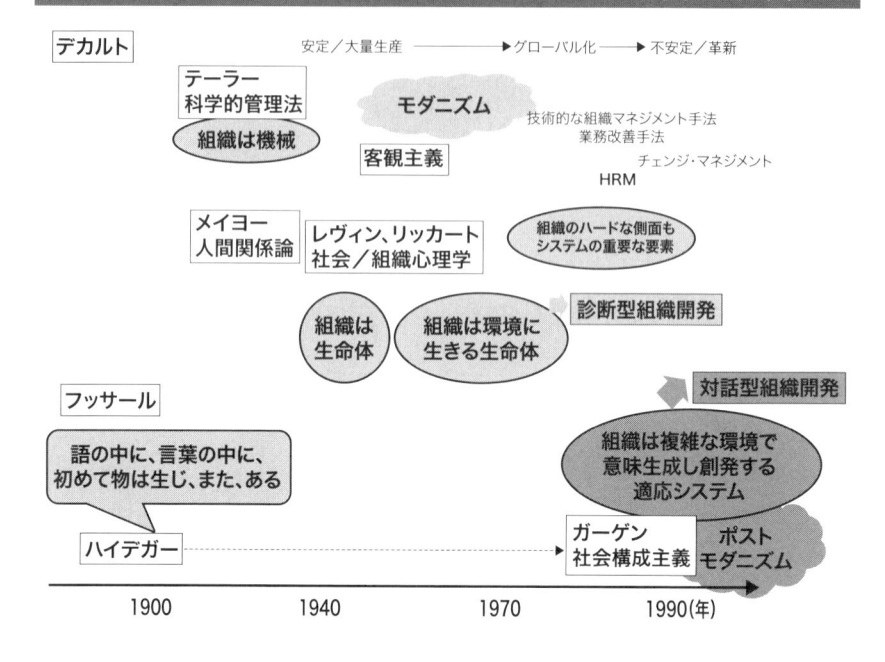

図表57｜さまざまな理論的系譜における診断型組織開発と対話型組織開発の位置づけ

動の変化から人々の語られ方や意味づけの変化へ、というシフトです。

　本書で検討してきた理論的系譜の中で、診断型組織開発と対話型組織開発を位置づけて、シンプルにまとめたものが図表57です。

　主体と客体を分け、データに基づいて組織の現状を客観的に理解できるとする客観主義の中でも、レヴィン派の組織開発は、目に見えない人間的側面について、「今－ここ」で起こっているプロセスに真実があると捉える立場です。そして、お互いの間で起こっているプロセスを診断して、自分たちが機能していない、真因を認識し、望ましい状態に変えていくというのが、レヴィンやリッカートの流れを受け継ぐ診断型組織開発の根底にある考え方です。そして、環境の変化があっても、現在のように複雑で予測不能な状態ではなかった当時は、診断型組織開発によって「プランド・チェンジ」で進めていくことが適していました。

対話型組織開発の前提は、本書でも紹介したフッサールの弟子であり、後に
フッサールを批判したハイデガーにルーツがあります（バレット 2015[158]）。そ
して、不安定で予測不能な環境の中で、絶えざる革新が必要とされるという時
代の変化と相まって、社会構成主義と複雑系科学を前提とする、対話型組織開
発のアプローチが出現しています。組織開発が誕生してから約60年、組織開
発の手法と背景となる理論は、対話型組織開発として意味づけられたようなパ
ラダイム・シフトを経て、さらに進化し続けています。

　なお、ブッシュとマーシャクによる前掲書は、『対話型組織開発〜その理論
的系譜と実践』（英治出版）として2018年7月に邦訳出版されました。

158　Barrett, F. J. (2015). Social constructionist challenge to representational knowledge: Implications for understanding organization change. In G. R. Bushe & R. J. Marshak (Eds.) *Dialogic organization development: The theory and practice of transformational change*. Oakland, CA: Berrett-Koehler. pp.59-76.

診断型組織開発と対話型組織開発は二分できるのか？

　ところで、実際に現場で実践する際に、ある取り組みが診断型組織開発と対話型組織開発のどちらかに明確に分類できるかというと、そう言い切れないところもあります。現状を見える化するための対話の場を設ける前に、組織開発実践者がデータ収集をした場合、診断型組織開発に分類されます。しかし、たとえばデータ収集としてインタビューを行い、個人の見方の違いに焦点づけるような場合は、診断型組織開発よりも対話型組織開発のマインドセットに近いことがありえます。インタビューでデータ収集をした例を考えていきましょう。

　職場に対する現状の見方を尋ねたインタビュー調査の結果、以下のような違いがあることがわかったとします。まず、職場の現状に対して、問題があると感じている人と問題がないと感じている人がいること。そして、問題があると感じている人は仕事の仕方が個業化していて連携がうまく取れていないと捉えていること、問題がないと感じている人は1人ひとりが自分の役割を果たすのは当然のことだと捉えていること、が見出されました。このような「同じ職場の中にもいろんな見方をする人がいる」ということを職場のメンバーにフィードバックします。フィードバック・ミーティングでは、組織開発実践者も参加しながら、現状についてみんなが対話し、仕事の仕方が個業化している現状やその意味づけについて話し合っていきます。そして、現状やありたい姿の探究を日常業務の中でも続けていくとすれば、データ収集、データ分析、フィードバックという診断のフェイズが入りながらも、マインドセットは対話型組織開発に立脚している、ということもありうるのではないかと考えています。実際にブッシュとマーシャク（2015）も、両者の混合型があることを主張しています[159]。

そのため、現場で行われている実践について、これは診断型組織開発だから、対話型組織開発の方が優れているなどと議論すること自体、党派性につながり、その議論には意味がないかもしれません。

　ただし、組織開発を実践する専門家には、こうした思想的基盤の違いに自覚的でいる必要があるでしょう。マインドセットとして、自分はどちらのマインドセットに立脚しているのかと。

　例えば、組織風土について真実が１つあり、それを正確に診断し、現場に返すことによって、変革のきっかけをつくる、というマインドセットを持っているのか。それとも、人によって見方は異なり、現実の認識は１人ひとりで違う、ということを認め、対話を通して探究をし続け、その中で意味が生成され、創発的に変化が生まれる、というマインドセットで実践をしているのか、などです。ブッシュとマーシャクが「組織開発は（実践者の）マインドセットが重要である」と述べているのは、このような事情があるからです。

<hr />

159　ブッシュとマーシャク（2015）は、対話型組織開発のマインドセットに基づいて実践される診断型組織開発、そしてその逆として、診断型組織開発のマインドセットに基づいて実践される対話型組織開発があると主張しています。診断型組織開発と対話型組織開発というラベルについて、ブッシュとマーシャク（2015）は「理想型（理念型）」だと表現しています。「理想型（理念型）」とは、社会学者・経済学者のマックス・ウェーバーが提唱した概念で、現実の本質的な要素のみを取り出した、論理的な典型を表す理想的な型です。理想型は現実そのものではなく、客観的発想による理想像であって、そこから現実を捉えて認識していくのに役立つとされています。つまり、診断型組織開発と対話型組織開発というラベル（概念）は、現実における実践を「どちらであるか」と類型するための型ではない、ということを意味しています。

診断型組織開発と対話型組織開発という考え方だけではなく、本書では哲学や心理学、経営学の理論的系譜も解説してきました。組織開発実践者が、本書で述べてきたような理論的系譜の中で、自分はどこに立脚して、何を大切にしているのか、ということに自覚的であることは非常に大切だと考えています。そして、組織開発実践者が立脚する視点を提供するために、本書では過去から現在までの歴史をたどってきました。

　では、次の第4部と第5部では、日本の組織開発の現在と未来に目を向けていきましょう。

第3部　まとめ

組織開発の発展

・1970年代に入ると、状況が一変する。1972〜73年のオイルショックにより、組織開発のようなソフトな手法ではなく、ハードな戦略論に企業の関心は移った。

・そのような状況下で、組織開発はコンティンジェンシー理論の影響を受け、組織にとって望ましいありようは環境との対応で変わってくる、という考え方に移った。

・1970年前後から、組織開発を学ぶ教育の場が増えていった。NTLは1967年より組織開発のトレーニングを始め、1970年代に入ると、さまざまなワークショップも行われるようになった。実践者のプロセスに気づく力を養うことをねらいにしたものとして、ゲシュタルト組織開発のトレーニング・プログラムがある。一方、イギリスでは、タヴィストック研究所が中心となり、組織開発実践者の養成が始まった。

組織開発の風呂敷化が進む

・1980年代には、企業の強いニーズにより、組織開発は「人的資源管理」の考え方を取り込んで発展した。また、日本からは「QCサークル」が逆輸入され、それも組織開発の一手法と捉えられた。

・1990年代は、多様なものを取り込んだ結果、組織開発はアイデンティティを失い、「チェンジ・マネジメント」など、経営トップ主導により計画的に企業変革を行っていくマネジメント手法が全盛となった。

・とはいえ、その頃から、およそ10年後に多くの企業が取り入れるようになる「AI（アプリシエイティブ・インクアイアリー）」や「オープン・スペース・テクノロジー」など、さまざまな新しい組織開発のアプローチも生まれ始めていた。

日本における組織開発

・日本での組織開発は、1958年にTグループが初めて導入され、キリスト教教育の流れで実践が重ねられた。次いで、1963年にSTが紹介され、産業界に広がっていった。1970年代初めにかけてSTブームといわれるほど、多くの企業に取り入れられた。しかし、STを行うトレーナーの養成が、高まるニーズに追いつかず、研修中の暴力や、受講者の自殺などが社会問題化。ブームは一気に下火となった。

・それでも1970年代から80年頃まで、組織開発はブームとなり、多くの企業で多様な実践が重ねられた。

組織開発と「似て非なるもの」の暴走

・アメリカでは1970年代から1980年代に「自己啓発セミナー」が盛り上がりを見せた。日本でも1980年代後半から流行し、「マインドコントロール」がマスコミでも取り上げられた。

組織開発の復活──組織開発の見直しと対話型組織開発の広がり

・2000年代に入り、「組織開発らしさの見直し」が進み、新しい手法が注目されるなど、組織開発は復活を遂げた。新しい手法は、診断のフェイズを持たない「対話型組織開発」と名づけられ、再びブームとなりつつある。

実践編
組織開発
ケーススタディ

第4部の概要

　第2部と第3部では100年の歴史をたどり直し、組織開発の思想と手法の変遷を見てきました。そして現在、組織開発のさまざまな手法を洗練させて、企業はそれぞれの課題を解決するために実践を重ねています。第4部では、そうした企業の実践を「組織開発ケーススタディ」としてまとめていきます。

　ご登場いただくのはキヤノン、オージス総研、豊田通商、ベーリンガーインゲルハイム、ヤフーの5社です。

　それぞれ職場が抱える課題は異なりますし、改善の手法も一様ではありません。しかしながら共通項もあるようです。第1部で述べた「見える化」「ガチ対話」「未来づくり」という組織開発の3要素について、プロセスや形の違いはあれ、各社とも取り入れ、実践していることがわかります。

　なお、各ケースの最後には、筆者らによる事例解説を付しました。

Case1：キヤノン
社内コンサルタントが支援する
CKI活動

　日本企業を代表する組織開発活動の1つといえるのが、キヤノンの、「CKI(Canon Knowledge-intensive staff Innovation)活動」です。

　組織開発は長く続けることで、組織に根づき、組織風土の醸成につながります。社内コンサルタントが約1年をかけて各部署に関わり、チームの活性化や業務改善を支援するこの活動は、1999年に導入されて以来、20年経った今も続いています。すでに全体の半数以上の職場がこの活動を経験しているというほど、キヤノン社内で広く長く続けられているCKI活動ですが、始まった当初は「組織開発」として導入されたものではありませんでした。

｜源流は技術部門の生産性向上を目指した業務革新｜

「CKI活動は、今では社内的にも組織開発ということになっていますが、もともとは開発風土の革新を図ろうということで導入された技術KIが始まりでした」

　人事本部ヒューマンリレーションズ推進センターCKI統括担当上席、市川泉氏は、そう振り返ります。

　きっかけとなったのは、1998年に当時の社長、御手洗冨士夫氏の号令で始まった「経営革新委員会」でした。

　御手洗氏は、事業部の強い縦割り意識によって、業務面でもコスト面でもムダが多かった同社の体質を問題視しました。「成果と効率は2倍、時間とロスは半分に」をスローガンに、縦割り組織に横串を通す形で、開発、生産、物流などのシステム革新による全体最適を目指す6つの委員会を設立しました。各委員会の委員長には、それぞれ縦割りのトップである事業本部長や本部長が就

くことで、各事業本部同士の相互協力が欠かせない体制としました。

「背景には、2000年代に始まるデジタル化という大きな変化の波を乗り越えるための体制づくりという面もあったように思います。当時はデジタル化に伴う開発競争が激化しており、開発インフラも3D-CADやシミュレータが導入されるなど、開発サイドにも大きな危機感がありました」

技術KIを導入したのは、6つの委員会のうちの1つ「開発システム革新専門委員会」の下の開発風土分科会でした。技術KIとは、日本能率協会コンサルティングが東京工業大学の黒沢一清教授（当時）とともに、ホワイトカラーの生産性を高める目的で1990年代に開発したKI手法を、技術部門の生産性向上に応用した業務革新です。キヤノンでは1999年2月、インクジェットプリンタ開発チームに初めて導入されました。

「当時はプロジェクトの規模が大きくなり、仕事の細分化が進んでいたにもかかわらず、コミュニケーションは希薄で、目標が共有されることなく、あいまいなままスタートしたケースも多かったと聞いています。各自が勝手に進めてしまった結果、手戻りが多くなるなど、無駄が多く、チームで力を合わせてやっていくという状況ではなかったようです」

職場のメンバー全員が一堂に会して各々の仕事を見える化し、その進め方について話し合う場を持つことで、生産性を高めていくKI活動の成果は目覚ましいものがありました。しかしながら一方では、プロジェクト単位での導入では、組織に定着しないという課題も浮かび上がっていました。

風土革新として会社全体に浸透、定着させていくためには、製品開発のプロジェクト単位ではなく、組織で行う必要があるという判断で、導入単位を組織に変えると同時に、「CKI推進プロジェクト」を発足させ組織化したのが2004年のこと。これをきっかけとして専任の社内コンサルタントの養成が始まりました。

「当初は開発部門を中心に導入されていたため、セキュリティの問題もあってコンサルティングを外部講師には依頼しにくいという事情がありました。また、全社的に内製化を進めようという流れもあり、コンサルタントを内製して力を

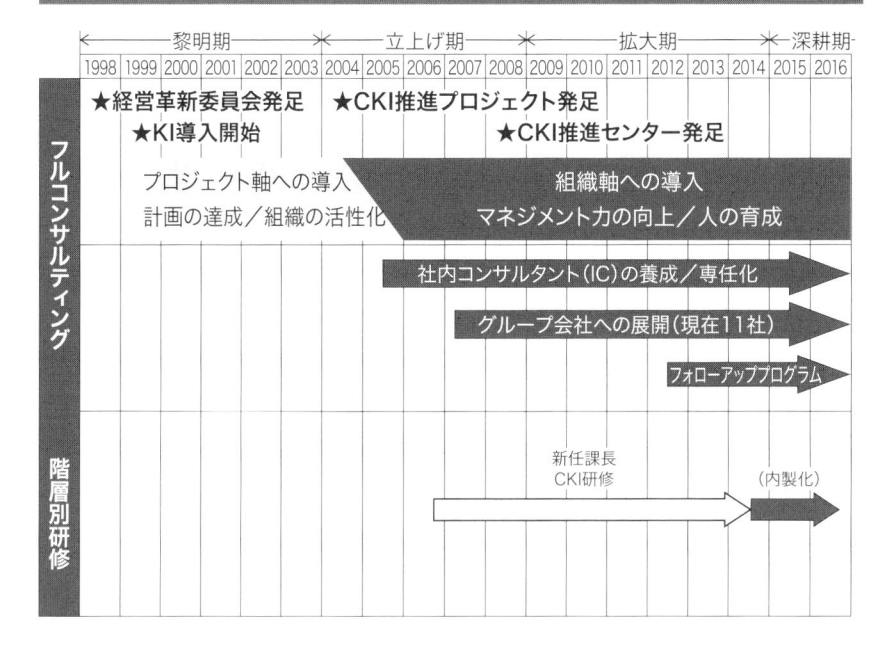

図表58 | CKI活動は拡大期から深耕期に

蓄えれば、独自の進化にもつながるという考えでした」

　製品開発部門から始まったCKI活動ですが、徐々に生産技術、開発サポート、品質管理、そして管理部門へと広がっていき、2007年にはグループ会社へも展開されるようになりました（図表58参照）。今では社内の半数以上の部門に導入されており、CKIを3、4回経験した人もいるなど、キヤノンの組織強化を支える活動となっています。

｜「明るく、すっきり、スムーズに」がキャッチフレーズ｜

　キヤノンで行われている組織開発、CKI活動とは、具体的にはどのようなものなのでしょうか。

　CKIとはCanon Knowledge-intensive staff Innovationの略であり、「知識

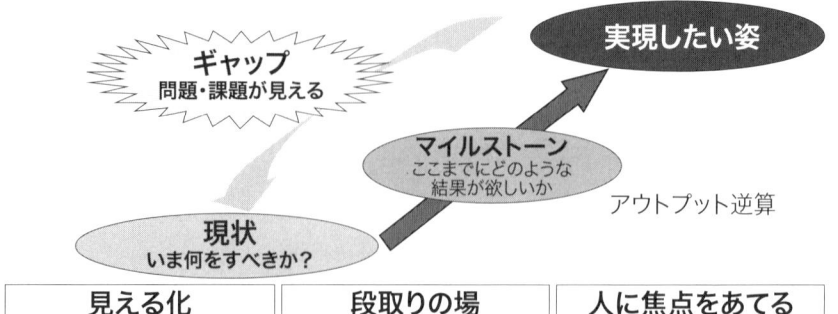

図表59 | CKI活動の基本

見える化	段取りの場	人に焦点をあてる
問題・課題、実現したい姿などを見える化し、未来に向けて仕事をする	少人数（3～5人）のチームをつくり、ワイガヤコミュニケーション、課題の事前解決を進め、個人戦から団体戦へ仕事のやり方を変える	職場が活性化し、コミュニケーションが良くなり人が生き生き、元気になること

集約型（考えてアウトプットを出す）業務を行う人とチームの革新活動」であると説明されています。「明るく、すっきり、スムーズに」が、キャッチフレーズだといいます。

　CKI活動は強制ではなく、"手挙げ"、つまり職場からの希望を受けて導入が決まります。

「20年近く、毎年のように現場から『やりたい』という声が上がっているのは、裾野が広がり『やってよかった』と感じてくれている人が多いからだと思います」

　そう話すのは、長年、社内コンサルタントを務めるヒューマンリレーションズ推進センター部長の小西大輔氏です。

　活動は部署単位で行われ、約1年間、専任の社内コンサルタント2名がペアになって職場の変革を支援します。CKI活動の基本を図表59に示しました。

　CKI活動は、社内コンサルタントが現場に赴き、まずは各マネジャーへのインタビューを通して、課題を「見える化」していくところからスタートします。その際、現状認識のツールとして用いられているのが、キヤノンで独自に開発された職場風土診断プログラムです。「マネジャーの意識」が「マネジメント

行動」に表れ、それが「チーム・部下」の状態に影響を与え、そして「内発的動機づけ」につながるという5つの層で分析して診断するものです。職場の全員に受けてもらうことで、組織全体の状態を見える化することができるのです。「診断といっても、人と比べることはないですし、ダメ出しをすることもありません。あくまでも、マネジャーとメンバーの間にどのような意識のずれ、ギャップがあるかを示し、それをもとに職場の課題について議論することが目的です。このような客観的なサーベイを指し示すことで、マネジャーも現状を受け入れ、何が問題なのか、どう変えたらいいのか、と考えてくれるようになります」

　マネジメント層との間で、取り組みの方向性が決まった後は、マネジャーとメンバーの認識を合わせながら、職場のマネジメント変革に取り組んでいきます。コンサルタント立ち合いのもと、週に1度、全メンバーで集まり、半日かけて「ワイワイガヤガヤ」と仕事の段取りに関わる話し合いをする、というのが、CKI活動の基本です。

　前半（約6カ月）は、チームごとに日常業務の課題を洗い出し、解決策を話し合います。「最初のうちは『忙しいのに時間がもったいない』といった声も

出ますが、まずは不平不満を出してもらい、その次に各自がやっている業務を
すべて洗い出す作業をしてもらいます。すると、お互いに何をやっているのか、
何に困っているのかが分かるようになり、自然と『こうしたらいいよ』という
話になってきます。昨今は、同じ職場にいても、みんなパソコンに向かって仕
事をしていて、ほとんど話をしていないので、このように毎週強制的に話し合
う場をつくるだけで、大抵の場合、コミュニケーションが大きく改善します。
一番早く効果が表れるのが新人、若手社員たちです。自然にOJTが始まるため、
目の色が変わってきます」

　時間と場所を設定し、必ず全員が参加できるように活動をコーディネートす
るのも社内コンサルタントの重要な仕事です。その他、話し合いの場では全員
が発言しやすいようにファシリテートしたり、チームの状態によってはさまざ
まな組織開発的手法による介入も行います。その際には話されている内容その
ものより、チーム内で起こっている人と人との関係性に注目します。具体的に
は、どのようなコミュニケーションがなされているか、メンバー 1 人ひとりが
どんな気持ちか、といったことに配慮し、メンバーに新たな気づきが生まれる
ようにサポートするのです。

　職場の日常マネジメントが改善したところで、後半（約 6 カ月）は、実現し
たい姿に向けて、個人と組織が成長していくための活動に取り組みます。話し
合いの中で、チームがありたい姿、自分たちが目指す姿を描き、それに向かっ
て誰が何をしていくべきか、 1 人ひとりがどう成長していくかについて全員が
納得し、チームで計画を立て実行できるようにすることがゴールになります。

　社内コンサルタントでヒューマンリレーションズ推進センター主席の早瀬信
氏は、「コンサルタントとしては、我々がCKI活動を設定しなくても、自分た
ちで計画段取りの時間を持つことができる"自走"の状態にすることがゴールで
す。そのためには職場のマネジャーたちが我々の役割を果たせるようにならな
くてはなりません」と解説します。

　CKI活動のコンサルティングが終わっても、「自走」していけるかどうかは、
マネジャーにかかっています。そのため、コンサルタントたちは、マネジャー

向けの時間も設けているといいます。

「始まる前に管理職だけ集まって、30分ほど、その日の活動設計について話します。『あのチームのリーダーは大変そうだから見ていてあげて』といったアドバイスもします。活動後も、管理職だけ集まって振り返りをします。これは、マネジメント・トレーニングという要素もありますが、マネジャーたちのチーム活動のようなものでもあります。マネジャーは個業化しがちなので、1人で悩んでいることも多く、マネジャー同士で話せる場があることでずいぶん楽になるようです」

|CKIは新たなフェイズに|

　組織開発活動は、一度根づけば、そのまま永遠に自走していけるというものではありません。何年か経つうちに、組織変更や人事異動などによって環境が変化してしまったり、残念ながら活動自体が形骸化することもあります。

　そこで、約1年間の「フル・コンサルティング」を終えた部署に対して、組織の状態に応じてカスタマイズしたプログラムを提供し、再活性化を行う「フォローアップ・コンサルティング」も行っています。また、CKI活動を拡大、継続していくために、年に一度、経営層も参加し、好事例の共有を行うフォーラムを開催。社内的な広報活動も積極的に行っています。

　CKI活動がここまで長く続いているのは「やってみたらよかった」と、「ご利益」を感じてもらえているからだといいます。きめ細かく現場のニーズにマッチした「ご利益」を生み出すために欠かせないのが、現場に寄り添ってCKI活動の支援を行うだけでなく、現場の管理職の相談に乗ることもできる専任の社内コンサルタントの存在です。

　さまざまな部門から集まったキヤノンの社内コンサルタントは現在約30人。平均年齢は50代後半、全員、管理職経験のあるベテラン社員ばかりです。候補者を部門推薦や社内公募で募り、1年間を目安に教育しながら適性を見極めます。育成は、さまざまな知識や手法を学ぶ社内外の研修と現場OJTによって

行われ、社内コンサルタントとして一人立ちするには、最低3年はかかるといいます。また社内コンサルタントには、事例共有や勉強会を行う場も用意されています。

それぞれが外部の有識者との交流会や研修会などに参加し学んだことを活動現場で実践したり、社内コンサルタント同士のワークショップで共有したりして研鑽を積んでいます。コンサルタント同士もチーム学習のサイクルを大事にしています。

マネジメント経験と専門的な知識、スキルを持ったコンサルタントが社内にいるということは、それだけでも心強いことですが、社内コンサルタントたちの最大の強みは、日常的に職場を見て回り、状況をきちんと把握した上で、現場のマネジャーたちにアドバイスができるという点にあります。

こうした現場をよく知る社内コンサルタントたちの強みを生かし人材育成との相乗効果を高めるため、2016年からCKIの担当部署が、技術KIの名残があったR&D本部から人事本部に移されました。そして、組織開発と人材育成を両輪としたアプローチを目指して始まった試みが、現場支援型の新任課長向け研修である「マネジメント実践力強化研修」です。キヤノンのマネジメント実践についての考え方をレクチャーしたり、課長同士で各職場の課題を共有する集合研修と、社内コンサルタントがそれぞれの職場を訪問し、個別にサポートする実践研修を組み合わせたものです。

社内コンサルタントが組織開発を通じたノウハウや知見を人材開発に生かしている、といっていいでしょう。CKIの基本的な考え方を知ってもらうことは、マネジメントに悩む新任課長たちに役立ち、また、社内コンサルタントとの関係ができることで、継続的な支援にもつながります。

組織開発の考え方と手法を使って、組織だけがよくなって、人材がよくならない、ということはありえません。CKI活動は新たなフェイズを迎え、これまでの組織開発と人材開発の枠を超え、新たな視点も加え、キヤノン式組織開発活動として進化を遂げようとしています。

［事例解説］
よき組織開発は人材開発とともにある
よき人材開発は組織開発とともにある

　キヤノンの「CKI」活動は、「組織開発とはいわない組織開発」です。その特徴は、社内で育成された社内コンサルタントが、各部署を回り、各職場の課題を見える化し、アクションにつながる対話を促すところにあります。本書の第1部では、組織開発の本質は「見える化」「ガチ対話」「未来づくり」の3つにあるとしましたが、それにぴったり準拠する活動です。

　最初の「見える化」では、社内で独自に開発された職場風土診断プログラムを用いてデータ収集を行い、マネジャーに結果を報告するという、サーベイ・フィードバックが行われています。その後、社内コンサルタントは、週1回半日のミーティングに1年間同席しますが、社内コンサルタントはチーム内で起こっている人と人との関係性に注目して働きかけます。これは、シャインの言う「プロセス・コンサルテーション・モデル」による支援です。サーベイ・フィードバックやプロセス・コンサルテーションといった組織開発の重要なアプローチが、「組織開発とはいわない」CKIの諸活動の中で実践されてきました。

　興味深いのは、この活動が、将来的には、社内コンサルタントの手を離れて、職場のマネジャーが自職場において対話の場をつくり出すことができるようになることを目指していることです。「CKI」では活動当初から「自走」という言葉で表現をしています。社内コンサルタントによる活動は確かに貴重なものですが、最もよいのは、現場を主管する現場のマネジャーが、本来、自職場の課題を見える化し、革新的な事業・活動をつくり出していくことでしょう。

　キヤノンでは、このような認識のもと、近年では、組織開発に加えて、管理職の育成にも乗り出しています。すなわち人材開発もその活動に入れ込んでいる、ということです。

　本書で繰り返し述べました通り、組織開発と人材開発は、決して、異なる活動ではありません。社内の問題を見える化し、活性化することを「目的」に向かって採用するべき「手法」です。一般に、よき組織開発とは、人材開発とともにあり、よき人材開発は、組織開発とともにあります。この事例は、そのことを思い出させてくれます。

Case2：オージス総研

現場を巻き込んで風土を改善する「アジャイル改善塾」の仕掛け

　大阪の情報サービス企業であるオージス総研では、2013年より全社員を対象に「アジャイル改善塾」という組織風土改革を目指した活動を行っています。1年にわたって、「塾生」となったマネジャーやリーダーが中心となって、職場のチーム・ビルディングと業務改善を行っていくというものです。

　「アジャイル改善塾」の特徴は、「塾」で学んだことを、塾生たちが自分の「現場」で実践し、その実践状況を塾生や講師が「巡回」して確認するといった「塾⇔現場」のプロセスを短いサイクルで繰り返すことにあります。現場を巻き込む工夫が多く盛り込まれた組織開発の取り組みは、社長が漏らした一言からスタートしました。

｜「顧客にとって価値ある提案をできているのか」という問い｜

　オージス総研は、大阪ガスの情報システム部門が独立して創業された情報サービス企業です。大阪と東京に本社を置き、エネルギー、金融、製造を中心にさまざまな業界の企業に向けた事業を展開しています。

　従業員数は連結で3371人、単体で1423人（2018年3月）。システム開発だけでなく、プラットフォームサービス、コンピュータ機器・ソフトウェア販売、コンサルティング、研修・トレーニングまで、顧客のニーズに応じる形で、総合的なサービスを提供しています。

　「アジャイル改善塾」の活動が全社で行われるようになったきっかけは、2012年の夏頃、平山輝社長（当時）が漏らした自社社員についての一言でした。

「うちの社員はプレゼンが下手だよね」

「トヨタのなぜを5回繰り返す、みたいなものがいるよね」

　その言葉が引き金となり、役員層、管理職層が集まってディスカッションす

る中で見えてきたのは、顧客視点で深く考える姿勢の乏しさでした。

　社内で「アジャイル改善塾」を推進する山海一剛氏も、当時この議論に加わっていた１人です。「顧客にいかに高い価値を提供できるかが勝負となるこの業界では、技術力だけでなく、顧客のニーズを的確に捉えたうえで、期待をさらに超えていくような提案力が必要です。『オージスさんは真面目で、言ったことはきちんとやってくれるのだけどね……』といったお客様からの声もありました。顧客が本当に困っていることの真因は何なのかを、なぜを繰り返して考える姿勢が不足しているのではないか、という話に最後は行きつきました。つまり当時の社長の指摘は、プレゼンの技術に対してではなく、顧客の視点に立って語れているかという、マインドセットに対する指摘だったのです」

　このような課題に対して、どのような解決策を取るべきか。人事部人材開発センターの東村奈緒美氏は「プレゼンテーション力や問題解決力といったスキルをもっと高めたいという課題は以前からあって、研修は山ほどやっていたのです」と振り返ります。

　しかし、追跡調査をしてみると、必ずしも現場での実践につながっていないことがわかった、といいます。研修で学ばれたことが、現場で実践され、成果をあげることを「研修転移（learning transfer）」といいますが[160]、同社では、研修は実践されていても、転移されることが少なかったということです。人事部門が提供する研修や諸制度という歯車が、実践とかみ合わず、いつまで経っても現場は変化しない。そんな状態が続いていたのです。

　解決のためには、何か全く異なるアプローチが必要でした。
「なぜを繰り返す勉強会を開催してみては」という提案も出ましたが、今までと同じ施策を増やすだけで、本当に解決になるのか、という疑問もあり、なかなか有効な打ち手が見つからなかったといいます。

160　中原淳・島村公俊・鈴木英智佳・関根雅泰（2018）．研修開発入門──「研修転移」の理論と実践──　ダイヤモンド社

｜環境の変化にも素早く対応できるような組織風土にしたい｜

　そもそも本当に解決するべき問題は何なのか。「今なら明確に説明できるのですが、当時は問題がどこにあるのかわかりませんでした。ただ、おそらく組織風土的なところに問題があるのだろう、といった感覚は共有していました」（山海氏）

　そんなとき、解決のカギになるかもしれない、と山海氏が訪れたのが、トヨタ式の改善をベースに組織の活性化を広めていたコンサルタント、高木徹氏の主催する勉強会でした。

「勉強会では、各企業の担当者が自社の取り組みについて話すのですが、組織の課題解決に関して真剣に取り組んでいる様子が伝わってきましたし、その後に会社の垣根を越えて本音で意見を交わす様子もとても新鮮でした」

　よくわからないが、何か全く新しいものがある。やってみる価値はありそうだ。そう感じた山海氏は、経営層に向けて組織ぐるみの取り組みの必要性を訴え、2013年の春から高木氏を講師に迎えて「アジャイル改善塾」が始まりました。「アジャイル改善塾」という名称は、オージス総研が独自につけたものです。

「アジャイルという言葉は機敏な、俊敏なという意味を持っています。環境の変化にも素早く対応できるような組織風土にしたい、という思いでこの名前をつけました」（山海氏）

　アジャイル改善塾は、1期を1年間として進められます。塾の受講対象者は、さまざまな部門で5～10人程度のチームをまとめている立場の社員であれば、役職の有無は問いません。1期につき、およそ6人から12人が受講するといい、これまで5年間で延べ84人の社員が受講しました。

　塾は2週間に1度、半日ほどかけて開催されます。前述したコンサルタントの高木氏によるレクチャーの他、ワークショップ、各現場での取り組みの報告、

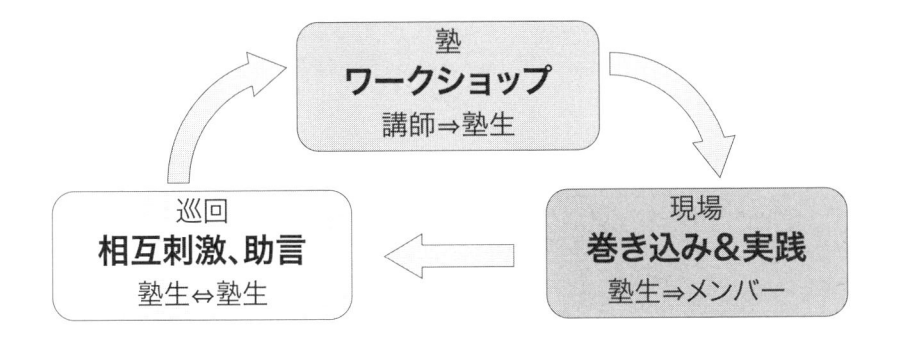

そして塾生の現場を互いに視察する「現場巡回」などを行います。塾生は高木氏から、「日本のモノづくり現場の考え方・人づくり」について学ぶと、まずは塾生同士で議論します。それを毎回、宿題として現場に持ち帰り、現場のメンバーと一緒に考え、実践します。次の塾の最初に講師と塾生が現場を回り、現場での実践状況を確認して指摘し合う……ということを繰り返し行っていくのです（図表60参照）。

「たとえば、塾の中で自分のチームのありたい姿を考えるワークを行うとします。それを塾生間で共有するだけでも、他の部署の目指す方向や課題を理解することができます。そして、それは『各現場に持ち帰って、チームとしてのありたい姿をまとめる』という次回までの宿題になります。宿題を持ち帰った塾生たちは、現場のメンバーを議論に巻き込むことで、互いの思いや考えを知り合うことにもなります。次の現場巡回では、現場のメンバーに『このありたい姿に、本当に納得していますか？』などと聞いたりしながら、進め方をアドバイスし合います」(山海氏)

取り組み内容は職場の壁に貼り出し、リアルに「見える化」する

「アジャイル改善塾」は、チーム内の仕事を見える化し、仕事のやり方、プロ

3カ月		3カ月		3カ月	
・オリエン ・カイゼン の講義	・講義 ・ワークショップ ・現場巡回 ⇒学びを職場で 実践し振り返り	中間発表	・講義 ・ワークショップ ・現場巡回 ⇒学びを職場で 実践し振り返り	講義終了	・現場巡回 ⇒塾終了後、 職場実践、 定着フォロー	最終発表

STEP1	STEP2	STEP3
チーム・ビルディング **(基礎体力づくり)**	**業務成果創出に向かう**	

セスを常に見直す持続的な改善活動を組織内に根づかせ、業務成果の創出を目指していく「ホワイトカラーの業務改善活動」といった活動です。しかし、このカリキュラムの特徴は、いきなり業務成果をねらわず、コミュニケーションの活性化やチーム・ビルディングに多くの時間をかけ、徹底的に取り組むところにあります(図表61参照)。

成果創出のためには、付加価値の高い製品、サービスを提供していく必要があります。それらを実現するためには、単に業務を効率化するだけではなく、リスクを負ってでも思いきって新しいことに挑戦するようなマインドセットが必要とされます。だからこそ、知恵を出し合うことができる風通しのいい職場づくりが不可欠です。

そのため、塾の最初の約3カ月間は「基礎体力づくり」の期間として、チーム・ビルディングのための活動だけを行います。最初の取り組みとしては「挨拶をする」「仕事以外の会話をする」といった職場のコミュニケーション改善だけを行うそうです。

「エンジニアの仕事は個人に閉じやすく、隣の人であってもメールで会話するなど、コミュニケーションが少ないことが課題です。職場によっては挨拶すらないところもあり、隣の人が何の仕事をしているのかもわからず、近くに忙し

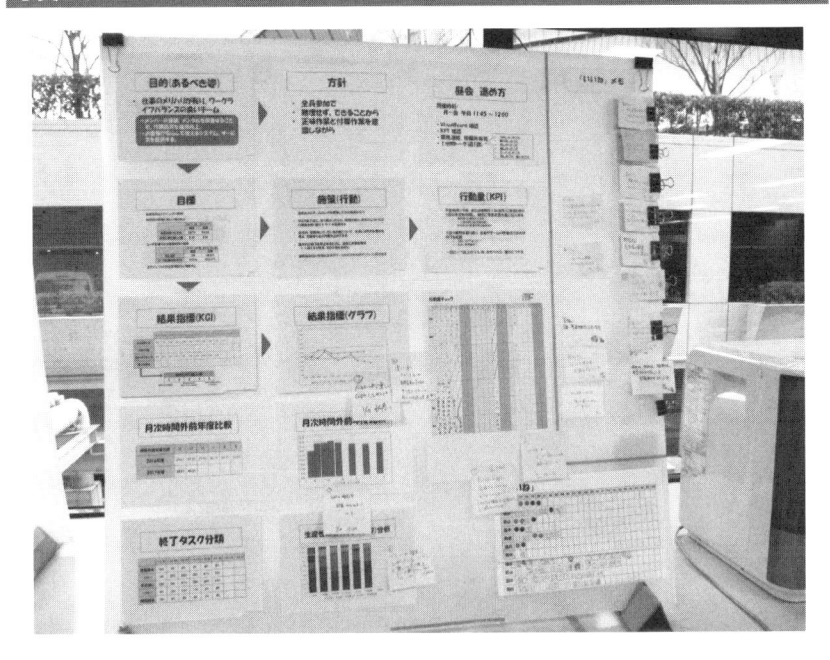

くしている人がいても『手伝いましょうか』と言うことができない。その結果、忙しい人は毎日遅くまで残業している。そんな人を横目で見て、申し訳ないと思いつつ、先に帰ったりするわけです」（山海氏）

「アジャイル改善塾」では、こうしたコミュニケーションに関する課題すらも徹底的に洗い出し、分析します。そして塾生は、その課題を解消するための活動を自分たちでデザインします。これまでの実績の中には、朝の挨拶を最初は言葉でしますが、次は握手で、その次はハイタッチで、といった具合にグレードアップしていく「ハイグレード挨拶」、朝会でスピーチをする時間を持つ「1分間スピーチ」、ラジオ体操を得点化するスマホアプリを使った「ラジオ体操」などを行ったチームもありました。ユニークな取り組みが多い印象がありますが「取り組み内容を自分たちの現場で考える、というところが重要です。画一的・強制的にやらせるものではないからこそ、楽しく取り組めるのです」（東

村氏）。

　この取り組みのポイントは、現場での活動のすべてを「見える化」すること、です（写真8、写真9参照）。単に「会話が増えた」「挨拶するようになった」ではなく、評価するための尺度、KPIも自分たちで決め、効果を数値化するのです。活動の結果や評価も「見える化」します。最先端のIT企業ではありますが、あえて壁に掲示するというアナログなやりかたにこだわるのは、現場をリアルなコミュニケーションが生まれる場にしたいからだといいます。

「壁に貼っておけば、みんなで見ながら話し合うこともできるし、その場でぱっと改善したりすることができ、自由で創造的なコミュニケーションにつながります。実際、朝の1分間スピーチがいまひとつ盛り上がらないから、“毎朝サイコロを振って、話す人をその場で決めるようにしよう”とか、“『実は私〜』で話し始めたらどうだろう”などといろんな改善アイデアが生まれてきました。

ちょっとした仕掛けが、メンバーを巻き込み、全員で知恵や工夫を出し合う場づくりにつながっているのです」(東村氏)

「改善力」を現場に定着させていくことが課題

「アジャイル改善塾」には、メンバーを巻き込むための仕掛けが他にもあります。1つは、塾生たちが、会社から業務命令を受けて塾生になるということです。
「公募制で、やりたい人だけを集めてやる、という形ですと、上司や部下から"本人が自分の勉強のためにやっていること"と思われてしまい、協力が得られにくくなります。仕事として取り組んでいる、ということであるからこそ、周囲からの協力が得られるわけで、これは非常に重要なポイントです」(山海氏)

もう1つは、「アジャイル改善塾」の特徴である「現場巡回」です。「現場巡回」では、さまざまな部署から集まった塾生たち、講師である高木氏や取り組みを推進する人事担当者、ときには、担当役員までもが現場を訪れ、取り組みの様子を見学し、その場でフィードバックを与えます。「さまざまな人たちから、いろいろなフィードバックを受けるうち、塾生自身だけでなく、現場のメンバーたちも、活動に対して意義を感じるようになり、前向きに取り組むようになっていきます。講師から辛辣な指摘を受け、メンバーたちが"自分たちのリーダーを助けよう"と協力し始めたということもありました」(山海氏)

「アジャイル改善塾」の後半では、各職場で業務観点の成果創出に向けた取り組みを行います。業務観点の目標も、各職場で考えていくのですが、前半にコミュニケーション改善による職場づくりがきちんとできているかどうかが、ここでの成否を分けるのだといいます。

「確かに会話は増えたけど、他の人の仕事でも気兼ねせずに指摘できるような関係までなっていなかった。業務目標に取り組んでから、そう気づく塾生も少なくありません。そういう意味では、後半の業務成果創出は、前半のチーム・ビルディングの質にかかっているともいえます」(東村氏)。なお、後半での目

標設定は、売り上げや利益といった直接的な結果ではなく、それを持続的に拡大するために、何を変えるべきかという、プロセス部分にフォーカスするように指導しているそうです。

　1年にわたる職場での取り組みを終えた後は、経営陣を前に、塾生1人ひとりが現場での取り組み内容と成果について報告する発表会が行われます。「アジャイル改善塾」は、社員全体の価値観、組織文化を変えていくことを目指して始まった取り組みではありますが、組織開発の取り組みだけにとどまらず、結果的にリーダー研修、マネジメント研修にもなっていると東村氏は指摘します。

　今後は、「アジャイル改善塾」で身につけた「改善力」を継続させ、組織に定着させていけるかどうかが課題です。「事務局で毎年振り返りをするたびに、どうしたらいいのかと悩み続けているのですが、やはり組織文化というのは、1年、2年では変わらないし、当然、5年でもなかなかそんなに変えられるものではないのですよね。だからこそ毎年新しい工夫を加えていってます。改善塾自体も改善していかないといけませんから」（東村氏）

[事例解説]
現場の見える化と巡回こそが、アクションを高める

　オージス総研の「アジャイル改善塾」は、「組織開発」とも「人材開発」ともいえない、どちらの要素も兼ねそろえている興味深い事例です。講義があり、職場の見える化があり、最終発表があり。外面的特徴だけを見ると、それはどちらにも分類できそうです。

　しかし、キヤノンの事例に見たように、よき組織開発とは、人材開発とともにあり、よき人材開発は、組織開発とともにあるものです。職場の課題を見える化し、対話を促し、アクションを考えることが大目的であるならば、この大目的に従う限り、どのような活動を取られてもよいのだと思います。

　活動は、講義やワークショップでの知識習得と、各参加者による現場の見える化を行うフェイズ。ワークショップで学んだことを現場に持ち帰り、現場の人を巻き込んで、何らかの活動を行うフェイズ。そして、塾生が相互の職場を「巡回」しあうフェイズ、の3つのフェイズから成立しています。最も興味深いのは、塾生同士が相互の職場を巡回し、相互に学び合うところです。

　大きな組織になればなるほど、同じ会社の他の職場は「違う会社」くらいの境界を感じてしまいがちです。オージス総研では、職場相互の巡回を通して、お互いの職場の実践から学び合う実践を行っています。これは職場という境界を越えた、いわゆる「越境学習」とも考えられます。

　越境学習は、一般に、自分の所属する組織を「離れて」、組織の外で学び、学んだことを自分の組織に活かす「学びの往還」が唱えられます。オージス総研の試みは、組織内において越境学習を行う組織開発とも考えられるかもしれません。

　ちなみに組織開発では、業務(タスク)への焦点づけと、関係性(リレーション)への焦点づけをどのように行っていくかがポイントになります。組織開発の取り組みが業務と直結していると、参加者は取り組みの意味を理解しやすい一方で、業務について扱うと業務の内容(コンテント)が中心になり、お互いの関係性に焦点づけることが少なくなります。逆に、関係づくりのみに焦点を当てた活動は、多くの参加者の理解を得て関与してもらうことが難しくなります。

　この事例では、関係づくりから業務へと移行するステップがうまく意味づけられています。塾生が現場で実践する際に、最初の3カ月間は職場のチーム・ビルディング活動だけを行い、その後に業務成果表出のための取り組みに移ります。この2段階によって、タスクとリレーションの2側面に取り組むことができています。また、チーム・ビルディ

ングのような、人と人との間に起こるプロセスを取り扱う活動は、成果が見えにくいのですが、活動の効果を評価するための尺度やKPIを当事者に決めてもらうことで、達成への動機づけを高めています。上から与えられた評価尺度やKPIではなく、自分たちで決めている（決定に関与している）点も組織開発的です。

Case3：豊田通商
働き方改革と「いきワク活動」の取り組みについて

　トヨタグループの唯一の商社である豊田通商では、2017年度より単体に在籍する約2700人を対象に「いきワク活動」（各職場が、現状に合わせて生産性の高い組織へ自ら考えシフトする活動）の取り組みを実施しています。いわゆる「働き方改革」をテーマとした組織開発の取り組みのように見えますが、そこには、ますます厳しくなるグローバルマーケットで商社として新しい価値を生み出していくための「人づくり」「組織づくり」の意味が込められています。社長の肝いりで始まった「いきワク活動」実施までの経緯と活動内容について解説します。

｜「働き方改革」「ダイバーシティ＆インクルージョン」の背景｜

　豊田通商は世界約120の国と地域にネットワークを展開する、トヨタグループの商社です。金属、グローバル部品・ロジスティクス、自動車、機械・エネルギー・プラントプロジェクト、化学品・エレクトロニクス、食料・生活産業、アフリカの7つの営業本部とコーポレート部門から成り、事業領域は多岐に渡ります。

　2014年、加留部淳社長（当時）は、「多様性（ダイバーシティ）を追求し、多様性を包含・一体化すること（インクルージョン）が、多様化する顧客ニーズ、多様化するマーケットニーズに最も効果的に対応し、商社としての競争優位を生み出すことにつながる」として、「ダイバーシティ＆インクルージョン（以下、D&I）」宣言を打ち出しました。「弊社では、輸出入や国内の商取引における情報、物流、金融、リスク管理や、単なる商取引にとどまらない開発投資を行っています。顧客の海外での事業展開のインフラを整えたり、現地での事業運営・

材料供給や物流の支援をしたり、他企業とのパイプ役になったり。世界中のさまざまな国、地域の人たちと手を取り合って新しい価値を創っていくことが弊社のミッションといえます」（人事総務部いきワク推進室・辻沙希氏）

　さまざまな違いを尊重して受け入れ、「違い」を積極的に生かすことが新たな価値の創造につながる。D＆I宣言には、世界でビジネスを行う商社としての経営戦略的な意味があったわけですが、単にそれだけではありませんでした。

　豊田通商は2000年に加商と、2006年にトーメンとの合併を経験しています。この合併に際し、社内では企業文化の融合を目指し、非常に丁寧なコミュニケーションが行われたといいます。「ビジネススタイルや企業文化が違っていたため、カジュアルな社員交流や、シナジー創出の促進につながるいろんな仕掛けをしました」。さらに、2012年にはフランスの商社CFAOを連結子会社化し、外国籍の社員も多く加わることとなりました。D＆I宣言には、このような合併によって拡大した社内の多様性を強みとしたい、という社長の思いも込められていました。

　とはいえ当初は、「ダイバーシティといえば女性活躍から」と思われていたところもあり、主に女性のキャリア開発や育成にフォーカスした試みが行われていました。しかし、「よく見てみると、女性の活躍を推進するには、女性社員の支援だけではなく、性別に関わりなく多様な社員が能力発揮を可能にする職場環境が重要であり、つまりは多様な人材が活躍できる環境づくり『働き方改革』が必要だ、ということになりました」（辻氏）

　そこで、「多様な人材がいきいきワクワク働き、生産性高く最大のパフォーマンスを発揮」することを目指す「働き方改革」が打ち出され、在宅勤務制度の導入などの柔軟な働き方を可能にするさまざまな制度、仕組みの整備や、現場の風土改革のための施策などが行われました（図表62参照）。

　そのうちの１つが、2014年度に開始した、職場ぐるみでD＆Iが実現できる環境づくりを目指す、生産性向上の取り組みです。人材の多様性が増す一方で、残業が当たり前の働き方が染みついた職場が多く、それとは異なる働き方を望む人との協働が生まれにくい、といった危機感もありました。そのため、外部

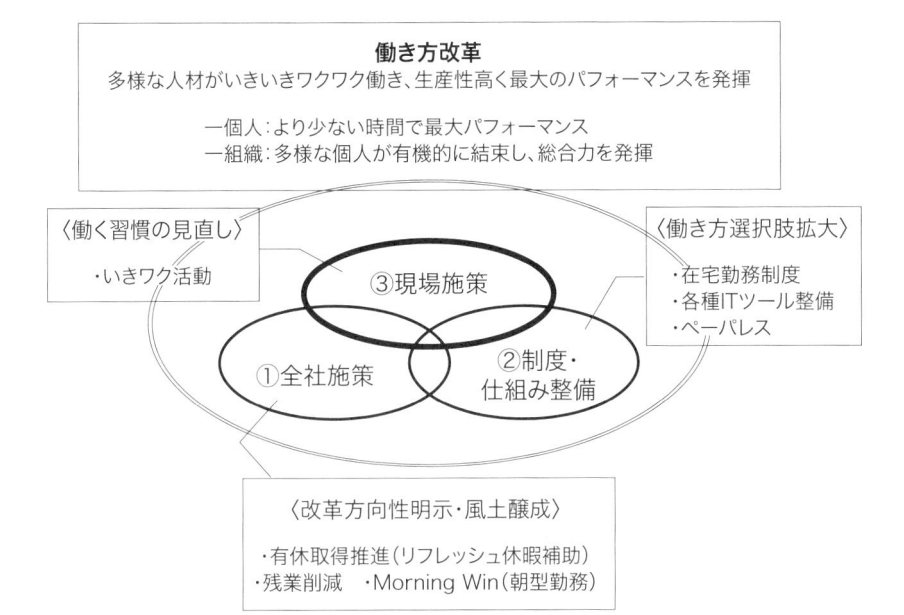

図表62｜働き方改革施策への全体像

働き方改革
多様な人材がいきいきワクワク働き、生産性高く最大のパフォーマンスを発揮

―個人：より少ない時間で最大パフォーマンス
―組織：多様な個人が有機的に結束し、総合力を発揮

〈働く習慣の見直し〉
・いきワク活動

③現場施策

〈働き方選択肢拡大〉
・在宅勤務制度
・各種ITツール整備
・ペーパレス

①全社施策

②制度・
仕組み整備

〈改革方向性明示・風土醸成〉

・有休取得推進(リフレッシュ休暇補助)
・残業削減　・Morning Win(朝型勤務)

コンサルタントを入れ、職場全体でタイムマネジメントを意識することで残業を減らし、生産性を上げることでワークライフバランスを実現する取り組みを行いました。当初は興味を持った6グループからのスタートだった、といいます。

　この取り組みは一定の効果が見られましたが、継続に当たっては、単に個人の時間当たりの生産性を高めるだけでなく、チーム全体のアウトプットの質を高めたり、コラボレーションによる新しい発想の創出を目指すべきではないか、という意見が出されました。「弊社には豊田通商グループウエイという、全役職員が共有する価値観があります。このグループウエイの1つであるチームパワーを発揮した、D&Iが実現できる風土づくりや、チームワーク向上にもっと焦点を当てていきたいと考えたのです」(辻氏)

　そこで、翌2015年度からは、活動経験者の意見を取り入れながらチームワ

ークを重視する、より組織開発的な要素が加えられたプログラムが開発されました。すると、プログラムを実施した職場では、自分たちに必要な仕組みづくりや、組織的な業務改善が進むなど、社員の意識・行動変化が見られました。効果を目にした社長の判断により、2017年度からこの取り組みを「働き方改革」の中心的施策、「いきワク活動」として全社で実施することになりました。

　この「いきワク活動」には、「働き方改革」の推進に加え、ある別のねらいがありました。それは、2017年度に施行された新人事制度の浸透・定着です。豊田通商では、長年、営業や企画などの仕事を行う「担当職（総合職）」と、オペレーションやアシスタント業務を中心に行う「業務職（一般職）」という職種があり、担当職は男性比率が高い一方、全体の約25%を占める業務職は主に女性でした。新人事制度では、この2つの職種が統合されることになったのです。

「職種に関係なく、各自がきちんと能力を発揮し、評価される仕組みができたわけですが、やはり旧担当職のような働き方は旧業務職には難しかったり、お互いにこれまでの仕事観を変えていく必要も出てきます。『いきワク活動』を通して、同じ職場でともに働く旧担当職・旧業務職や上司・部下がうまくコミュニケーションを取っていくことで、新しい制度に適合しやすくなるのではないか、という期待がありました」(辻氏)

「いきワク活動」を一気に全社施策としたのは、旧来の「担当職」「業務職」の仕事にとらわれず、個々の能力が最大限に発揮できる職場風土の再構築を促したいという意図もあったのです。

｜「いきいきワクワク」働ける職場の姿、ありたい姿を描く｜

　2017年度、単体に在籍する2700人を対象として始まった豊田通商の「いきワク活動」。非常に大規模な取り組みとなっていますが、いったいどのように行われているのでしょうか。

　活動の主体は職場グループ単位で、1グループは12人程度。2017年度から

2018年の２年間で全社約280グループが活動を開始することが目標でしたが、初年度2017年度のうちに212ものグループが活動を開始しました。「いきワク活動」の目的は「各職場が、持続的生産性の高い組織へ自ら考えシフトすること」であり、どのようなテーマ、アプローチで活動を行うかは各職場に委ねられています。

　まずは、年度始めの４〜５月に全社向けの社長メッセージ動画配信や階層別に説明会を開くなど、活動の概要とその意義について周知徹底を図りました。特に、活動の中心となるグループリーダー（GL）に対しては「いきワク活動」の意義や目的、活動を進める上での重要なポイントなどを理解してもらえるような「GL研修」が行われました。また、グループメンバーに対しては、活動や会議を効果的に進めるためのファシリテーションスキルを学ぶ「職場ファシリテーション研修」を実施し、活動がスムーズに始められるような準備を整えました。

　７月からは各グループでの活動がスタート。活動の中心は、定期的（１〜２週に１回）に、グループメンバー全員が集まって対話する「いきワク会議」です。まずは、それぞれのグループ内で「いきいきワクワク」働ける個人や組織の姿、ありたい姿を描きます。その後、現状を把握して、ありたい姿と現状のギャップを認識。課題を抽出したら、具体的な目標設定を行い、施策を検討し、実行する、というのが標準的な流れです（図表63参照）。

　扱われるテーマはグループごとにさまざまで、「残業を減らすためにどうするか」「やりがいを持って働くための方法」といった個人の働き方に関するものから、「業務の効率化や優先順位のつけ方」や「担当業務の見直し」「新規顧客獲得のための営業活動をするためにどうするか」「グループのビジョン、ミッションの再確認」といった、業務に関するものまでバラエティに富んでいます。グループによって扱うテーマも、やり方もかなり違っているそうですが、「ありたい姿や課題感は、それぞれの現場によって異なっているものだから」ということで、基本的には現場に任されています。

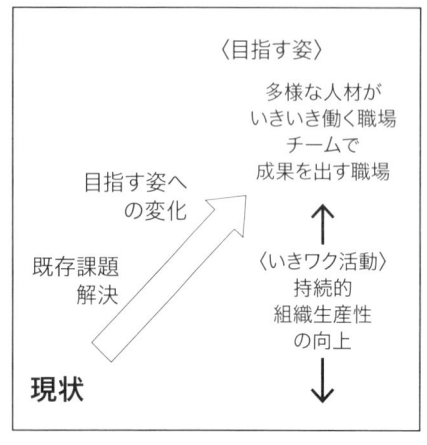

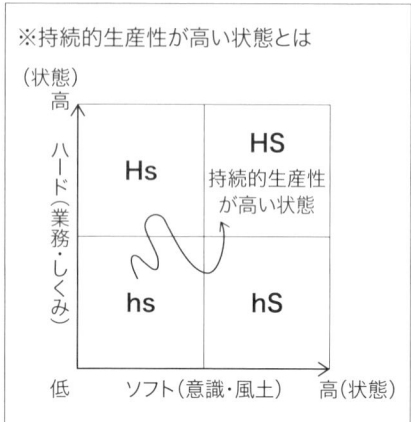

「いきワク会議」は12月頃まで定期的に続けられ、施策の実施、進捗確認などを行っていきます。1〜3月には、いったん各グループの活動を振り返り、事例共有を実施して1年間の活動は終了となっていますが、実は、いちばん時間がかかるのが、現場の課題を見える化して「目標設定」をするところだといいます。

「多くのグループが目標設定するまで1カ月以上かかります。ありたい姿の話し合いだけで12月までかかってしまった、というグループもありました。ですが、むしろこのプロセスが非常に大切だと考えています。実際、全員での話し合いを続けることで、ふだんから率直なコミュニケーションが取れるようになったり、お互いの考え方の背景や事情・特性への理解が進み、コミュニケーションロスの解消から業務の効率化につながるケースや、グループの一体感醸成やモチベーションアップにつながったというケースもありました」（辻氏）

活動推進における工夫

「いきワク活動」は、全社員対象の大規模な取り組みということで、さまざまな推進・サポート体制が整えられました。活動の全社推進は人事総務部の「いきワク推進室」が担っていましたが、それだけではとても回らないということ

で、8つある本部、それぞれの組織で階層を通じて展開していくことになりました。また、各本部で人事機能を持つ企画部が本部での推進機能を担い、支援が必要なグループには、サポーターが入り、直接支援する体制をつくりました。

　サポーターの役割は、ファシリテーションの代行や補助、各グループからの相談への対応、ノウハウ提供などで、第三者視点でグループの活動を支援します。サポーターには、各本部から適性のありそうな人を候補として選出してもらい、サポーター養成プログラムを実施。「いきワク活動」について理解を深めてもらうだけでなく、ファシリテーションや相談対応に必要な姿勢・スキルを身につけてもらうほか、サポーター同士でお互いの経験を共有し学び合うフォロー研修などの機会も用意しています。

　とはいえ、全グループの活動にサポーターをつけることはできません。グループメンバー同士の対話によって進めていく「いきワク活動」の成否は、グループで効果的な「対話」ができるかどうかにかかっています。しかし、対話型のコミュニケーションスタイルに慣れていない人も多いため、サポーターのつかない職場グループでは、「対話」ではなく、「会議」や「業務報告会」になってしまう懸念がありました。そこで、いきワク推進室では「いきワク活動」の考え方、進め方について詳しく示したワークブックを用意。ワークブックを参考に必要なワークを進めていくと、自然と対話が進められるように工夫しました。

　活動を通しての変化を実感できるような仕掛けやツールもいくつか用意されています。ワークブックの他に、軌跡シートというものがあり、活動の軌跡を記入していくことで、最初に話されていたことが、どう変わっていったか、どんな気づきがあったかなど、対話プロセスを見える化しています。変化が目に見えるので、このシートを振り返ることで考え方、意識が「変わった」ということが実感できるのです。

「いきワク」活動は、あくまでも「対話」を中心に行う取り組みとなっていますが、現場の課題を把握し、活動前後の変化を認識するためのツールとして、「いきワク度チェック」という独自に開発した組織診断も取り入れています。この

「いきワク度チェック」は個人、組織それぞれの仕事の進め方や意識の変化を測るものであり、活動前、活動後の2回行われています。また、期末の事例共有会では、各グループが活動内容をまとめたパワーポイントを作成し発表しますが、このような事例共有の機会があることも、振り返りを促す工夫となっています。

「いきワク活動」を通じて、「これまでと違った個人や組織の力の引き出し方やプロセスを変えていく経験をしてもらうことが大切だと考えています」と辻さんは言います。「そのような経験が、おそらく今後のビジネスの場面でも、例えば、取引先の方といろんな夢を語り合うことで、今までになかったような発想ができるようになったり、地域、国の文化を超えて相互理解が深まることで、仕事がうまく進むようになったり、激しい環境変化の中でも俊敏に強いチームを創る力が養われたり、といったことにつながるように思うのです。究極的には1人ひとりがしっかりと自分の意見を自分の言葉で語り、自分らしさや強みを発揮し、互いの違いを理解し影響し合いながら、組織として高い成果を上げ続けることがD&Iが実現されている姿。この活動がそこに近づく一歩になればいいなと思っています」

事業部人事を巻き込み進展する「組織開発」の未来

　豊田通商の「いきワク」活動は、社長のリーダーシップのもとで行われる「職場における生産性改善活動」です。この改善活動を進めるために、「GL研修」「組織ファシリテーション研修」など、さまざまないわゆる「人材開発施策」が用意されています。よい組織開発には、人材開発が伴う、という筆者の持論が具現化されているところが非常に印象的でした。

　最も興味深いところは、「いきワク活動」が本格化していくうちに、「ビジネスユニット側」の「事業部人事」を巻き込み活動が展開していくことです。事業も、かつ事業部内の人材やリーダーもよく知っている現場の人事機能を担う人々が、この活動に従事していくことは、最もパワフルな効果をもたらします。

　組織開発は、多くの会社において、通常、経営企画や人事が担う本社・全社的な活動として始まります。しかし、経営企画や人事には、それほど多くのリソースがあるわけではありません。結局、その組織開発がうまくいけばいくほど、事業部人事や現場を巻き込んでいくことが求められるようになります。

　この事例では、人事部いきワク推進室による「いきワク活動」の推進、事業部人事企画部の巻き込み、事業部の各部署から選出されたサポーターの養成、と推進者を増やしていきました。いきワク推進室は、サポーター養成プログラムの設計と実施や、各グループで活動を行うためのワークブックの作成、「いきワク度チェック」の開発など、全社展開をするための推進を行っています。そして、サポーターがファシリテーターとなって現場での活動を支援しています。当初は人事部の活動推進チームが現場でのパイロット的な取り組みを直接支援していました。それが、全社的な活動に展開するに従って、人事部の活動推進チームの機能も変化して、現場の支援をする人（サポーター）の育成をするという人材開発機能を果たしています。そして、サポーターが現場での「いきワク活動」を支援していきます。

　組織開発的な活動を全社的に推進するためには、現場のチェンジエージェントを増やすという、人材開発も必要であることの表れです。このように組織開発と人材開発を「同期」させ、組織が掲げるダイバーシティ＆インクルージョンの理念に近づこうとしているのだと思います。

Case4：ベーリンガーインゲルハイム
人事ビジネスパートナーによる組織開発

　ベーリンガーインゲルハイムは、ドイツに本社のあるグローバル製薬企業です。全世界の従業員数は約5万人、売上高は2兆円にのぼっています。同日本法人の従業員数は約2000人。ヒト用医療用医薬品の他、動物用医薬品事業を展開しています。ベーリンガーインゲルハイムでは、各部門に専門のスキルを持った人事ビジネスパートナー（HRBP）がおり、チーム全体へコーチングを行う「システム・コーチング®」という手法を用いて、現場の組織課題解決を人事の側面からサポートする組織開発施策を行っています。人事ビジネスパートナーによる現場支援の体制はどのように築かれ、どのような形で組織開発が行われているのでしょうか。

｜人事ビジネスパートナー部の発足｜

　ベーリンガーインゲルハイム（以下、BI）の人事本部で本格的に「組織開発」の取り組みが始まったのは2005年のこと。きっかけは、人事部門のありかたについての新たな指針でした。

　これからの人事は、一般的な人事サービスの提供だけではなく、人事の側面からビジネスの課題を自分たちで発見して、その解決をサポートしていく「ビジネスパートナー」として、付加価値を提供していく存在となる必要がある、という方向性が示されたのでした。

　「当時社内でいわれていたのは、"ストラテジック・ビジネスパートナー"たれ、ということでした」。人事本部タレントマネジメント部マネジャーの泰道明夫氏は、そのように振り返ります。「これまでのように、ただルーチンで業務をこなしたり、依頼されたことに対応したりするだけでなく、直接、現場に入り込んで、ビジネスの目標達成のために必要とされる人材開発やリーダーシップ

開発、組織開発などを人事の側面から戦略的に支援しなさい、というわけです」

その方向性を実現するために、2008年には人事本部内に人事ビジネスパートナー部が設けられ、人事ビジネスパートナー（HRBP）が各事業部門の担当として配置されました。

とはいえ、発足当初は何をすればいいのかわからず、考えながら進めていくことも多かったため、人事の中でHRBPの価値や役割についての議論も頻繁に行っていたといいます。

「人事の社内顧客である事業部門のトップの戦略をまずは我々が理解して、その戦略をしっかりサポートするような頼りになる人事になろう、とか、人と組織とカルチャーに関して、提言ができるような存在になろう、といったことを話していましたね」（人事本部タレントマネジメント部部長・来海敬子氏〈当時〉）

しかし、それまで「人事」が現場に入り込んで何かを行うようなことはなかったため、現場とHRBPの間には距離があったといいます。「最初はアドバイスをするどころではなく、現場との信頼関係を築くだけで数カ月はかかったように思います。私の場合は社員のケアをしっかり行いつつ、各支店長と定期的にミーティングを持ち、組織の課題や社員の配置などについての相談に乗り、一緒に伴走しながら信頼を獲得していったような感じです」（来海氏）

「例えば中途採用をする場合、HRBPが中心となって動き、採用したい人材の要件を現場リーダーと話し合って特定し、ニーズに合った人材をタイムリーに採用できるように努力しました。また、研修やワークショップなども現場の声を反映させながら内容をつくり込むことで、効果や参加者の満足度を高めることを意識しました。最初は御用聞きのようなことも多かったですが、現場からの要望や期待に1つ1つ応えていくうち、だんだんとHRBPの存在が評価されるようになりました」（泰道氏）

｜システム・コーチング® とOD実践塾｜

当初は部門からのニーズに応えるような形で、さまざまな人事サービスを提

供し、日々、信頼を獲得するところから始まったHRBP部でしたが、組織の課題を解決していくために人や組織に対してどのようにアプローチをしていくべきか、というところが徐々に整理されていきました。

「この数年、HRBPの間で共有しているフレームが、このケン・ウィルバーによる変革の４象限です」（図表64参照）。シニアHRアドバイザーの大野宏氏は、そう言って話を続けました。「我々もそうですが、多くの企業で行われている人事や組織の施策は、変革の４象限の図の右側にある第２象限（スキル開発、研修などの個人に対する外的なアプローチ）や、第４象限（組織設計や業務プロセスの改善などの組織に対する外的なアプローチ）が中心です。しかし、外的な部分だけにアプローチしても効果的でない場合があります。コンピュータは、アプリだけを入れてもOSがなければ動きません。目に見えていないOSに手をつけていかないと、アプリだけを入れ替えても、変革を起こすことはできません。そのOSの部分が、個人においては心理面へのアプローチ(個人コーチングなど)であり、チームにおいては組織の一体感や風土、組織の中のメンバー同士の関係性など、目に見えない部分で組織開発が必要な領域です（図表64の第１象限、第３象限）。ビジネスパートナーはこれら４象限にあるすべての仕事を行いますが、目の前の事象は、どの象限に関する問題なのか、この図に当てはめて課題を抽出するようにしています」

　第１象限、個人／内的な側面（思考の枠など）に変化を起こしていく部分に関しては、管理職になる際に社内のコーチング資格認定制度を設けて対応しています。また、コーチングを通じて人の可能性を引き出すだけでなく、社員の成長のためにフィードバックを積極的に行うようなカルチャーの醸成にも力を入れています。

　そして第３象限、集団／内的な側面に働きかける取り組みの面で、組織のメンバーの関係性を取り扱うツールとして2011年から本格導入されたのが、チーム（システム）全体に対してコーチングを行う「システム・コーチング®」です。「システム・コーチング®」では、さまざまなツールやスキルを通してチームメンバーの関係性を自覚させ対話を促すことで、チーム（システム）自

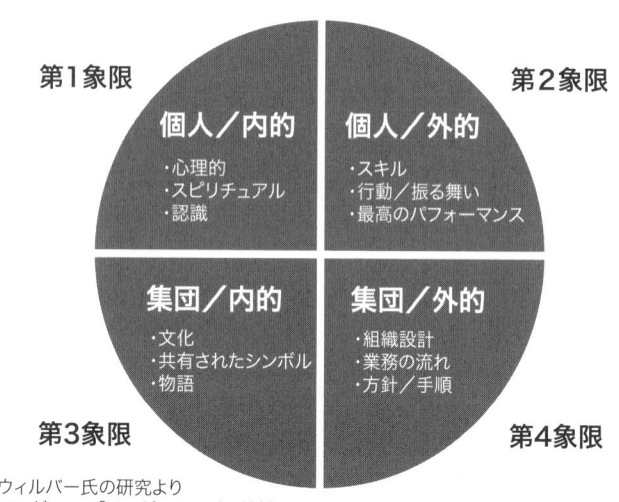

第1象限

個人／内的
・心理的
・スピリチュアル
・認識

第2象限

個人／外的
・スキル
・行動／振る舞い
・最高のパフォーマンス

集団／内的
・文化
・共有されたシンボル
・物語

第3象限

集団／外的
・組織設計
・業務の流れ
・方針／手順

第4象限

出典：ケン・ウィルバー氏の研究より
　　　ボブ・アンダーソン「リーダーシップの精神」
　　　Wilber. K；A theory of everything. Shambhala,2000
　　　Wilber. K；Integral Psychology.Shambhala,2000
　　　Wilber. K；One Taste.Shambhala,1999

らが答えを見つけ、自主的・自律的に行動を起こせるようにしていきます。BIでは部下を持つ管理職に、この「システム・コーチング®」のトレーニングの機会を提供していますが、現場からのリクエストがあった場合にはHRBPがシステムコーチとして入り、関係性をひもときながら課題解決に当たることもあります。

　このように各事業部門に深く関わり貢献するHRBPは現在8人。そして、そのHRBPたちを専門性のある人事本部の他部門が支えています。

「企業によってはHRBPが事業部門の中に籍を置いている場合もありますが、BIでは、あえて人事本部の下に籍を置いています。これにより、HRBPが部門から独立した立場で、きちんと戦略性をもって動けるというメリットがあります。また、人事に関わるさまざまな専門性、ノウハウを持った人たちが集まるタレントマネジメント部、処遇や各種の人事制度を企画・立案する人事企画部、実際の人事オペレーションを回す人事部が1つの組織としてHRBPをサポート

①エントリーと心理的契約	組織開発を行いたい組織のキーマン（クライアント）と出会い、問題意識や問題事象（起こっている問題）をヒアリングします。組織開発を行う目的、お互いの役割、スケジュールなどを合意します。クライアントと介入側が「同じ船」に乗ることが重要です
②プロジェクトデザインと準備	組織開発のプロジェクトをどのように進めていくかのデザインを行い、準備を行います。必要に応じて、必要なデータを収集します（データを収集しない場合もあり）。
③フィードバックによる対話	データをクライアントにフィードバックし、メンバー間に対話を促します（データ収集がない場合は現状について共有）。問題事象がなぜ起こっているのかを対話します。
④アクション計画・実施	問題事象を引き起こす真因を特定し、それらを解決するための方策、アクションプランを考えます。アクションの目的、役割分担、スケジュールを見定め、実行に移します。
⑤評価	アクションがいかなる効果を持ったのかを評価し、必要に応じて、再度「②プロジェクトデザインと準備」から始めます

できるような体制となっていることも強みになっていると思います」（来海氏）

　HRBPがさらに上のレベルの組織課題解決ができるようにと取り組んだのが、中原淳・東京大学大学総合教育研究センター准教授（当時。現立教大学教授）をアドバイザーとして迎え、2016年に行われた「OD実践塾」でした。「OD実践塾」とは、HRBPの組織開発力向上のため、組織開発を現場での実践を通して学ぶアクションラーニングを主体としたプログラムです。

「OD実践塾」を始めた理由について、大野氏は次のように説明します。

「各部門のHRBPからタレントマネジメント部へ、『部署が、なんだかうまくいっていないから、チーム・ビルディングのワークショップを実施してほしい』というような、表層的な問題意識のままで依頼が来ることがしばしばありました。HRBPには、現場から寄せられた問題事象に隠された『真因』を突き止め、それを踏まえた組織開発プランを提案できる組織開発力を身につけてほしい。

そうでなければ、本当の意味での変革、課題解決はできない、と考えたのです」

「OD実践塾」で組織開発の一連の進め方として用いられるようになったのが、上記の「組織開発の5段階実践モデル」でした（図表65）。「中原先生からは、まずはインタビューや調査、観察などで現場からの情報を集め、何が問題なのか分析して、しっかりと真因を特定しなさい、ということを丁寧にご指導いただきました」（大野氏）

｜現場のメンバーを巻き込んで行った対話型組織開発の事例｜

BIでは、現場や部門からの要請を受け、HRBPが介入する形で組織開発が行われています。そこではいったい、どのような組織開発が行われているのでしょうか？

HRBPがタレントマネジメント部のサポートを得ながら現場のメンバーを巻き込んで行った2つの対話型組織開発の事例をご紹介します。

〈ケース1〉A部門での事例
問題事象：組織の方向性が見えておらず、部門長が期待する行動をメンバーが取ることができていない。
真因：メンバーたちが自分の言葉で語れる共通のビジョンがない。

組織開発を依頼した部門長が認識していた課題は、メンバーたちが、そつなく仕事はこなすものの、トップが期待するような積極的に付加価値をつけるような仕事ができていない、ということでした。

実際にHRBPがメンバーたちに聞き取り調査などを行う中でわかってきたのは、さまざまなビジョンやミッションに近いものがいくつも落ちてくる一方、日々の仕事は忙しく、何を大事にしていいのかがわからないままになっている、という実態でした。

そこで、この部署のメンバー全員を対象に、自分たちの言葉で語れるビジョ

ンをつくるためのワークショップを企画しました。ワークショップでは、本音を出しやすくするためにレゴブロックを用いて「5年後のなりたい姿」を表現し語り合ったり、全員が声を出し合う「視覚会議®」という手法を使ってビジョンをつくるためのキーワード出しを行うなど、日頃思っていること、感じていることを「見える化」するようなワークを取り入れました。

「風通しのいい組織、という言葉がありますが、やはり何かのきっかけがないと、日頃から思っていたことを口に出すことはできないものです。改めてこういった機会を用意すると、『ビジョンなんてわからない』『仕事が忙しくてそれどころではない』と言っていたメンバーからも、さまざまな声が上がり、『そんなことを思っていたんだ！』というような話も出てきました。そして、それらを出し切ると、おもしろいようにいいアイデアが出てきましたね。最後はみんなでつくった共通のビジョンができたのですが、より納得感のあるものにでき上がったように思います」（大野氏）

　ワークショップは一度だけではなく、その後もケーススタディなどを用いてビジョンに基づいた行動を取るためにどうすればいいかを話し合う対話の場を用意するなど、フォローアップの機会を設けて、期待される行動の定着を促すことも行われています。

〈ケース2〉B部門での事例
問題事象：チームが疲弊している。
真因：チーム内の肯定性（positivity）が低く、生産性が下がっている。

　この部門は、グローバル組織ならではの悩みを抱えていました。BIでは、日本以外に海外にも上司が存在し、さらに同じチームのメンバーであっても業務に応じて海外の上司が異なるケースがあります。

「海外と国内に上司が2人いる、という状況です。しかも、異なる国の異なる上司の下にいるメンバーが同じチームで働いているので、ローカルの上司は部下が何をやっているかよくわからないし、グローバルの方はローカルの事情を

よく理解しないままにいろんな指示を出してくる。本当は日本の中でお互いに関係する仕事が多いのに、うまくチーム内で協働することが難しく、しかも恒常的に業務量も多く、チームが疲弊している状況でした」（泰道氏）

このチームに対して行われたのは、直面している業務の課題はいったん脇に置いて、どのようなチームになりたいか、またメンバー個人の強み、価値観や入社時に抱いていた夢などを話し合うことで、お互いを深く理解してメンバー同士の関係性や肯定性を高めていくことをねらいとする、2日間をかけたワークショップでした。

「通常ですと、『業務量が多い』というケースではプロセスを改善して無駄を省き、残業時間を削減しようというような、先に述べた第4象限にあたる業務プロセスに対するアプローチを取ることも多いように思います。もちろん、それも大事なのですが、チーム内の関係性を改善し、お互いにサポートし合う風土ができることによって、生産効率が上がることも往々にしてあります。このチームの場合は、特に後者が必要である、という判断をし、時間をかけてふだんの業務の中では、なかなか持つことのできない対話の場をつくり出しました」（泰道氏）

日頃からコミュニケーションの機会も少なく、お互い、何の仕事をやっているかもわからないような状況だったため、事前の調査では、そもそもチームでいることへの肯定感が低いという結果でした。しかし、ワークショップ後はチームの雰囲気ががらりと変わり、会議の場でも積極的で前向きなコミュニケーションが増えたといいます。また、このケースのワークショップではチームビジョンづくりも行い、つくられたビジョンについてその後も定期的に語り合う機会を設け、フォローアップが行われています。

泰道氏は今後の展望について、こう言います。

「現場の課題解決に人事の側面から積極的に貢献できる提案型のビジネスパートナーになっていけるよう、実践を通してHRBPの組織開発力を高めていく支援ができたらと考えています」。

BIは、先進的な取り組みを行っていることで知られるグローバル企業です。

しかし、そこで行われている組織開発は、現場に近いところにいる担当者たちが自ら学び、身につけた専門性を活用し、現場の課題解決につながるよう、現場に即した形で実践されており、実に地に足のついた取り組みとなっている、と感じられます。

(注)

システム・コーチング®…ウエイクアップCRRジャパンの登録商標です。

視覚会議®…株式会社ラーニングプロセスの登録商標です。

［事例解説］
組織開発は「やってみなければ」わからない！
事業部人事を組織開発の担い手にする試み

　ベーリンガーインゲルハイムの事例は、筆者（中原）自身が深く関わった事例ですので、当事者性をもってしか語ることができません。筆者は同社のみなさんとともに、各事業部において人事機能を担っているみなさん（HRBP：人事ビジネスパートナー）が、組織開発の知識や理論を学びつつ、それぞれの自職場の組織課題を「見極め」、実際に組織開発を「やってみて」、振り返る形のアクションラーニング型の研修を実施しました。各ビジネスパートナーのみなさんは、チームを組んで、自職場の組織開発課題を探求し、実際にワークショップなどを実施いたしました。

　この事例に深く関わってきた者として、最も印象に残っていることは2つです。

　1つ目は、筆者がワークショップの冒頭で、組織開発をHRBPのみなさんに説明するときには、本書の第2部以降で出てきたような専門用語は一切「排して」、説明を行ったことです。実は、本章の第1部は、ベーリンガーインゲルハイムにおける筆者の講演をもとにしています。組織開発を専門にしない人にも、そのエッセンスを説明できるように、筆者なりに工夫したつもりです。

　もう1つは、組織開発を「腹の底」から「わかる」ためには、やはり理論や知識を知っているだけではダメであるということです。組織課題を見極め、むしろ、実際に「やってみようとすること」を通してしか、組織開発は学べないことを実感しました。同社のいくつかのプロジェクトにおいては、この後、対話型組織開発が実施されたといいます。そうした「実施」のプロセスを通して、今まで組織開発をやったことがなかった方々にも、そのエッセンスをご理解いただけたのかと思っています。

　ちなみに、HRBP担当者が部門の組織開発を支援する実践は他社でも例があります。その際に、HRBPは人事本部内の担当者である場合と、各部門に所属する人事担当者である場合で、組織開発の推進にどのような影響があるのか、という問いが生まれてきます。この事例が教えてくれるのは、人事本部内の担当者の場合は、現場との距離が遠いので信頼関係構築まで時間がかかりますが、HRBP部のチームとしての方向性の共有やスキルアップ、支援のノウハウ共有がより可能になるということです。

Case5：ヤフー
組織課題に合わせて 進化する組織開発

　ヤフーの組織開発は、その時々の組織課題に合わせて進化してきました。スタートは2012年「爆速経営」と銘打った大胆な経営改革の一環で、組織開発の専門部署が発足し、「1on1ミーティング」などの新しい組織文化改革の取り組みが数多く始まったフェイズ1「全社経営改革」期でした。その後、急激な変化により、あちこちで生まれ始めたひずみに対して、組織開発専門チームが独自のES調査をもとにパートナーとして介入、組織開発の実践事例、ナレッジを蓄積していったフェイズ2「専門チームによるパートナー型組織開発」期。そして現在、現場で組織改革を実践するリーダーを増やしていくフェイズ3「部門・管理職へのODナレッジ展開」期に入っています。

｜フェイズ1：トップダウン型組織からの脱却を目指して｜

　ヤフーは、（日本法人）1996年にソフトバンクと米ヤフーの共同出資により創業。インターネットの普及とともに急成長を遂げ、検索サービス、ニュース、eコマースなど100以上のサービスを、スマートフォン、PCなどのデバイス向けに提供しています。

　しかし、2010年代に入った頃は、その躍進の勢いにも陰りが見え始めていました。売上高、営業利益とも右肩上がりの成長を続けていたものの、急速に広まりつつあったスマートフォン市場への進出にも後れを取っていたのです。好業績が続き、組織が拡大していく中で、かつてのベンチャー企業らしいチャレンジする気風は失われ、縦割り組織で人材の流動性がない、意思決定に時間がかかるなど、社内は大企業病の症状を呈していました。

　「優秀な人が次々辞めている、新しいサービスができていない、競合他社が伸びてきている……といった状況でも、どこか『業績は悪くないのだから』と焦

ることができなかった。社内全体に停滞したムードが漂っていました」。組織・人財開発部 人財育成リーダーの小向洋誌氏は、そのように振り返ります。

　こうした状況を打破するため、スマホシフトの指揮官として宮坂学氏の社長就任を決定。全執行役員が入れ替わり、新たな体制がスタートしたのが2012年4月のことでした。

　宮坂氏は、社長就任と同時に「僕は井上（雅博）前社長のようなカリスマ的なリーダーシップは取れない。ですから、みなさんぜひ1人ひとりがフォロワーシップを発揮してほしい」と宣言。経営スタイルをトップダウン型から、全社員がフォロワーシップを発揮するボトムアップ型に大転換する「経営改革」が始まりました。

「フォロワーシップを発揮する」とは、上司の指示を待つのではなく、1人ひとりが組織のバリュー、ミッションに深くコミットした上で、自ら考え、主体的に意思決定し、周囲を巻き込みながら、それぞれの持ち場でリーダーシップを発揮していくことを意味します。宮坂氏は「課題解決エンジン」というビジョンを掲げ、「10倍挑戦、5倍失敗、2倍成功」「社員の才能と情熱を解き放つ」「脱皮しない蛇は死ぬ」といったスローガンのもと、これまでの組織文化を改革するためのさまざまな施策を打ち出していきました（図表66参照）。

「上司と部下が週に1度30分、1対1で振り返りの面談を行う『1 on 1 ミーティング』もそうした施策の1つです。これは、上司・部下のコミュニケーションとリフレクションによる経験学習の促進を目的としたものです。その他にも、管理職を集めたワールド・カフェや、社員と経営陣とが現場で対話する『Y!J Link』、部下から上司へのフィードバックが行われる『ななめ会議』などが矢継ぎ早に実施されました。施策は多々ありましたが、全体を通していえるのは『対話』の促進がキーとなっていたということです」（小向氏）。トップダウン型の組織風土を一新するべく、数多くの対話、コミュニケーションの場が設けられることで、社内はたちまち活気づきました。

　組織開発のための専門チームがつくられたのも2012年のことでした。「当時

Phase1

専門部署の発足、全社を対象とした組織文化改革

理念浸透、人材開発、権限移譲に伴う"組織の自走力"を強化するための支援

1. **バリュー発布**　　　　企業理念の刷新、浸透
2. **フォロワーシップ**　　フォロワーの当事者意識、自立を促すマインド醸成
3. **社員と経営陣の対話**　経営陣と社員の膝詰め対話の場づくり
4. **ワールドカフェ**　　　バリューや新人事制度の運用方法を、社員主導で考える
5. **1on1ミーティング**　管理職と部下の対話習慣化。コーチング手法を全管理職に展開
6. **ななめ会議**　　　　　アシミレーション。部下から上司へのフィードバックの場
7. **ジョブチェン**　　　　社内FA制度の刷新によるキャリア自律支援
8. **人財開発会議**　　　　関係者が一堂に会し、部下の人財開発方針を決める会議の開始
9. **経営メンバー合宿**　　経営課題解決会議の実施と、経営陣の関係の質向上
10. **ES調査**　　　　　　全社・組織コンディションの可視化と定点観測

は『そもそも、組織開発とは何か？』というところからわからないような状態でしたので、外部の専門家からさまざまな知見を学んだり、実践を重ねたりしながら手探りで進めていました」（小向氏）

｜フェイズ2：「専門チームによるパートナー型組織開発」期｜

　宮坂氏による「爆速」経営改革が始まって1年が経ち、ヤフーの組織風土には大きな変化が見られるようになりました。組織風土変革に大きく寄与したのは、「1on1ミーティング」でした。

「総じて言うと、でき上がったのはフィードバックと振り返りの文化だと思います。それまでは、中途社員が多かったこともあり、上司と部下、同僚同士でのコミュニケーションも乏しく、そもそも『フィードバック』ということが、少ない会社でした。しかし、1on1ミーティングが浸透していくことで、成長のためにはフィードバックと振り返りが必要なんだというのはしっかりと根づきました。また、人を育てるカルチャーが根づいたのも1on1ミーティングによるところが大きいと思います」（小向氏）

Phase2
パートナー型組織開発支援への挑戦

組織課題を抱える部門からの相談をキッカケに介入

部門	規模	支援活動	内容
管理部門	10名	サーベイ	メンバー間連携に課題 サーベイ・フィードバックによる課題共有と問題解決策の具体化支援
サービス部門	80名	サーベイ 対話ファシリテーション	組織トップと部下のコミュニケーションおよびビジョン共有に課題 トップのマネジメントスタイル変容をきっかけにした風土改善支援
管理部門	80名	サーベイ・AI	組織間連携に課題。合宿でワンチーム化支援
営業部門	300名	サーベイ	組織間連携に課題。サーベイ・フィードバックによる課題共有と当事者による解決策の検討、改善活動の実行支援
管理部門	100名	サーベイ・OST	業務運用の複雑化と、組織内連携力に課題。サーベイによる現状（組織感情）の可視化と、解決策の検討・実行支援
サービス部門	300名	サーベイ	特定の管理職のリーダーシップに課題。当該者に気づきを促し、コーチング導入支援
グループ会社	80名	サーベイ・研修	ベンチャーから急拡大している組織における管理職マネジメント力に課題。研修支援提供。
サービス部門	80名	課題発見ワーク 改善活動フォロー	ES結果が全社平均より下の部門。 部門主導で発足したES向上委員会による改善活動の支援

　とはいえ、急激な変革には痛みが伴うものです。さまざまな施策を通して風土改革が進められた一方、縦割り組織がマトリックス組織に変わったり、若手の抜擢人事が行われたりと、体制面での変化も大きかったことで、社内には「改革疲れを起こす職場が次々と出てきた」といいます。人事部門に属する組織開発チームには、そうした職場の課題を抱えた組織のトップから、次々と相談が持ち込まれるようになりました。

　5人ほどの組織開発専門チームは、コーチング研修、ファシリテーション研修などの研修や勉強会に参加するなどして、組織開発につながる理論や実践を学びながら、相談内容に合わせて現場に介入していきました（図表67参照）。

　見よう見まねでAIをやったり、対話の場をつくったり、効果のありそうな方法は片っ端から試していきました。介入した現場の規模は、10名ほどの部署から300名規模の部門までさまざま。失敗も数多く経験しつつ、徐々にヤフーなりの組織開発のパターンが形成されていったといいます。

「我々も素人でしたし、毎回手探り状態でしたが、相談を受けるたび、第三者からの介入を求める現場のニーズの強さを感じました」（小向氏）

　組織開発ニーズの高い職場、組織を把握する上で役立ったのが、2012年の

経営改革と同時に年2回実施するようになった独自のES調査でした。組織、職場の状態が生々しく数字で見えるようになったことで、それぞれの組織のトップが意識的に組織開発活動に取り組むようになったのです。ES調査を定期的に行うことで、サーベイ・フィードバックのループが自然に回っていく「不断の組織開発活動」につながっていく効果ももたらしました。

｜フェイズ3：「部門・管理職へのODナレッジ展開」期｜

　経営改革がスタートして3年経ち、1on1ミーティングを軸にしたマネジメントは全社に定着しました。上司・部下の関係性が強くなり、以前に比べると職場内のコミュニケーションも活発になり、風通しがよくなりました。「エンジニアの多い職場ということもあるのかもしれませんが、昔は隣の人ともメッセンジャーで会話するようなカルチャーの会社でした。今では、そういったことはなくなりましたね」（小向氏）

　しかし、一方では新たな課題も浮かび上がってきたといいます。たとえば、1on1によって上司と部下という縦の関係は強まった一方で、経営改革の一環として成果主義的な評価制度を導入した結果、チームメンバー同士がライバルとなり、横の関係はむしろ弱まり、個業化が進んでしまう傾向が見られたのです。また、1on1ミーティングに頼ったマネジメントだけでは、限界があることも見えてきました。

　「1on1ミーティングは非常にパワフルな仕組みで、社内の調査でも9割近くの社員が、その効果を実感していると答えています。しかし、管理職が30人、50人の部下を持つようになったとき、マネジメント上の武器が1on1ミーティングしかないと、機能しません。30人全員と1on1をするわけにはいきませんから。組織の課題を解決するためには、もっと別の武器が必要なのです」（小向氏）

　人事の組織開発専門部隊による組織開発のほうにも課題が見えてきていました。実践を重ねることで経験値が高まり、奏功する取り組みが増えてきた一方

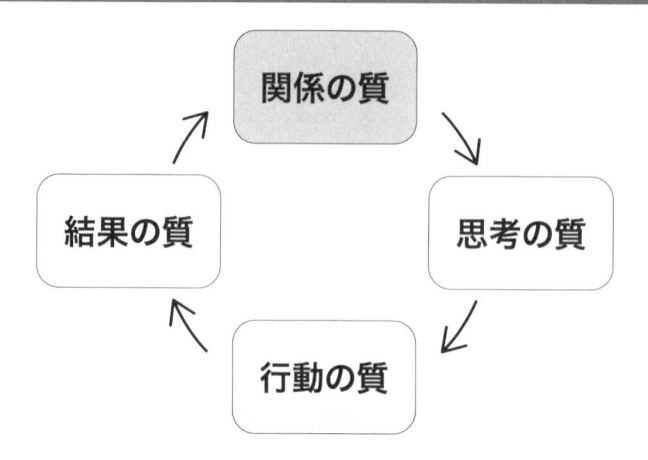

で、数人程の専門家だけでは、1万人規模に拡大した組織に対応できず、組織開発の専門家を増やし、スケールアップしていくことが求められるようになってきていたのです。

「マネジャーに新たなマネジメントの武器を持たせるためにも、組織開発を全社にスケールアップし、経営にインパクトをもたらすためにも、組織の中に、組織開発の知識と専門スキルを持った"変革者"を増やしていく必要がある」という認識で始まったのが、「部門・管理職へのODナレッジ展開」を行うフェイズ3です。

　まず行われたのは、上位の管理職向けに、組織内の「関係の質」に目を向けることの重要性を説くことでした。組織が成功に向かうためには、組織内の「関係の質」を高めることが重要であるとする、アメリカMIT教授ダニエル・キム氏が提唱する「成功の循環モデル」（図表68）の考え方を、研修ほかさまざまな機会に上位の管理職を中心に伝え、浸透させていきました。

　同時に進められたのが、「ローカライズとビジュアライズ」。マネジャーたちが、それぞれの組織内で組織開発を実践していけるよう、共通フォーマットや参考になるようなケース集を用意したのです。

「ローカライズ」とは、ITの世界で、海外でつくられたソフトウェアを日本で使えるようにするときなどに使われる表現ですが、小向氏はこのことがとても重要だと言います。

「組織開発というのは、まだまだアカデミックで専門的な領域から抜けきれないところがあり、ビジネスの現場にそのまま持っていくと、やや白けてしまう場合があります。社員が白けてしまうと、その時点で組織開発は進みません。そのため、組織の事情に合わせた手法、受け入れられやすい言葉遣いにローカライズする必要があるのです」(小向氏)

社員の約半数がエンジニアやデザイナーというヤフーで、組織開発の概念を論理的に理解してもらうためにはどう伝えればいいのか。組織開発を、ヤフー流にローカライズしたものの1つが、「組織課題解決の4ステップ」(図表69参照)です。ヤフーではこの手法を「1on1ミーティングの次の武器」となるツールとして管理職、人事担当者へ研修などを通して展開してきました。「ヤフーの全社ミッションである『課題解決エンジン』になぞらえたことで、論理思考の強い人が多いヤフー社員には、届きやすかったのではないかと思っています」(小向氏)

一方、「ビジュアライズ」とは、職場で起きていることを可視化することで、経験から学び、暗黙知を組織の共有知に変える試みです。具体的には、社内で実際に行われた組織改善活動を取材して記事をつくり、イントラネットに掲載する「発信」と、さまざまな組織開発事例を社内研修(ケーススタディ)にも活用できるケースにまとめる「ケース化」があります。

「現在、大小さまざまな事例が200ほど集まっていて、それらをまとめて『ヤフーの組織課題あるある集』のようなものをつくっています。組織課題というのは1つひとつが特殊なものだと思われがちですが、ケースが集まるにつれ、組織課題のバリエーションには、いくつかのパターンがあることがわかってきました」(小向氏)

また、これらのケースを蓄積しデータ化、分析をしていくにつれ、「課題のうち『人材開発課題』が占める割合は43.9%。上司・部下、部門間の関係性

Phase 3
ローカライズ：ミッションとの接続

ヤフーの全体ミッションは「課題解決エンジン」
これになぞらえ 組織課題解決のステップ を提示することで
概念理解に時間を要する組織開発を、ヤフー流に翻訳

組織課題解決の4ステップ

事実	課題	解決	評価
確認	抽出	アクション	
定量・定性情報を もとに事実を 収集する	課題の真因 (issue)を探る	最適な打ち手を 選択する	成果を可視化し、 組織改善の実感を得る

における課題は33.3％。当事者間の議論が進み、当初想定した課題とは異なる真因に当たったケース74.6％」など、全社の組織課題の傾向も見えてきました。ヤフーではこうした事例についての記録やデータの蓄積から得られた知見を可視化、「ビジュアライズ」して学ぶ機会を設けることで、さらなる実践につなげ、全社への活動の展開を図っています。

　今後は、それぞれのマネジャーが自分たちで組織の課題解決ができるよう、人事部門としてバックアップしていきたいと語る小向氏。同時に、結果にインパクトすることにこだわりたい、とも言います。

「組織開発の話をすると必ず『要するに結果が出るんですか、出ないんですか』という質問が出てきます。実際、私もどこまでリアルな課題解決ができるのか、というところはわからないところもあります。ただ、今後の日本企業においては、ますます人が重要になってくるわけですから、そうした中で、組織開発はどう役に立つのか、どう結果につなげていくのか。組織開発が一時的な流行に終わるかどうかは、そこにかかっていると思います」（小向氏）

［事例解説］
組織開発に「理想型」や「完成形」はない！
現場マネジャーが実施する「ヤフー流組織開発」へ

　ヤフー社の組織開発は、フェイズを追って常に深化し続けています。フェイズ1となったのは、「1on1ミーティング」や「ななめ会議」など、経営改革に応じて急速に転換を図った時期。この時期は、主に「人材開発」が焦点化した時代でした。

　しかし、フェイズ2はすぐに訪れます。急速な改革により、組織にさまざまな歪みが生じ、人事の組織開発専門部隊が事業部をクライアントとして組織開発を実施することになりました。続くフェイズ3では、現場マネジャーやリーダーが、自職場で組織開発を実施できるようになることを支援しています。

　このように、経営課題の転換、自社の状況の変化に応じて、同社の組織開発は常に「変化」し続けています。組織開発には「理想型」や「完成形」はありません。あるのは、組織を見つめ、常に組織のありたい方向に向けて、人々を動機づけ、人々の才能を開花させる試みだけです。

　筆者（中原）は、研修などで同社の人材マネジメントを側方支援させていただく機会に恵まれてきましたが、同社の人事の強みは、常に自ら「課題」を発見し、何でも「ヤフー流」に解釈し直し、発信していくことにあると思っています。例えば、組織開発には「ODMap」という専門知識がありますが、同社はそれを十分熟知していつつも、そのまま用いません。また、そもそも組織開発という言葉すら使っていません。同社は、組織開発のエッセンスをしっかりと学び、「組織課題解決の4ステップ」という段階を独自に定め、組織開発を行っています。

　このように組織開発を現場で実施するとは、この本に書いてある専門用語や知識を、そのまま「現場に輸入すること」ではありません。そんなことをすれば、すぐに「現場」は「白けて」しまいます。読者のみなさんも、本書で組織開発の理論や知識をひとしきり学んだ後は、いったん、それを「脇」に置いて、そのエッセンスを自社流に「語り直して」みてください。そして、自社の組織開発を「名づけて」ください。その地平の先にこそ、おそらく、自社に最も根ざしたパワフルな活動が展開するのだと思います。

対談
「組織開発の未来」

◇第5部の概要

　ここまで100年に及ぶ歴史をたどり直し、さらに現在の組織開発の事例をご紹介してきましたが、最終パートでは著者の2人が組織開発の未来を展望します。

　ダイバーシティが進み、働き方改革も迫られる日本の職場は、同時に労働人口が大幅に減っていく局面にあります。改革などという前に、すでに私たちの働き方は変わりつつありますし、今後はさらに変わらざるをえません。

　組織開発が、人材開発とも連動しながら、職場のコミュニケーションを活性化させ、働くことそのものを問い続ける手法として、広く根づいていくのかどうか。これからの組織開発について語り合います。

組織開発は
「経営に資するべきもの」か
「人に資するべきもの」か

╳ 経済的な価値と人間的な価値が
二律背反するものであるとする議論自体を超える

中原：さて、ここまで組織開発の過去100年の歴史を振り返りながら、書き進めてきました。振り返りとは、過去を見つめ直し、未来を創ることです。そこで、最後は中村さんとともに、今後の組織開発のありかたについて考えていけたらと思います。まずは、この書籍執筆を通して、最も印象深かったことは何ですか？

中村：やはり、時代によって、組織開発やマネジメント観の方向性の「振り子」が振れているな、ということを感じましたね。1950年代には科学的、客観的な側面が大切だという考え方でしたが、1960年代には人間的な側面を重視するほうに振れ、その後、ハードが大切、技術が大切という方向に振れていき、最近は人間的側面が大事という方向に振れてきています。ですが、振り子のように振れているだけでいいのか、という気もしています。組織開発の未来を考えるなら、制度などのハード的な側面や成果を出すといった側面と、人間的な側面の両方を、何とか「統合」できないのだろうか、と。

中原：価値観が振り子のように振れるのは、組織開発のみならず、人文社会科学全般に関していえることもしれませんね。「客観的データ」が重視されている時代があると思えば、「主観的な語り」が重視されることもある。

教育や学習の領域も、また同じですね。「知識を系統立って学ぶこと」が重視される時代もあれば、「経験から学ぶこと」がよしとされる時代もある。そういう極端な二極で、振り子が、いつも揺れ動いています。つねに、「A or B（Aか、それともBか）」の発想で、二極の間で、振り子が揺れるのです。中村さんのおっしゃる「統合」とは、「A or B」ではなく、「A and B（AもBも）」にならないか、ということですよね。

中村：そうですね。もちろん、科学的管理や技術革新のアンチテーゼとして、組織開発は人間的側面を扱うものだ、と振り切ってしまってもいいのかもしれません。しかし、それだけだと組織というシステムの一部しか捉えることができないので、チームや組織のデベロップメントは難しいと考えます。組織開発の研究者、実践者はやはり統合的な視点を持ち続けることが大切なのではないかと思うのです。

中原：その点については、私も、13年勤めた東京大学を辞め、2018年から立教大学経営学部に移籍し、人材開発や組織開発の教科やゼミを担当することになりましたので、非常に興味があります。こうした議論の背景には、結局、組織開発とは経営に資するべきものなのか、それとも人に資するべきものなのか、という問いがありますよね。その点、中村さんはどうお考えですか？

中村：儲けるためか、人のためかと問われれば、当然、人のためだと思います。ですが、経営に資するというのは、必ずしも儲けに資するということとは違うと考えます。人がそこで働きがいを感じて幸せに働けるか、チームワークのいい職場をつくれるか、活き活きとした組織文化を醸成できるか、といったことも大事な経営課題だからです。だから、経営に資するべきである、ともいえますね。

中原：私は、人材開発について、同様の問いを投げかけられたときに、まずは「人材開発は100％経営のためにある」と答えます。先生とは一見逆で、到達するところは一緒です。一言で「経営のため」といっても、今期の売り上げが上がるといったような財務的な内容で、経営に役立つという意味ではありません。「いくら儲かるのか」というfinancial outcome（財務的指標）ではなく、human resouce outcome（人的資源指標）を通して経営に資するべきだと考えます。

　例えば、あるところに、どうにもダメなマネジャーがいて、彼には、何ひとつマネジメント研修を行わず、我流でマネジメントをさせた結果、部下が３人離職してしまったりしたら、どうでしょうか。採用費が高騰している現在ですと、１人採用するのに、300万から400万円かかる場合もあります。最近は採用も厳しいので、技術者だったら年収１年分を保証するということもあります。100万円の人材開発をケチったおかげで、場合によっては1000万円のコストがかかるのです。それに現場には３人の離職につながった傷ついた人が出てくる。「経営に資すること」は「人に資すること」でもある、と思います。

中村：人に投資しないことで、経済的ロスもありうるということですよね。なので、私はそもそも経済的な価値と人間的な価値が二律背反するものであるとする議論自体を超えていかないと、組織開発の将来はないのでは、とも思います。AかBか、どちらかに決めてしまうほうが簡単で効率的です。マネジャーは上から、短期的な経済的成果が求められ、長期的な育成や職場の人間関係づくりも必要だと言われます。多忙な中、マネジャーはあれもこれもと考えるのは大変なので、割り切って、上から最優先に求められている短期的な成果のみに焦点づけてしまう傾向があります。今、多くの組織が問題を抱えている原因は、人間的な価値や、人間的側面の長期的なデベロップメントを割り切っていることにもあると考えます。今、多くの組織が問題を抱えているのは、人間性の部分を割り

きって後回しにしてしまい、人を大事にしない組織になってしまっていたからではないかと思います。もちろん現場で価値観が対立するのは仕方ないことですが、組織開発の人たちは、両方を探究する推進者であろうとする姿勢が求められるのではないでしょうか。両立が難しい二律背反となる二極をみんなで探究する、ともに対話を通して探究する、というところに組織開発の将来の理想像があるのではないかと。

中原：アメリカの小説家F・スコット・フィッツジェラルドが「優れた知性とは、2つの対立する概念を同時に抱きながら、その機能を十分に発揮していくことができるということだ」と言っていますが、おそらくそうした相反する2つのものを抱えていくようなことを、やっていかないといけないのかもしれませんね。

中村：おっしゃる通りですね。

「優れた知性とは、2つの対立する概念を同時に抱きながら、その機能を充分に発揮していくことができるということだ」（F・スコット・フィッツジェラルド）

✕ 対話によって教条化した組織開発像を超える

中原：「相反する2つ」といえば、アカデミズムでは何かを探究する際、探究のための手段を、AかBかどちらかを選ばなければならない、というところがあります。例えば、ある研究者が診断型組織開発にコミットしていたら、「対話型組織開発は、流派の違う邪道のやることだ」などと言い出すかもしれません。定量的研究の研究者の中には、定性的研究の研究者は邪道に見える人もいます。逆もまたしかりです。

　ですが、これは「アカデミズムの都合」です。実践者である限りにおいては、折衷主義というか、成果が出るのであれば、何でもいいという発想もありえます。そして、もともと組織開発が発展してきた思想的背景の1つにある「プラグマティズム」とはそういう考え方だと思います。たとえ細かい違いはあっても、社会において有用性を有するものを大切にしていこう、包摂していこう、というプラグマティズムが、組織開発の思想の底流に流れていると思います。

中村：この本で論じたように、組織開発の背景には、デューイしかり、プラグマティズムが色濃く反映していますね。レヴィンもプラグマティズムの影響を受けています。

中原：おっしゃる通りですね。組織開発は、役に立つ、さまざまなものを風呂敷の中に包み込み発展してきました。

中村：もともと、組織開発自体は、伝統的に「人寄り」でした。手法としては、いろいろなものを取り込んできましたが、人間を尊重する価値観が大事というところでは、ずっと変わりません。人間的な価値観を大事にしつつ、経済的な価値観も否定せずに、多様な人々が異なる見方や価値観を

対話によって教条化した組織を超える

持ちつつ、ともに探究する対話を推進する姿勢がこれからの組織開発推進者に要るのかなという気がします。

中原：先にも述べた通り、この本では、組織開発というワードを「風呂敷」と表現しました。これは、組織開発という言葉の境界が不明瞭であることの例えだったわけです。実際、組織開発は、今日もさまざまな理論を取り込んでいます。明日もまたそうでしょう。そのため、組織開発には周辺に、さまざまな理論があります。中村先生は、これについてはどうお考えですか？

中村：組織開発にはさまざまな「周辺理論」があります。これは、もともとの組織開発の理論的系譜とは独立して発展してきているものです。例えば、U理論などがそうですね。組織開発の周辺理論は、クライアントさんがわかりやすかったり、クライアントさんに理解してもらえたり、または

クライアントさんの役に立ったりするのであれば、ドラえもんのポケットのように、実践者は、たくさん持っていたほうがいいように思います。そして、理解や手法は、現場に合った形にカスタマイズすることが必要です。

　日本の組織開発推進者の課題の1つは、学んだものを「手法」としてそのまま使ってしまうという人が多いことです。加えて、日本の組織開発は舶来物に弱い。クライアントによりそいカスタマイズする姿勢が、組織開発の手法を用いる際には大切です。また、組織開発の実践者であれば、流派にこだわるのではなく、どのような理論や手法を標榜するにも、対話的な関係を築こうとする必要があると思います。

中原：対話は、組織開発のコアですよね。組織開発の担当者や実践者が、対話ができない、というのは、シャレになりません。

中村：おっしゃる通りですね。

中原：ちなみに、組織開発をやっている方の中には、「これはピュアな組織開発ではない」とか、「このやり方というのは、誰々の言っているやり方とは違う」とか、やや教条化した組織開発像のようなものを持っている方もいます。それは結局、先生がおっしゃるように、組織開発のコアにあるべき対話が失われているのかもしれません。

中村：そういうことになりますよね。組織開発を推進している人たちの対話はどうなっているのか、党派性が生じていないか、ということが問われますね。一方、組織開発というのは、何か特別な手法を使ってイベント的に実施することで劇的な変化をもたらすものだといった捉え方をする人が多い気がします。実際は、現場の中で人と人との関わりが少し変わったとか、学習の仕方が少し変わった、といった目立たない地道な取り組

みであることがほとんどです。ですので、イベントとして実施される手法以上に、その後のフォローアップや、組織の日常の中での対話や関わりが変わっていくことのほうが大事だろうと思います。

中原：「ワークショップをやれば組織開発」とか、「円形に座っていれば組織開発」みたいなイメージもありますよね。本当は現場の人と対話を通し、課題を見える化し、対話の場を起こして、変革をフォローアップするという一連のプロセスが重要なのだと思うのですが。

中村：人材開発も、研修さえやれば人材開発というわけではないですよね。

中原：ええ、まったく異なります。人材開発とは、人間の学習をオーガナイズすることで、組織の目標達成を側面支援することです。組織開発も、組織の目標に従って人の対話を促しますね。その意味では、組織開発と人材開発の境界は非常にあいまいです。ですが、人材開発の世界においても「何かいい研修があったら教えてください」といったことは残念ながら多いです。HRD（人材開発）もOD（組織開発）も、アメリカからの輸入モデルだということもありますよね。アメリカ発日本未上陸の手法となると、情報の非対称性と権力性があるので、「あの有名なコンサルタントがやっているのだから、きっと素晴らしいに違いない。そのまま取り入れよう」ということになってしまう。

　一番大事なのは、組織開発も人的資源開発も同じで、今その現場で何が起こっているのかを探究し、見える化していく企画の部分や調査の部分。それが８割ではないでしょうか。

組織開発は、実践者の数だけある

中村：今回、1970年代の日本で取り組まれていた組織開発の事例を改めて読み直してみて気づいたのですが、当時の事例には、1つとして同じものがなかったのです。これは組織開発らしさが表れていることだと感じました。最初にやり始めた人が試行錯誤で自社に合わせてカスタマイズをしていったわけです。ST（感受性訓練）も、単にSTをやるだけではなく、その後職場で実践してもらえるように支援するとか、会社によってかなりやり方が違っていて、自社で内製化してそれぞれの会社に合ったプログラムが生まれていたことがわかりました。今後も、各社特有の組織開発の形ができてくるということが必要だと思います。

中原：自社特有の問題があり、自社特有の目指す姿があるからこそ、自社特有の組織開発ができる。今回取り上げた5社の事例においても、1つとして同じ課題を、同じ手法を用いてやっているところはないですよね。組織開発は、実践者の数だけある。組織開発は現場の数だけある、のだと思います。組織開発は究極的なステージでは内製で行われていくものになるはずですし、最終的には人事本体から現場のマネジャー・クラスが主な担い手になっていくのだと思います。

中村：とはいえ、各社で独自のプログラムを開発するためには、やはり社内で、組織開発か人材開発の担当の人が、自分の会社にフィットするプログラムは何かと考えられる力が最初に必要です。外から持ってきて、単なる研修の1つ、イベントの1つとしてやるだけでなく、自分たちでオリジナルにデザインしたり、コンサルタントと一緒に自分たちなりの組織開発の開発をしたりする力は要るだろうと思いますね。ヤフーさんはそれ（＝組織開発の取り組みを自ら開発する力）があるから強い。

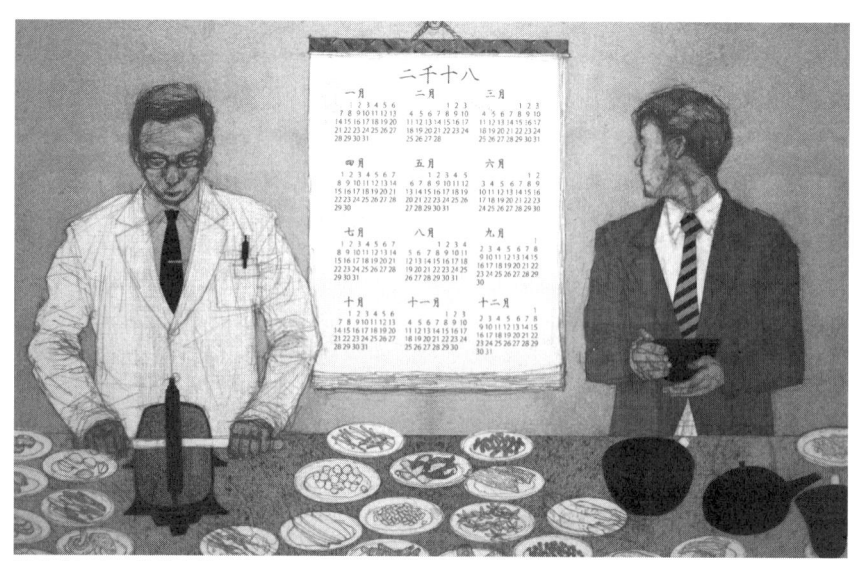
漢方薬による体質改善

中原：そういう意味では、組織開発のための知的生産技術は、現場で起こって
いることは何だろうと探究する力、そして、仮説をつくって、こんな施
策をやったらいけるのではないかという仮説生成力、そして、それを、
現場の人に交渉する交渉力など、ファシリテーションの能力以前に、そ
うした力が必要になってきますね。

中村：あとは、やめない力。1年くらいやってみて、すぐに効果がない場合や、
組織の上層部が交代すると、組織開発の取り組みを継続しないで、やめ
てしまうところが多いからです。

中原：組織開発はある意味「漢方薬による体質改善」みたいなものだから、効
き目はゆっくり長い目で見ないと。今日飲んだからといって、明日から
体質がすぐに改善されるわけではない。それには若干時間を要します。
いったん始めたら、「やりきる力（GRIT）」や「漢方薬を飲み続ける力」

が必要なのではないでしょうか。でも、とかく多くの体質改善の試みがそうであるように、ちょっと体質が良くなると、すぐに薬を飲むことを「やめて」しまいがちですよね。長続きしない。のど元過ぎれば、すぐに熱さを忘れてしまう。

中村：自社内で、組織開発をどう展開するのか、設計したり、ファシリテーターとして実施したり、現場で聞き取りをしたり、といった機能をそれぞれどこが担っていくのがいいのかといった議論もあります。日本企業では組織開発部がないケースのほうが多いので。

中原：それでも最近は、「組織開発」が部署名に入っている名刺が増えてきたように思います。ただ、人事の中にあるべきか、そうでないかという意味では、難しいところです。人事はやはりジャッジし、厳しいことも言わなければならない側面もありますので、1人の人間がやるというのは結構厳しいですよね。

中村：確かに厳しい。神戸大学の平野光俊先生は、人事がやるべきだというお立場で、人事の中でも管理と支援の機能を分け、人材開発と組織開発は人事の中でも支援の機能を果たす部署として、人事の中で管理や評価を行う部署とは別にすべきだと言っておられます。そして、同じ人事であることで、支援の機能を果たす人材開発や組織開発の部署も人事情報を共有できるのは有益だと。実際、現在では、人事部の中に「人材・組織開発室」または「組織・人材開発室」を置いて取り組んでいるところが多いと思います。

　ただ、これまで人事が管理機能をもっぱら果たしてきた企業では、人事が現場に行くと「うわ、人事が来たぞ」と毛嫌いされてしまい、「私たちは人事の中でも支援する仕事です」と言っても、すぐには信用されませんよね。そうした場合は時間をかけ、現場に足を運んで対話をする

とともに、成功事例を積み重ねることで、現場の支援が仕事なのだとわかっていってもらう必要があると思います。

中原：確かに「社員の情報が共有できたほうがいいから人事がやるべき」というのは、その通りだと思いますが、世の中的には、まだまだ「抵抗感」があるのかもしれませんね。人事というと、一般には「管理の部門」「監視の部門」「秘密を持っている部門」というイメージが払拭しきれないのではないでしょうか。「支援しますよ」といった温かいメッセージを送られてきたら、むしろ警戒してしまうというのが、現場の人たちの感覚なのではないかと思います。最近は、変わってきている会社もありますが。

中村：そうですね、会社によるのかもしれません。そして、その会社の組織文化というか、人々が人事に対してどのように見ているかによって異なり、そして、人々の人事に対する見方や期待は醸成することによって変わるのだろうと思います。

中原：たぶん、王道はないということなのでしょうね。自社によって、「誰がやるか」に関しても、カスタマイズするしかない（笑）。

中村：要は、どこの部署が組織開発を推進するとしても、従業員にわかってもらう努力をする必要があるということだと思います。
　　　前述したように、「組織・人材開発室」、または「人材・組織開発室」のような形で、組織開発と人材開発を1つにまとめた部署を設ける企業が増えているような印象があります。そういった動きについては、どう思われますか？

中原：これはもう、極めて真っ当なことだと思っています。これまで、何度か、

各社の人材開発の施策の立ち上げやコンサルティングに関わってきました
が、両者の区別がつかなくなることが何度もありました。「あれ、人
材開発の課題をやっていたのに、いつのまにか組織開発になってる」と
か「組織開発をしていたつもりなのに、いつのまにか、人材開発をやっ
ていた」とか、そんなのばかりです。具体的には、最初は研修していた
つもりなのに、いつのまにか、部門全員を集めて対話の会を開いていた、
とか。最初はサーベイの設計といった組織開発的なことをやっていたは
ずなのに、「なぜか研修することになってしまった」とかね。結局、現
場に入ったら、ODかHRDかというところも、折衷主義になってしまう
ものなのかもしれません。その点についてはいかがですか。

中村：私も「自然な流れ」だと感じています。1970年代の日本の組織開発でも、
管理者教育や研修と職場ぐるみの活性化をセットにしたものが多くあり
ました。むしろ教育的な意味合いでODがやられていた部分が強かった
ように思います。組織全体を変えようと思ったら、どうしてもリーダー
やマネジャーに対するトレーニングは必要になってきますので、人材開
発と組織開発が協働して推進できるような体制は重要だと思います。

中原：おっしゃる通りですね。今回、２人で著書を書かせていただきましたが、
私はそのこと自体がある種の「メッセージ」にもなっていると思ってい
ます。この２人で書いたのということは、「組織開発の未来は人材開発
とともにある」し、「人材開発の未来は組織開発とともにある」という
ことの明確なメッセージだと思います。ただ、実践家の人々が必要にな
る知識は、どんどん増えていきますね。

中村：増えますね。そうなると、企業内で開発や支援をする人たちの専門性が
より必要になってきます。アメリカの場合は、専門の部署に入ると、ず
っとそのままいられるので、専門性がどんどん高くなりますが、日本の

場合、３年程のスパンで人事異動を重ねる中で人材開発や組織開発の専門性を高め、実践できるようになる、というのは、なかなか難しいものです。一方で、そういう人たちがいろいろな部署に出ていくことの意味はあると思います。組織開発や人材開発の知識と手法を知っている人材がさまざまな部門にいたり、将来、経営層になっていくことは、長期的な人と組織の成長のために必要なことです。

組織開発実践者の人材開発

中原：組織開発をする人の人材開発ということもまた重要なテーマです。アメリカのNTL（National Training Laboratory）は結構長大な講座をやっていますよね。

中村：組織開発のサーティフィケート・プログラムは５日間×６回。計約30日間です。

中原：日本では組織開発を学ぶ場所として、ODNJや南山大学での講座、関西生産性本部や慶應MCC（丸の内シティキャンパス）、他のいくつかの講座がありますが、供給が追いつかないというところがあるのではないかと思っているのですが、いかがですか。

中村：学ぶ場は確かに、追いついていないといえば追いついていないのかもしれません。アメリカの場合は、専門職としてインターナルODコンサルタントといったものがあり、大学院で修士を取れば、企業の中でそうした組織開発の部門に進める道筋があります。私の感覚では、NTLのサーティフィケートを終えた方より、大学院修士課程を出た人のほうが多い印象があります。いずれにしても、そうしたアカデミックなプログラム

多様な人たちにも働きやすいように
職場ぐるみで風土や働き方を改革していく

でODを学べるということは、その後のキャリアとの関係で成立してい
るのだと思われます。その点、日本では長期的に、または、集中的に
ODを学ぶ場はまだまだ少ないと言わざるをえません。

中原：それは人材開発も同じで、アメリカで人材開発の担当者が集まる1万人
クラスのカンファレンスがあると、多くの方が、修士号を持っています。
部門長クラスや研究員ともなれば、博士号を持っている方も多いと感じ
ます。高度な教育機関において学位取得をしたら、その後にキャリアが
広がっている世界があるのはうらやましいですし、何より層の厚さを感
じますね。日本では、教育ができる人というか、講座ができる人という
のが、そんなに多くはない。

中村：組織開発について教えることができる人が増えることは重要ですね。そ
して、組織開発は1～2日の講座でわかる、できるものではなく、でき

る力を養うためにはかなりの日数が必要です。先ほど、アメリカのNTLのプログラムは合計約30日間であることに言及しました。私が日本で実施している組織開発のコースで最も長いものは計16日間です。30日間や16日間って、かなり長くて、そこまでの時間をかけて学ぼうという人は少ないです。組織開発についてしっかりと理解し、実践できる人を育てようと思うと、教育の機会が少ない上に、教えることができる候補者も少なく、また、（組織開発を学びたいという人は多いですが）長い時間をかけて学ぼうという人は、それほど多くはいのが現状です。

中原：私は、今後、組織開発のニーズは高まるばかりで、低くなることはないと見ています。例えば、今後、人手不足がますます進行していくと、育児や介護で時短勤務をする人だけでなく、外国人、シニアなどさまざまな方がどんどん職場に入ってきます。そうなると、多様な人たちにも働きやすいように職場ぐるみで風土や働き方を改革していかなくては、という話があちこちで出てくるはずです。多様な人たちが、1つの組織に増えるということは、組織の中に「遠心力」が強まるということです。放っておけば、遠心力が強いので、すぐにバラバラになってしまう。これに対しては、組織の中に「求心力」を持つことが必要になります。組織開発は、「求心力」の1つですね。組織開発的なものが、これから非常にニーズが増すと思うのです。だから、社会は確実に組織開発的なものを求めるようになると思いますし、組織開発の知識を必要とする人も、もっと増えていくだろうと予想しています。

中村：今後はさらに職場の多様性が増して、働き方も多様になっていきますからね。

中原：また、組織開発の実践者が、他社やNPOなど他の組織へ、組織開発を広げていくような動きも広がっていくように思っています。最近、企業

の中で組織開発を担当している人が、兼業、副業として他の会社のOD
をやっているという話を聞きました。私はここに大きな可能性を感じる
のですが、中村さんの周りではいかがですか。

中村：副業でやっているという人は知りませんが、関西のネットワークでは、
　　　ボランティアで他社の手伝いに行っていますね。「今度うちの会社でワー
　　　クショップをやるから、ファシリテーターをやって」とか。組織開発
　　　の講座を修了した同期の人たちがお互いに助け合う形でやっています。
　　　そういう意味では、企業の垣根を越えて支援し合おうという動きが生ま
　　　れ始めていますね。

中原：これは新しい動向ですよね。兼業や副業も増えていますし、コミュニテ
　　　ィのようなものができて、そこから広がっていくような。

中村：あと、月並みですが、バーチャルODは必ず発展していくだろうと思い
　　　ます。

中原：バーチャルOD？

中村：今後は、みんなが一堂に会して対話するということが難しくなっていく
　　　ので、オンラインでお互いに画面上で顔を見せながら、自分たちの関係
　　　性について話し、ファシリテーターもバーチャルな対話をファシリテー
　　　トする、ということが確実に起こってきます。チーム・ビルディングも、
　　　離れた場所にいるメンバーが、オンライン上のバーチャル（仮想的）な
　　　実習に取り組む、ということが起こりえます。

中原：それはその通りですね。10年、20年前は、ITを使った教育はIT活用型
　　　教育とか、eラーニングとか、いわれていました。要は、ITを使うこと

には「e」をつけて特別なものとされていたのですが、今はもうそういった言葉がほぼ「死語化」しています。人材開発でもそれは起こっていて、私も「東京で200人に向けて講演をお願いします」と依頼されて行ってみると、数カ所に、同時ネット中継されている、ということがよくあります。人材開発自体も必ずしも1カ所に集まるということを前提にしておらず、分散化し、IT化しています。

中村：しかし、Tグループのようなグループアプローチをバーチャルでやるというのは、難しいかもしれません。とはいえ、仕事上ではオンラインで協働して仕事をするということは絶対に増えてきますので、そういう意味では、オンライン上でよりよい関係性をつくるといったことというのは確実に必要になってくるだろうなと思います。

中原：逆にバーチャルでは仕事をするけれども、リアルで会うときは、チームについての振り返りの時間に充てられるとか、フェース・トゥ・フェースの部分は関係づくりに使う、というケースも増えてくるのかなと思います。

✕ 組織開発はマネジャーの武器になる

中村：話は変わりますが、日本で組織開発を推進していくのに1つ課題だなと思っているのは、特に大きな企業の中にある「セクト的な傾向」です。すなわち、同じ会社に「部門間の壁」があるということですね。例えば、人事は組織開発を一生懸命やっている一方で、技術系の開発部門も、ダイバーシティを司る部門も組織開発的な改善活動を一生懸命推進している、というようなことです。同じようなことをやっているのに、それぞれバラバラに施策をやっているというようなケースが、特に大手企業に

あると思っています。しかも、同じ企業内で組織開発の推進がいい、いや技術系は自分たちの改善活動を推進するのがいい、と主張し合って、根っこは同じなのに、競合し合ってお互いに協働しないことがあります。その結果、たくさんの施策が現場に下りてくると、一番困るのは現場です。企業によっては、いろんな部署から集まった人たちが組織開発を統合して推進しようというところも出てきてはいますが。

中原：フェイズごとに体制を変えていくことも大切ですよね。事例にも出てきますが、ヤフーさんなどはずっと人事が組織開発をやってきたのですが、現場でニーズが生まれてくるにつれ、専門部署だけでは対応できなくなり、今はマネジャーがそれぞれの職場で組織開発をできるようにしていこうという流れになってきているようです。

中村：それは正しい方向ですね。組織開発においては、設計を推進するチェンジリーダーと、現場での実践を推進するチェンジエージェントの2つが必要です。基本的に中央の組織開発推進者たちがやったら、今度、部門担当人事がそれを推進していくということの動きはGEでもありますし、自然な流れだと思います。

中原：今、GEの話が出ましたが、GEでは伝統的に「現場のマネジャーはOD実践者たるべき」という考え方がありますよね。中村さんは、「現場のマネジャーはOD実践者たるべき」という考え方に関しては、いかにお考えになりますか？

中村：そうなる必要があると考えています。

中原：私は、やはり現場のマネジャーは、ODプロフェッショナルがやるレベルとまではいかなくても、現場をマネジメントするための武器として組

織開発の一番大事なところは知っていたほうがいいし、階層研修などの時間でチームワークのやり方といったことも、きちんと教えるといいのではないかと思っています。いきなり海に突き落とされ、「それでも泳いで向こう岸へ渡っていくのがマネジャーだ」、とでもいうような日本企業特有の変な精神主義というか、現場主義というのがマネジャーを苦しめているような気がしています。チームをいかにつくるか。組織をいかにまとめるか。こうした組織開発的知識は、管理職やマネジャーになる前にしっかり学んでおいてほしいのです。

中村：今の日本企業はマネジャー研修にお金をかけてないなという印象はありますね。1970年代に日本で行われていた組織開発は、まず管理者向けにSTを含めた3泊4日の研修を行い、その後に管理者とともに職場ぐるみでやっていく、といった形でやっていました。全員が全員、しっかりと取り組んでいたのかどうかはわかりませんが、少なくとも、マネジ

「ドカーン」と「チョロン」

ャー研修にしっかりとコストをかけて働きかけた上で、組織開発をやっていたわけです。考えてみると、今、そこまでお金や時間というコストをかける企業はないですね。

中原：ないですね。この問題は人材開発も同じで、私は「ドカーン」と「チョロン」モデルと呼んでいます。新入社員教育には「ドカーン」とお金をかける。でも、そこから先のフォローアップや10年目のキャリア研修などは「チョロン」。典型的なのは階層、マネジャーに対する教育です。日本は、組織が人材開発投資にかける費用は、最低ランクです。私は新人研修の10分の1でもいいからマネジャーに投資すべきだと思っています。

中村：私は今後、マネジャーに対する組織開発の研修は、階層別の一斉研修に取り入れるだけではなく、選抜型のリーダー養成も重視する必要があると思っています。将来の社長や役員候補の人たち、将来リーダーシップをとれるような人たちを、組織開発やチームづくりができるよう、選抜型できっちりと学んでもらい、そこから広げていくということが、日本企業においても必要なのではないかと思います。

中原：それは強く思いますね。最初から自発的にやりたいと思う人で、しかも伸びていきそうな人に投資していったほうが効果が高い。

労働人口が減少する中、日本の経営がなすべきこと

中原：さまざまな課題がある日本の組織開発ですが、今後、どうなっていけばいいと思われますか？　また、どうしていきたいと思われますか？

中村：組織開発が広がることや、組織開発が定着することが目的ではない、ということはいえるかと思います。現場の人間的側面の諸問題が解決され、現場がさらに活き活きして、人々が幸せに働くことができる、協働ができる、というのが目的だろうと思います。ですので、それができるのであれば、組織開発という名前であっても、別の名前であってもいいかなと思います。

　ただ、組織開発的な支援や推進ができる人材というのは明確に必要で、それが日本には少ない。そこは、外部コンサルタントであったり、内部の推進者であったり、現場のマネジャーであったりがキーになってくるのだと思いますので、私の役割は、組織開発の発想と動きとマインドを持った人材をいかに育成できるか、というところだと考えています。この本もぜひそういう人たちに読んでもらいたいですね。

中原：私は、2018年4月から立教大学経営学部に移ったということもあり、やはり「人の側面」から企業の経営を支える学問をこの国に定着させたいという思いがあります。次の20年は、経営学というコンテキストの中で、人材開発なのか、組織開発なのか、リーダーシップ開発なのかというラベルにはこだわらず、その領域を広げていくことをやっていきたいですね。「人の側面から、企業経営を支える学問を為す」……それが、僕の究極の目的であり、そのための手段は、何でもかまわないと思っています。「人の側面から、企業経営を元気にする」という価値観や考え方や知識を、次の世代に伝えていかなくてはと強く思っています。

中村：なるほど。「人の側面から、企業経営を支える学問を為す」、プラグマティックでいいですね。加えてもう1つ、組織開発の日本の未来ということで強く感じるのは、1970年代を繰り返さないということです。1970年代は、せっかく日本国内で組織開発が盛り上がったのに、その後続かずに下火になってしまった。その理由はいくつかありますが、1つは研

究者が少なかったために、組織開発の重要性を伝えたり、研究を行ったり、専門的に学ぶ機会を提供できなかったということがあります。それに加えて、日本型の人事異動により、組織開発のノウハウを持っていた内部推進者が他の部署に異動すると、組織開発を推進するコアがいなくなってしまい、取り組みが継続されなくなったということもあります。さらに、日本はどうしてもQCのような技術的なアプローチで、見えやすくてわかりやすいやり方に流れやすい、というところもあるように思います。

中原：マニュアル化され、やり方主義に陥ると、形骸化してしまいがちですよね。

中村：今後は、まず専門的に学べる教育の機会はなくさないということはもちろんですが、組織開発の重要性を発信し続けていくことも重要です。研究者がやるべきことは、そうした発信をしていくことと、教育の機会を提供し人材を育てていくということですね。あと、人事異動の問題はどうしようもないのかもしれませんが、組織開発の専門部署に5年間契約くらいで非常に高度な専任担当者（ODコンサルタントの経験者）を置き、その組織の中で組織開発のノウハウを広めていく……といったことができるといいのではないかと思っています。

中原：それは企業側にとってもいいですよね。また、中村さんが課題だとおっしゃった人事異動、ローテーションというのは、基本的、終身雇用、年功序列など、ザ・日本型経営といわれるものとセットで行われているものです。私の予想では、この日本型経営というものは、ある日クーデターが起こってなくなるということはないとしても、徐々に「綻び」が出てきているような気がしています。今後は、副業であったり、フリーランスであったり、中村さんがおっしゃるように短期間で外部の人に入

ってもらうような働き方が認められるようになっていくような気がします。

中村：そういう意味では、よりアメリカ型に近い形で、専門性のある人が組織内部で組織開発の推進をするという方向に近づいていくかもしれませんね。

中原：そうなってほしいですし、そうなると信じたいなという気がします。そうでないとどうしても技術的なやり方主義にシフトしてしまいますから。

中村：余裕がないと、さらにその傾向が強くなっていくように思います。

中原：働き方改革も進んでいますし、いろんな意味で余裕はなくなっていくとは思うのですが、日本企業はそんなことを言っていられない危機的局面にあると言いたいですね。これまでの日本企業は、例えは悪いですが、「穴が開いたバケツ」に近い状態でした。人口ボーナス期であった高度経済成長期は、下から多少漏れても、上から次々と大量に人が入ってきたので問題なかったのです。ですが、今は人口オーナス期に入っていて、2018年時点で120万人いる18歳人口が、2065年には69万人になると試算されています。要は、半減するわけです。出ていこうとする人をつなぎ留めなければ、経営が成り立たない時代に入っているのです。

中村：その通りですね。人口減の中では、「この組織にいたい」「この職場で働きたい」と従業員が感じてくれることへのマネジメントも重要になってきますね。そして、やり方や手法の話に戻りますが、QCのように型をつくりたがるのは、日本人のいいところでもあり、国民性なのかもしれませんが、組織開発に関しては、型にはまってしまうことで、一番大切なマインドのような部分が除かれてしまう危険性があるように思います。

中原：この本で論じられているのは、まさにそのマインドのような部分だと思っています。組織開発における物の見方は、どのような哲学的な前提に基づいたものなのか、という根っこが理解できていないと、どんなに手法を学んでもうまくいきません。だからこそ、この本を通して、フロイトとか、フッサールとか、デューイといった人たちが何を考えていたのか、というところから知っていただきたいと思ったのです。知った上で、現場に出ると、よりパワフルです。書を持って、街に出る。寺山修司のフレーズを少し変えてしまいましたが、そうした知的態度が重要かと思います。

中村：同感です。この書籍の執筆と並行して『対話型組織開発――その理論的系譜と実践――』（英治出版）の翻訳に取り組んでいたのですが、一番感じたのは、マインドセットの重要性です。より効率的で簡易なやり方で成果を上げようというマインドセットから、みんなで探究することによって新しいことを生み出そうというマインドセットに変わるかどうか、というのが組織開発を成功させる上での1つのキーだと思うのです。そこでキーとなるのはマネジャーです。経営陣が、新しい探究とイノベーションをもたらすようなマネジャーを選抜型で養成するのだ、と真剣に考えて、十分に時間とお金をかけて投資をすれば、新しいマインドセットを持ったマネジャーを育てることができる。それが第1の突破口だと思います。やはりマネジャーのマインドセットが変わらないと職場は変わらない。

中原：マインドセットが変わるというのは、言葉を変えれば、「壮大なアンインストール」だと思います。マインドセットとか物の見方といったものは、最も変わりにくい頑強なものです。人材開発的に考えると、信念を変えるというのは、最も難しい課題です。難しいことではありますが、一度、この古い考え方をアンインストールしたり、新しい見方にずらす

新たな組織開発の「夜明け」

　ということが、求められるのだろうと思いますし、組織開発を実践する
人にはそうした覚悟が必要です。

中村：この本を読むことで、組織開発の底流にあるマインドセット、物の見方
を少しでもつかんでいただけたらいいのですが。

中原：私はこの本を読んだ後に、1冊でいい、一番簡単な本でいいから、脚注
に紹介してある本、たとえばデューイの『経験と教育』やフッサールの
『現象学』を読んでみていただきたいですね。1冊読むだけで、絶対に「は
あー、なるほど！」となるはずです。この本が、これから組織開発や人
材開発を学ぼうという人が、より深く学んでいくための最初のきっかけ
のようなものになればいいなと思います。そのための地図は目いっぱい
書きこんだつもりですので、どうぞ心ゆくまで、大海を航海なさってく
ださい、と申し上げたいです。

中村：この本には、いろいろな人のさまざまな理論が出てきます。難解そうに見えるかもしれないのですが、実はすごくシンプルだという気がしています。この本を読み進めていただくことで、組織開発の中で大事にされている考え方の根本は、実はとてもシンプルなことなのだと腑に落ちていただける可能性があるのではないかと思っています。

中原：同感です。人文社会科学を20年ほどやってきてすごく思うのですけど、本質的なことは、いつだって「シンプル」です。また、すべての哲学や思想は、別々のようでいて「つながって」います。学問は、最初は難しく感じるかもしれません。でも、本質的なことや、大事なことは、いつだって「シンプル」であることに気づかれると思います。また、最初はわからないかもしれないけれど、個々にさまざまなものを読み進めていく中で、学問や理論の「つながり」が見えてくるときがくるのです。

中村：この本を通して、組織開発の底流にある「シンプルで目に見えない大事なこと」をつかみ取っていただけたらうれしいですね。

中原：そのための「大まかな地図」は描かせていただきました。読者のみなさまの前には、大海が広がっています。心ある学びにあふれた旅を歩まれることを願っております。今こそ、新たな組織開発の「夜明け」です。

おわりに

　この本は、組織開発について初めて学ぶ方と、すでに学ばれた方の両方を読者として想定しながら、執筆されました。初学者の方々に向けては、第１部で、組織開発の全体像をイメージで捉えられることを目指しました。第２部と第３部では、組織開発の理論的な系譜について、哲学的基盤や経営学的基盤も含めて、かなり深く掘り下げてきました。第４部では、すべての読者の方々が、組織開発が現在、日本企業でどのように実践されているかについてご理解いただけることを目指して、５社の事例をご紹介してきました。最終的には、この本は400ページの大部となりました。

　大部となった理由の１つが、組織開発に関わる理論や研究知見、過去の取り組みについて、本書でご理解いただけるようにしたためです。特に、組織開発が発展した時代の文献、例えば1960年代のアメリカの文献、1970年代の日本の文献はほとんどが古書となり、入手することが難しくなってきています。組織開発の歴史をご理解いただくためには、古書の現物に当たって実際にお読みいただくことがベストですが、今後、それはさらに困難になっていくため、本書でご理解いただけるよう、できる限り詳細に記述してきました。

　本書を執筆する過程で、いろいろなことを考え、新たな認識をしました。中でも、1970年代の日本での「ODブーム」をけん引した人々の思いと努力を改めて感じました。特に、翻訳を通して組織開発を日本に精力的に発信をされていたのは、産業能率短期大学の高橋達男先生でした。先生は、電電公社に勤務した後、産業能率短期大学で研究者となり、59歳という若さで逝去されました。マネジメントを中心とした編著書27冊、翻訳書はマクレガーの『企業の人間的側面』を含めた39冊という、非常に多くの書籍を短い生涯で出版されてい

ます。翻訳については、1969年に出版された、アディソン-ウェスリー組織開発シリーズの6冊の翻訳に高橋先生が携わり、1972年と1973年にすべてを「ODシリーズ」として出版しました。この労力には頭が下がるとともに、日本の組織に貢献したいという強い意志が伝わってきます。高橋先生の翻訳には、想いが込められた印象的な言葉がいくつかあります。組織開発を「組織づくり」、組織開発に取り組む場（setting）を「舞台」、組織開発を推進するチェンジエージェント（change agent）を「使徒」と訳したなどがその例です。高橋先生の他にも、幸田一男先生、梅澤正先生、俵実男先生、森田一寿先生といった、組織開発の研究者が1970年代の日本の組織開発をリードしていました。

　日本の組織開発研究者のパイオニアたちの努力も虚しく、ODブームは1980年代になって下火になり、日本において、組織開発という名のもとでの活動は少なくなっていきました。そして約40年後の2018年現在、組織開発は再び脚光を浴び、ブームのような状態になっていますが、今回も一過性のブームとして終わると、1970年代に起こった歴史が再び繰り返されることになります。もちろん、現在の組織開発への注目を持続させることが目的ではありません。組織開発は現場の問題解決のためのものであり、働く人々の幸せのためのものです。組織開発を実践することが目的になると、その取り組みに歪みが生じます。

　一方で、多忙な業務と人材不足の中、組織のマネジメントは、科学的管理や技術的問題の解決が優勢になりがちな傾向があります。そして、現在の日本企業は、さまざまな問題を抱えており、特に、働く人々が不幸になっていくという、人間の尊厳を脅かすような深刻な状況が起こっています。そのような中で、人間的側面への重視を提唱する組織開発は、組織内での科学的／技術的管理によるマネジメントと人間的側面のマネジメントという両極のバランスを保つための重要な意義があります。組織開発は、外科手術でも、特効薬でもありません。組織の風土や文化にじわっと効いてくる、漢方薬や生活改善のようなものです。人間的側面のマネジメントを重視する組織開発実践者が、働く人々が今よりも幸せになれる職場や組織をつくる「使徒」として機能していくことが必

要とされています。

　現在の日本で起こっているような、組織開発への注目が一過性のものにはならず、組織開発という考え方や実践が日本企業に持続的に定着していくためには、組織開発の本質を理解する実践者が増えること、つまり、「組織開発の人材開発」がキーとなってきます。本書のねらいは、組織開発の本質を理解する実践者の人材開発でした。そして、このねらいは、本書だけで達成できるものではありません。組織開発の本質を学ぶことができる講座、組織開発についてともに学び合うコミュニティやネットワーク、組織開発を実践から学ぶことができる機会（内部実践者と外部コンサルタントの協働やスーパービジョンなど）など、組織開発をともに学ぶ関係や場が必須です。

　そして、組織開発をともに学ぶ際の1つの参考書として、本書をご活用いただけると幸いです。

　「組織開発の人材開発」を目指した本書を中原さんとともに執筆できたことは、私にとってこの上ない幸せでした。「組織開発と人材開発はどちらが大事か」などという、つまらない党派性や競争原理から議論するのではなく、それぞれの持ち味や知識を活かしながら、お互いを尊重しながら、協働できた成果として、本書を世に出すことができました。

　この本は、私たち2人があらかじめ計画し、つくり始めたものではありません。「まえがき」にもあるように、これまでの関わりの中から立ち現れてきたもの、「創発」されたものです。2017年1月に南山大学で行われた、ODNJ中部分科会のイベントが、この本が世に出ることに向けた「創発」の始まりでした。イベント実施をサポートしていただけた、ODNJ中部分科会のメンバー（特に、世話人の高橋妙子さん、申込受付担当の川内理恵さん、司会の百野あけみさん）に感謝しています。さらに、東京での再演となった2017年4月のイベント実施をサポートしてくださった、ODNJ関係者（特に、当時の研究会担当の内田桃人さん、事務局担当理事の大島岳さん）、経営学習研究所関係者（板谷和代さん、稲熊圭太さん、岡部大介さん、島田徳子さん、田中潤さん、田中聡さん、牧村真帆

さん、三原裕美子さん、長岡健さん、松浦李恵さん)、会場を貸していただいたヤフー株式会社（特に本間浩輔さん、池田潤さん）にお礼申し上げます。この本は、私たちの間で起こった「創発」から誕生しました。

　また、本書第4部の事例を執筆するためのインタビューにご協力いただきました、キヤノン株式会社の市川泉さん、小西大輔さん、早瀬信さん、株式会社オージス総研の山海一剛さんと東村奈緒美さん、豊田通商株式会社の辻沙希さん、ベーリンガーインゲルハイムジャパン株式会社の来海敬子さん、泰道明夫さん、大野宏さん、ヤフー株式会社の小向洋誌さん、ありがとうございました。みなさんの実践の積み重ねと本書へのご協力によって、この本の中の実践知がより充実しました。

　さらに、本書を執筆するに当たり、2017年4月に行われたセミナー内容や実践事例のインタビューの逐語録から、本書のもととなる原稿を作成いただいた、ライターの井上佐保子さんに感謝申し上げます。さらに、本書の制作と編集をご支援くださった、ダイヤモンド社人材開発編集部の間杉俊彦さんにお礼を申し上げます。

　そして、組織開発をともに探究する人生はつづく……。

著者を代表して
中村和彦

事項索引

人名索引

［著者］

中原淳（なかはら・じゅん）

立教大学経営学部教授。大阪大学博士。「大人の学びを科学する」をテーマに、企業・組織における人材開発・組織開発・チームワークについて研究している。ダイヤモンド社「研修開発ラボ」監修。著書に『企業内人材育成入門』（ダイヤモンド社）、『研修開発入門』（同）、『人材開発研究大全』（東京大学出版）、『フィードバック入門』（PHP研究所）など。立教大学経営学部においては、ビジネスリーダーシッププログラム（BLP）主査、立教大学経営学部リーダーシップ研究所副所長などを兼任。
Blog : NAKAHARA-LAB.NET（www.nakahara-lab.net）

中村和彦（なかむら・かずひこ）

南山大学人文学部心理人間学科教授、同大学人間関係研究センター長。専門は組織開発、人間関係トレーニング（ラボラトリー方式の体験学習）、グループ・ダイナミックス。アメリカのＮＴＬ　Institute組織開発サーティフィケート・プログラム修了。組織開発実践者のトレーニングやコンサルティングを通して、さまざまな現場の支援に携わるとともに、実践と研究のリンクを目指したアクションリサーチに取り組む。著書に『入門　組織開発』（光文社）、訳書に『対話型組織開発　その理論的系譜と実践』（英治出版）がある。

組織開発の探究
──理論に学び、実践に活かす

2018年10月17日　第1刷発行
2018年11月14日　第3刷発行

著　者──中原淳＋中村和彦
発行所──ダイヤモンド社
　　　　　〒150-8409　東京都渋谷区神宮前6-12-17
　　　　　http://www.diamond.co.jp/
　　　　　電話／03・5778・7229（編集）　03・5778・7240（販売）

装丁───竹内雄二
イラスト──越智俊介
製作進行──ダイヤモンド・グラフィック社
印刷───慶昌堂印刷
製本───ブックアート
編集担当──間杉俊彦（人材開発編集部）

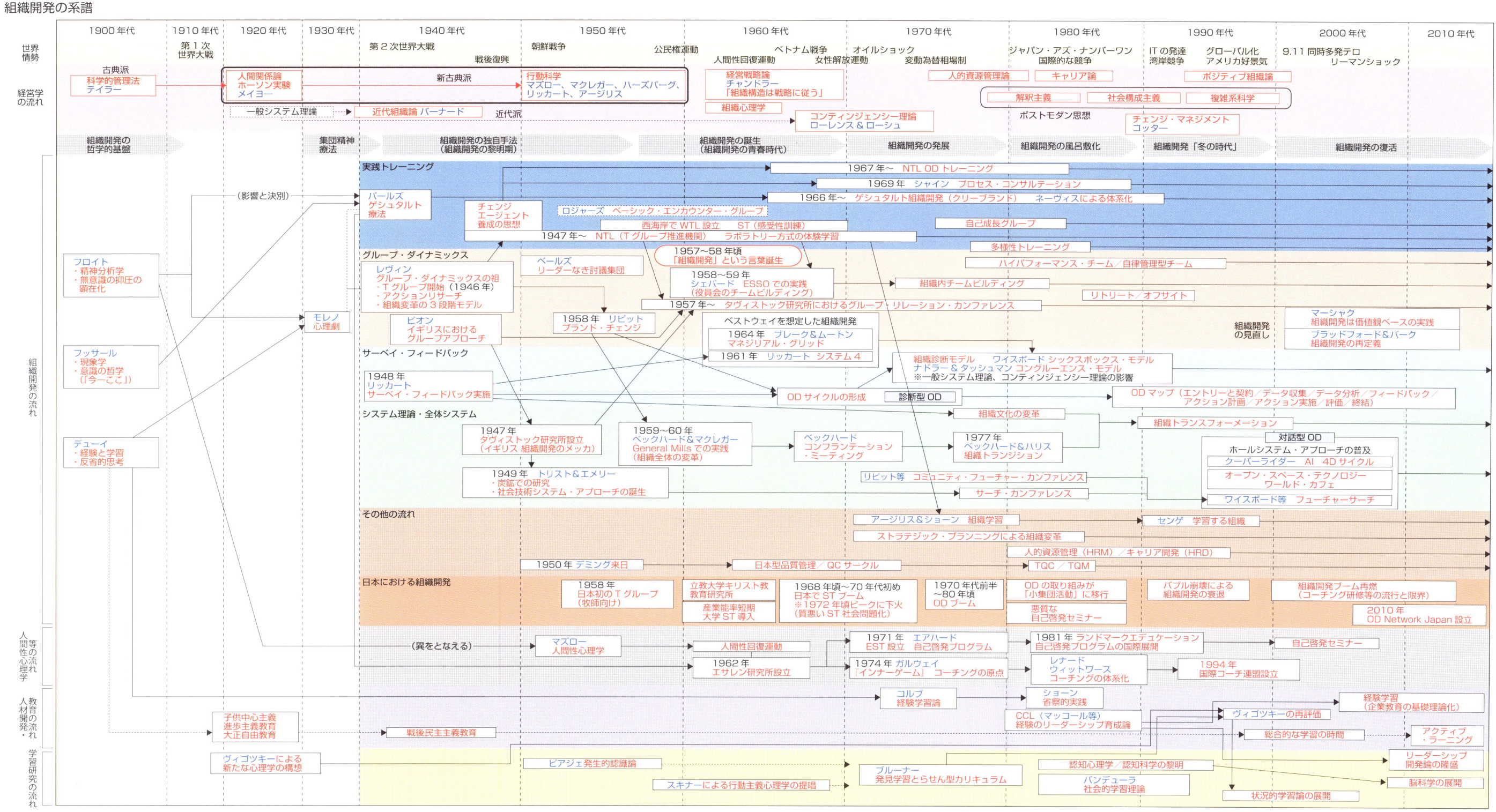

組織開発の系譜